Pierre de SENARCLENS
Yohan ARIFFIN

La politique internationale

Théories et enjeux contemporains

Cinquième édition

ARMAND COLIN

— COLLECTION CURSUS • SCIENCE POLITIQUE —

Dirigée par Guy Hermet

© Armand Colin, 2007 pour la présente édition.

Internet : http://www.armand-colin.com

ISBN 978-2-200-34618-8

ARMAND COLIN ÉDITEUR • 21, RUE DU MONTPARNASSE • 75006 PARIS

La politique internationale

— Sommaire —

Première Partie
Le champ d'interaction étatique

Deuxième Partie

Le champ d'interaction étatique et économique

Troisième Partie

Le champ d'interaction étatique, économique, normatif et institutionnel

— Avant-propos —

L a politique internationale détermine aujourd'hui le cours de l'histoire et façonne à des titres divers le destin de tous les peuples.
C'est en effet dans les rapports entre États, plus largement dans les
interactions entre sociétés nationales, que se joue en partie la vie des
individus et des communautés politiques. L'histoire du siècle passé en
témoigne : la guerre de 1914-1918, le krach boursier de 1929, la
Seconde Guerre mondiale, puis les conflits de la guerre froide et de la
décolonisation constituent autant d'événements qui ont marqué la politique contemporaine, en même temps qu'ils bouleversèrent l'ordre du
temps et la vie des sociétés. Plus récemment, la désintégration de
l'Empire soviétique, aussi bien que la dynamique de la mondialisation
qui a précédé la fin de l'antagonisme Est-Ouest, a entraîné des mutations politiques et sociales de grande ampleur altérant les frontières et
les régimes de souveraineté.

Au début du siècle, le sociologue allemand Max Weber définissait la
politique essentiellement par référence à l'État, dans lequel il voyait
l'unique détenteur de la violence physique légitime. Cette perspective
a exercé une forte influence sur la science politique. Est-elle encore
valable ? Dans bon nombre de cas, l'État, entendu comme puissance
publique souveraine, parvient en effet à revendiquer le monopole de la
coercition intérieure ; mais son pouvoir d'imposer des décisions, de
légiférer, d'administrer et de punir ne s'exerce pas de façon entièrement autonome, à l'abri de toute contrainte ou influence extérieure.
Aucun État ne peut assumer seul la défense de sa sécurité et de son
indépendance. À l'âge des armes nucléaires, biologiques et chimiques,
l'avenir de l'humanité dépend du maintien de la paix entre les grandes
puissances. Au demeurant, tous les États trouvent leur origine dans les

relations internationales, puisque la guerre et la diplomatie ont présidé à leur formation, déterminé leurs frontières, influencé l'évolution de leur régime. La politique internationale influence également la répartition des richesses de la planète. Nul État n'est en mesure de vivre en complète autarcie, et tous sont contraints d'assurer le développement de leur économie en misant sur des alliances, sur des échanges commerciaux, sur des rapports monétaires et financiers avec le reste du monde. De ce fait, ils sont imbriqués dans un réseau dense et complexe d'interactions qui conditionnent leur taux de chômage ou d'inflation, les prix des matières premières et des produits manufacturés qu'ils importent ou qu'ils exportent, les ressources qu'ils peuvent consacrer à leurs investissements, le montant et l'intérêt de leur dette. Ils assument pour la plupart des engagements de droit international qui nécessitent de prendre des mesures nationales dont la source émane d'une négociation multilatérale et dont l'objet peut porter sur des attributs considérés traditionnellement comme étant du ressort de la souveraineté étatique, telles que les politiques de protection sociale ou d'exploitation des ressources.

C'est la raison pour laquelle la politique internationale tient une place essentielle dans l'horizon des sociétés modernes et que son étude s'est considérablement développée dans les programmes académiques de la plupart des pays industrialisés. Au cours des dernières décennies, d'innombrables institutions de recherche ou d'enseignement ont été créées pour analyser les déterminants et les effets des rapports interétatiques. Le volume des publications consacrées à ce sujet ne cesse de croître, et l'on ne compte plus les revues spécialisées. Les relations internationales sont ainsi devenues un domaine d'étude spécifique, autour duquel s'est constituée une communauté de chercheurs qui s'élargit continuellement.

1. Les perspectives classiques

Les relations internationales constituent un objet complexe, dont la compréhension peut être éclairée par le concours des différentes disciplines formant les sciences sociales. L'éventail des démarches est large, mais ce sont l'histoire, l'économie et le droit international, avec leurs concepts et méthodes spécifiques, qui ont d'abord exercé une forte influence à cet égard. Les premiers programmes universitaires ont été constitués dans l'entre-deux-guerres par la juxtaposition de ces perspectives, avant que la science politique, la sociologie, l'anthropologie et la psychologie se trouvent à leur tour mobilisées.

1.1. La démarche historique

L'histoire fut longtemps considérée comme la voie royale pour l'étude des relations internationales. Son apport reste incontestable. Confronté à l'analyse de n'importe quel phénomène politique, tout chercheur doit, à un moment donné, poser des questions relevant du savoir de l'historien. Quelles circonstances passées ont déterminé tel phénomène international ? Quel enchaînement de décisions, d'actions ou d'abstentions a créé telle configuration diplomatico-stratégique ? Quelles furent les origines des institutions, des normes, des pratiques internationales influençant le comportement des gouvernements ? En quoi consistent les traditions marquant la politique étrangère des États ? Ces questions, et bien d'autres, constituent le lot commun de l'étude des relations internationales. Elles concernent l'histoire au premier chef. Pour déterminer des séquences entre des événements contemporains, pour rendre compte de la dynamique de certains processus politiques, il faut nécessairement reconstituer leur historicité.

En se fondant sur des sources, l'historien donne sens et cohérence aux événements et leur confère le statut de faits historiques. Or ceux-ci n'existent pas en soi, mais sont construits à partir des questions posées. Ils sont isolés de la myriade d'événements formant le temps qui passe, situés dans la trame d'un récit chronologique, interprétés à partir de cadres conceptuels explicites ou tacites. Même si par métier, l'historien se détourne de l'actualité – son objet d'étude étant le passé – il ne peut s'abstraire complètement de son propre contexte socio-historique. Par conséquent, tout récit historique est, pour une part, projection du présent sur le passé. Ce constat, somme toute trivial, ne revient pas pour autant à nier la possibilité de toute connaissance historique ; il implique seulement que l'historien doit faire preuve d'une certaine vigilance épistémologique. Un piège à éviter à cet égard consiste à tirer des analogies de l'expérience passée pour rendre compte du présent. Ces « leçons de l'histoire » doivent être sujettes à caution, car elles ont souvent une fonction idéologique : faisant des circonstances passées l'horizon de l'avenir, elles sont d'ordinaire au service de projets politiques conservateurs. La tentation de dégager des « lois historiques » constitue un autre piège tenace. L'historien s'emploie alors à mettre à jour des phénomènes récurrents, des cycles d'évolution politique, des mouvements de civilisation de grande amplitude. Les effets de ce genre historiographique peuvent s'avérer plus ou moins pernicieux, comme en témoignent les avatars tragiques de la philosophie allemande du XIXe siècle. Sur le mode mineur, certains travaux, comme ceux de l'historien anglais Arnold Toynbee, sont émaillés d'aphorismes sur la naissance et la décadence des empires, sur les mouvements périodiques et nécessaires marquant l'expansion et le déclin des grandes puissances. Paul Kennedy a renoué avec ce type d'interprétation dans son ouvrage intitulé *Naissance et déclin des grandes puissances* (1988). Le reproche que l'on peut faire à ce genre d'études est de tenter d'appliquer des lois générales et reproductibles aux objets de l'histoire qui concernent des processus singuliers et irréversibles. On notera toutefois que s'il n'y a pas de lois historiques, l'étude du passé peut servir à rendre compte de certaines régularités sociales. Ainsi, la sociologie historique, qui a connu récemment un certain essor dans l'étude des relations internationales, s'attache à reconstituer les fondements de configurations sociopolitiques dominantes.

L'histoire des relations internationales fut longtemps considérée comme celle des rapports diplomatiques. Genre désuet ? Pas entièrement. La politique étrangère des États reste à ce jour un domaine réservé de l'activité gouvernementale, échappant en partie aux disputes démocratiques et aux choix partisans. La volonté des principaux dirigeants s'y exerce plus qu'ailleurs, surtout dans le cadre de régimes autoritaires. La diplomatie a son langage, ses conventions, ses rites. Elle est généralement servie par un personnel ayant ses propres usages, fondés sur d'anciennes traditions. Cependant, les ministères des Affaires étrangères voient leur rôle se restreindre, puisqu'une partie des questions de politique internationale dont traitent les gouvernements est gérée par d'autres ministères, notamment par ceux de l'économie publique, de l'environnement, de la culture ou des transports. En outre, les nouveaux moyens de communication affectent l'emprise des canaux diplomatiques traditionnels. Les adeptes de l'histoire diplomatique ont néanmoins tendance à étendre leur emprise sur l'ensemble des relations internationales, et cela dans une perspective qui rejette l'apport des sciences sociales. Pareille démarche historiographique produit un récit « événementiel » ou anecdotique dépourvu d'envergure analytique, d'où émerge parfois la tentation d'éclairer l'évolution du monde contemporain par le recours à des analogies historiques, par l'évocation peu systématique des « facteurs à l'œuvre dans la politique internationale ». On notera cependant l'effort de certains historiens des relations internationales d'élargir leur objet d'étude. Ainsi, Pierre Renouvin, influencé par l'école des Annales, entrecoupait son récit d'analyses des « forces profondes », évoquant les mutations économiques et sociales, les changements démographiques, le mouvement des idées politiques, l'influence des mentalités collectives. Aux États-Unis, la revue *Diplomatic History* fédère aujourd'hui des approches pluridisciplinaires se rapportant à des objets non seulement diplomatico-stratégiques, mais également socio-économiques et culturels. Elle participe à cet égard d'une volonté d'enrichir les archives de l'histoire diplomatique, en y incluant des sources qui ne se réduisent pas à la correspondance des chefs d'État et de leurs ministres.

1.2. Le droit et les institutions

Les relations entre les États peuvent prendre la forme d'engagements juridiques dont certains sont institués dans le cadre d'organisations intergouvernementales. La nature et la portée de ces obligations sont codifiées dans les normes du droit international public qui repose en particulier sur le principe : *Pacta sunt servanda,* les accords doivent être respectés. L'autorité du droit international est incontestable. Les gouvernements lui accordent une grande importance pour formaliser leur politique étrangère, pour orienter leur comportement, pour communiquer leurs intentions et justifier leur conduite. Les liens contractuels entre les États, les devoirs et les procédures inhérents à ces obligations juridiques, les institutions qu'ils créent, constituent une dimension essentielle de la politique internationale, notamment parce que ces normes et mécanismes définissent les frontières entre le légitime et l'illicite. La sphère des droits de l'homme ou du droit de l'environnement a pris à cet égard une importance considérable.

Les juristes maîtrisent le langage, les codes et les procédures du droit international, et ils ont pour mission d'élaborer ces engagements, de les interpréter, de donner des arguments pour justifier leur violation. Cependant, dès lors que leur savoir et leur pratique professionnelle s'inscrit dans le champ normatif, ils ont tendance à surestimer l'influence des obligations juridiques sur le cours des relations internationales, et, par voie de conséquence, à négliger les forces sociales et politiques déterminant la formation du droit international public.

Dans l'entre-deux-guerres, l'étude du droit et des institutions internationales occupa une place centrale dans la littérature sur les relations internationales, tant étaient forts les aspirations à la paix et l'espoir que l'on plaçait dans la SDN (Société des Nations) et la nouvelle Cour permanente de justice internationale. Cette perspective légaliste, inspirée par les conceptions morales du président américain Woodrow Wilson, fut déconsidérée par la montée des fascismes, l'éclatement de la Seconde Guerre mondiale, puis les désillusions suscitées par les Nations unies durant la guerre froide. On remarque aujourd'hui un renouveau d'intérêt pour le rôle des normes et des institutions dans l'évolution des relations internationales.

1.3. L'économie politique

Les relations internationales sont également constituées par les rapports économiques entre les États et les sociétés, notamment par les échanges commerciaux et financiers. Cette dimension économique de la politique internationale n'a cessé de croître au cours de la période contemporaine. Il convient donc d'étudier la nature des régimes économiques dominants, des organisations qui les servent, des doctrines qui les inspirent. La théorie économique définit les cadres conceptuels et les outils d'analyse permettant d'appréhender la disparité des taux de croissance entre États, de comptabiliser, et parfois même de prévoir, les flux monétaires et financiers, l'intensité et la direction des transactions commerciales. Elle permet d'annoncer, et surtout d'analyser *a posteriori*, les récessions et leur cycle, d'expliquer le rôle et la stratégie des entreprises transnationales, de comprendre les changements dans les modes de production et de consommation. Les interactions entre les structures économiques dominantes et la dynamique politique des relations internationales contemporaines sont l'objet d'un intérêt croissant et ont suscité l'apparition de programmes de recherche spécifiques.

2. La théorie politique des relations internationales

Comme nous allons le voir, divers cadres concurrents ont été élaborés depuis la Seconde Guerre mondiale pour l'étude politologique des relations internationales. Au sein de la communauté des politistes, il s'est formé un certain nombre de procédures de recherche délimitant la manière d'appliquer la raison à l'investigation des phénomènes internationaux. Cette convergence s'exprime dans la notion de paradigme, qui représente la tradition de recherche d'une communauté scientifique donnée. Dans l'étude des relations internationales, les paradigmes se distinguent par leur discrimination des phénomènes jugés pertinents, par la spécificité des concepts employés et par le choix des variables structurelles retenues. Plus fondamentalement, les désaccords auxquels ils donnent expression sont fondés sur des visions du monde divergentes.

2.1. Les principaux paradigmes

La différence est particulièrement forte entre les réalistes et les marxistes. Les premiers accordent une importance déterminante à la politique interétatique. Les seconds trouvent dans les modes de production, et les conflits de classes qui en résultent, les déterminants de la dynamique internationale. Les années 1970 ont connu l'émergence d'un troisième paradigme, celui des « relations transnationales ». Ses théoriciens se focalisent pour l'essentiel sur les processus d'intégration économique et politique à l'échelle internationale. Ces paradigmes discordants traduisent des conceptions doctrinales spécifiques qui sont elles-mêmes l'expression d'enjeux politiques. Ainsi, les auteurs réalistes affirment se situer dans une tradition qui remonte jusqu'à Machiavel et Hobbes, mais leurs analyses ont également reflété les préoccupations des sphères dirigeantes américaines dans le contexte de la guerre froide et ont contribué à justifier la conduite de la politique étrangère en lui conférant une dimension scientifique. De même, le paradigme du transnationalisme est apparu à une époque où l'hégémonie des États-Unis sur la scène internationale se manifestait par une expansion croissante des entreprises transnationales américaines et par l'emprise grandissante de nouveaux réseaux de coopération. Quant aux théories d'inspiration marxiste, singulièrement latino-américaines, elles ont incontestablement donné un fondement conceptuel aux luttes « tiers-mondistes » contre l'impérialisme américain. Est-ce à dire qu'il faille récuser ces efforts de conceptualisation au motif qu'ils sont entachés de scories normatives ? Sûrement pas. La science politique, et en conséquence l'étude des relations internationales qui en fait partie, ne saurait prétendre à l'objectivité d'une observation interstellaire. Le politiste doit aussi assumer des choix doctrinaux et des convictions politiques. À ces difficultés inhérentes aux études politologiques des relations internationales s'ajoutent un certain nombre d'autres, d'ordre méthodologique, qui marquent les enquêtes portant sur tout objet de sciences sociales. L'analyse internationaliste a en effet été marquée par des débats entre les adeptes du positivisme ou de l'empirisme et ceux qui s'inspirent de traditions politologiques classiques, issues notamment de l'herméneutique weberienne.

2.2. Le modèle des sciences de la nature

Les propositions réalistes furent jugées imprécises par des auteurs qui cherchèrent à mettre sur pied une théorie empirique des relations internationales, s'inscrivant dans un programme de recherche de type positiviste. Les partisans de cette dernière perspective ont trouvé une large audience au cours des années 1960 dans la mouvance d'un courant américain dit *béhavioriste* qui s'attachait à l'étude des comportements apparents des acteurs sans en rechercher les fondements. Aujourd'hui encore, les empiristes prétendent être les représentants de la démarche proprement scientifique dans l'étude des faits internationaux. Ils s'emploient à découvrir des rapports de causalité, voire même à dégager des lois analogues à celles en vigueur dans l'explication scientifique des phénomènes naturels. Ils s'efforcent d'énoncer des hypothèses susceptibles de procédures de vérification ou d'invalidation formulées en termes mathématiques universellement acceptables. Ils produisent

aussi des modèles, à savoir des constructions théoriques abstraites
visant à rendre compte du réel. Le critère de scientificité – l'influence
de Karl Popper à cet égard est évidente – se trouve réduit aux énoncés
théoriques pouvant faire l'objet d'une expérimentation. L'approche
choisie est généralement hypothético-déductive, les définitions devant
être opérationnelles, et les hypothèses confrontées à des faits empiriques. L'objectif consiste à mettre à jour des séquences « cause-effet »
ou tout au moins des régularités. Par exemple, on observe que deux
États démocratiques A et B ne se font pas la guerre. On formule
ensuite une hypothèse : les pays démocratiques ne se livrent pas la
guerre. Si l'on constate empiriquement que cette hypothèse n'est pas
infirmée, on peut en déduire une loi. Dans une logique moins contraignante, le théoricien peut formuler un modèle qui propose une explication
vraisemblable, du genre : la probabilité que deux pays démocratiques se
livrent une guerre est faible. Pour les empiristes de stricte obédience, la
science doit s'occuper des faits, se dégager de toute emprise idéologique, éviter de se prononcer sur les enjeux normatifs des processus
sociaux, esquiver les débats de nature éthique. Ils pensent aussi qu'il
est ainsi possible d'expliquer les attitudes individuelles et collectives
de manière objective, sans s'interroger sur le sens des actions sociales,
sans prendre parti sur leur dimension axiologique. Ils entendent prouver la rigueur de leur démarche en recourant à la quantification ou aux
mesures statistiques.

2.3. La recherche du sens

Les partisans des approches classiques ont rejeté la vision limitative de
la rigueur scientifique proposée par les empiristes. La quantification,
qui est avant tout une méthodologie, n'offre aucune assurance scientifique pour la vérification d'une hypothèse, dès lors que les données
empiriques, si nombreuses soient-elles, peuvent toujours être préorga-
nisées par la théorie qu'elles sont censées valider. Au demeurant, bon
nombre de phénomènes et de processus ne sont tout simplement pas
réductibles à des faits quantifiables dans la sphère des relations internationales, comme en d'autres domaines d'investigation des rapports
sociaux. Comme on le verra, aucun empiriste d'obédience réaliste
n'est parvenu à quantifier de façon satisfaisante les éléments de la
puissance – un concept pourtant central du réalisme –, ne serait-ce que
parce celle-ci comporte des aspects immatériels. Enfin, la mise en évidence de régularités statistiques relatives aux actions humaines ne nous
permet pas immédiatement d'en comprendre le sens, autrement dit de
comprendre pourquoi les hommes agissent de la sorte. Aussi a-t-on
reproché, non sans raison, aux « empiristes » d'accumuler des faits,

d'aligner des corrélations entre des données dépourvues de signification, ou de produire des modèles abscons dont la confrontation avec le
monde réel s'avère finalement aléatoire. Les faits sociaux, parce qu'ils
sont produits par des acteurs ayant la faculté du libre arbitre, se déro-
bent souvent aux tentatives de les circonscrire par des procédures
d'enquête analogues à celles en vigueur pour l'appréhension des phénomènes naturels. D'autre part, à l'instar des faits historiques, ils
n'existent pas en soi, mais sont le résultat d'arrangements effectués par
le savant en fonction de cadres de référence normatifs. Ainsi, pour analyser une politique d'agression, une intervention humanitaire ou un
régime juridique, on ne peut guère éviter de se positionner par rapport
aux valeurs, aux affects ou aux croyances qui les ont motivés. Un chercheur s'aviserait-il, par exemple, à appréhender la politique hitlérienne
comme une série d'actions rationnelles par finalité, mues pour l'essentiel par un calcul coût-bénéfice, démontrerait en définitive, par son
exclusion de toute interprétation axiologique des décisions prises, son
déni de l'importance des affects et des valeurs irrationnelles, singulièrement des pulsions de haine, ayant régi cette politique avec les conséquences que l'on connaît. Une telle enquête ne serait en rien axiolo-
giquement neutre simplement parce qu'elle s'attacherait à remplacer
l'opinion par l'analyse rationnelle. En fait, elle prendrait un parti, en
l'occurrence celui consistant à rendre la politique du IIIe Reich conforme
à la raison.

Dans la conception théorique d'inspiration wébérienne, les faits ne
sont compréhensibles que si l'observateur parvient à reconstituer la
volonté des acteurs. La plupart des phénomènes politiques sont de
nature symbolique, et leur appréhension requiert nécessairement des
systèmes d'interprétation complexes. La démarche « compréhensive »
problématise donc l'objectivité. Le chercheur mobilise son émotivité
en même temps que son intellect. Il doit certes s'efforcer de brider la
première, de garder une distance par rapport aux événements et processus sociaux qu'il analyse, de les évaluer de manière équitable. Toutefois, son étude porte aussi sur des croyances, des normes, des opinions,
des mobiles. Elle met en jeu des réseaux de significations impliquant
sa propre identité, ses intérêts, ses affects. Exclure toute forme de sub-
jectivité pour atteindre à l'ascèse d'un chercheur détaché n'est pas
nécessairement une bonne procédure d'enquête, pour peu que cela soit
même possible. La distance et l'impartialité ne constituent pas forcément des qualités plus utiles à la recherche que l'empathie ou la
compréhension au sens wébérien du terme. Après tout, les grandes
découvertes scientifiques résultent souvent d'une expérience mobilisant les affects.

2.4. La théorie comme cadre d'interprétation

Raymond Boudon, dans *La place du désordre* (1984), souligne que l'activité scientifique ne consiste pas à expliquer le réel, mais à répondre à des questions sur le réel. Il fait la distinction entre les théories formelles, qui présentent un cadre d'interprétation élargissant la compréhension des phénomènes sociaux, mais qui ne peuvent pas faire l'objet de procédures de validation empirique, et les théories au sens strict, qui peuvent être vérifiées, mais sous certaines conditions précises. Pour être scientifiques, les phénomènes et processus dont on cherche à rendre compte sont partiels, localement bien situés. Ils peuvent être appréhendés par le biais de procédures d'analyse scientifique seulement s'ils se manifestent dans le cadre d'un ensemble de conditions spécifiques. En réalité, les théories en sciences sociales énoncent généralement des possibilités plutôt que des lois. Elles consistent la plupart du temps en des cadres conceptuels élargissant notre compréhension du réel. Elles impliquent une démarche de nature essentiellement historique ; elles peuvent aussi proposer un schéma d'explication sociologique tendant à éclairer la dynamique de certaines évolutions politiques. Il faut convenir cependant que la plupart des théories des relations internationales, comme beaucoup de propositions de la science politique, relèvent de doctrines, à savoir d'un ensemble de notions considérées comme vraies et par lesquelles on prétend fournir une interprétation des phénomènes sociaux, tout en orientant l'action des hommes.

L'analyse scientifique de la réalité sociale consiste à rompre avec le sens commun. En fait, le langage et le discours des sciences sociales se vulgarisent très vite. Par conséquent, le grand public n'ignore pas quels sont les principaux enjeux de ces disciplines et intègre rapidement leurs concepts et leur langage. Il en résulte que le sens commun n'est pas nécessairement à des années-lumière de la compréhension offerte par les sciences sociales. Toutefois, cet effort de rupture passe par l'adoption d'un système d'interprétation donnant signification et cohérence aux pratiques sociales. Il vise à dévoiler le sens de pratiques sociales, de symboles et de mythes orientant l'action politique. Il peut impliquer la découverte des structures conditionnant l'action individuelle ou collective qui n'apparaissent pas au premier regard. Lorsque les structuralistes s'efforcent de mettre à jour des systèmes de relations socialement déterminantes en rejetant comme anecdotiques d'autres faits qui apparaîtraient de prime abord plus importants, ils expriment un choix herméneutique qui tend à privilégier des phénomènes qui n'auraient pas été repérés dans un système d'interprétation relevant du sens commun.

3. Apports et limites de la théorie des relations internationales

En fin de compte, la théorisation des relations internationales traduit la quête de cadres conceptuels permettant d'organiser la recherche et d'orienter la formulation d'hypothèses susceptibles d'appréhender des phénomènes ou des processus jugés pertinents. On distingue habituellement les théories générales des partielles. Les premières prétendent offrir un cadre conceptuel se rapportant à la dynamique des relations internationales dans leur ensemble ; les secondes s'efforcent de rendre compte d'un objet plus restreint. Cependant, toutes les théories des relations internationales représentent un effort d'abstraction nécessairement réducteur ; aucune ne peut prétendre s'approprier dans sa totalité ce domaine d'investigation par définition macroscopique. Elles peuvent tout au plus éclairer le comportement des États ou de certaines autres forces à l'œuvre, notamment les acteurs économiques, les organisations internationales et non-gouvernementales, les normes sociales institutionnalisées.

Cet ouvrage a pour objectif de familiariser le lecteur avec ces paradigmes, en éclairant leurs conditions d'émergence, les doctrines sur lesquelles ils s'appuient, les faits qu'ils discriminent et s'emploient à éclaircir. Nous avons choisi à cet effet d'adopter une structure gigogne qui rend compte de l'effort de théorisation en fonction de l'élargissement progressif des variables retenues dans l'appréhension des phénomènes internationaux. La première partie est consacrée au paradigme réaliste dont l'analyse porte principalement sur une variable, l'État conçu comme un acteur collectif. La deuxième partie traite de la prise en compte graduelle, dans la théorie des relations internationales, du rôle des acteurs économiques et des dynamiques qui découlent de leurs interactions avec les États. Enfin, la troisième partie aborde les tentatives d'articuler, par surcroît, les normes et les institutions aux interactions étatiques et économiques. Nous verrons que l'addition progressive de nouvelles variables témoigne de la complexification croissante des relations internationales, mais suscite des problèmes méthodologiques majeurs relatifs au poids qu'il convient de conférer à chacune d'entre elles.

Première Partie

Le champ
d'interaction étatique

L a définition d'un objet d'investigation est toujours en partie arbitraire et suscite en conséquence des controverses entre chercheurs. L'étude des relations internationales exprime les mêmes difficultés que les enquêtes dans tout autre domaine des sciences sociales. Elle a cependant été marquée, dès la seconde moitié du XXe siècle, par l'influence d'une école de pensée : le réalisme. Cette approche repose sur l'hypothèse que les relations internationales désignent en premier lieu les rapports entre États qu'il convient d'appréhender comme des acteurs souverains, rationnels, mus par la défense de leurs intérêts propres. N'étant soumis à aucune instance supérieure, ils sont libres de recourir à la force pour assouvir leurs ambitions ou se protéger de celles des autres. Il en découle que l'investigation porte principalement sur des questions de sécurité, de risques de conflits ou de conflits avérés. Les réalistes reconnaissent que les relations internationales comprennent, dans une perspective plus large, l'ensemble des échanges entre sociétés nationales ; mais parmi les innombrables interactions transfrontalières, ils choisissent par convention celles qui sont de nature politique, ou qui ont des effets politiques, singulièrement la diplomatie et la guerre qui marquent les rapports entre les États. Ce postulat admis, c'est vers la science politique que se tourne le réalisme pour élaborer ses cadres conceptuels et ses méthodes d'analyse.

La science politique s'impose au XXe siècle dans le champ des sciences sociales avec l'ambition de comprendre et d'expliquer les hiérarchies de commandement inhérentes au gouvernement des sociétés, notamment les rapports d'autorité au sein des États, les conflits d'intérêts et de valeurs portant sur la chose publique, les affrontements entre classes sociales, partis, groupes d'intérêt et organisations pour le partage du pouvoir et pour la distribution des ressources. Au départ, l'étude de la vie politique des États fait des emprunts aux disciplines classiques – la philosophie, l'histoire, le droit, l'économie. Elle se constitue bientôt en discipline autonome, définissant ses propres cadres d'analyse et ses démarches spécifiques.

Dès l'entre-deux-guerres, mais surtout après la Seconde Guerre mondiale, le courant réaliste va s'employer à instituer l'étude des relations internationales comme une sous-discipline des sciences politiques. L'un de ses principaux inspirateurs, Hans Morgenthau, se fixera un programme de recherche ambitieux, en prétendant donner une explication générale de la politique internationale fondée sur l'analyse des ambitions inhérentes aux États. Il croit la découvrir dans une quête incessante de puissance qu'il assimile à une « loi objective » ayant ses fondements dans la nature humaine. Plus tard, on s'efforcera d'élaborer des théories partielles visant à expliquer certaines catégories de phénomènes ou de processus, la décision par exemple ou certains types de conflits, sans pour autant résoudre le problème posé par la diversité des circonstances dans lesquelles les phénomènes et processus en question apparaissaient.

Dans cette partie, nous examinerons, au premier chapitre, l'émergence de l'école réaliste, ses références doctrinales, les principales catégories d'analyse et notions qu'elle emploie – souveraineté étatique, État-nation, anarchie, puissance et pouvoir, équilibre des puissances – avant d'aborder, dans un second chapitre, l'analyse des conflits à laquelle ce programme de recherche a principalement contribuée.

Chapitre I

Les catégories d'analyse du paradigme réaliste

L es adeptes du réalisme ont pour objectif premier de définir le champ des relations internationales. Recherchant sa spécificité par rapport à l'ordre interne des États, ils la trouvent dans sa nature fondamentalement anarchique. À l'unisson, en effet, ils soulignent que la politique internationale a pour objet principal les rapports entre États. Or ces derniers sont souverains, et nulle autorité ne peut leur imposer le respect d'un régime de droit ; ils sont donc libres de se faire justice, de recourir à la force pour assurer la défense de leurs intérêts nationaux tels que définis par leurs dirigeants.

1. L'émergence d'une discipline

Les premières études se réclamant de cette démarche apparaissent dans le monde anglo-saxon vers la fin des années 1930, dans un contexte marqué par les menées agressives de l'Allemagne, de l'Italie et du Japon, et par un recul concomitant de l'euphorie internationaliste qui avait marqué l'immédiat après-guerre. Les auteurs les plus représentatifs sont de formation disparate, puisqu'on compte parmi eux un historien, Edward H. Carr, un géographe, Nicholas Spykman, un théologien, Reinhold Niebuhr, et un politiste, Hans Morgenthau. Tous cependant partagent un même rejet de l'*idéalisme,* terme qu'ils emploient pour désigner péjorativement les divers courants internationalistes, en premier lieu le système de sécurité collective institué par le Pacte de la SDN, mais aussi les mouvements pacifistes, arbitraux ou confédéraux, qui ont cherché, après la Première Guerre mondiale, à instaurer un ordre international délégitimant la guerre.

Le principal argument que les réalistes agitent à leur encontre est
bien résumé par le Britannique E. H. Carr dans son essai, *The Twenty
Years Crisis,* écrit en 1938 et publié l'année suivante, lorsque la faillite
de la SDN est consommée. En politique internationale, écrit-il, la force
prime sur le droit. Il n'existe pas de principes moraux absolus, et ceux
présentés comme tels profitent généralement aux puissances qui s'en
font les gardiennes. Affirmer le contraire revient à faire preuve
d'hypocrisie ou de naïveté dont le danger est de paver la voie de grandes désillusions ou de ressentiments féroces de la part des États insatisfaits. Carr critique l'équivalence établie par les vainqueurs de la
Première Guerre mondiale entre la paix d'une part et la nécessité
d'autre part de maintenir le *statu quo* international coûte que coûte. Il
est d'avis que la situation en Europe a changé, qu'il convient de s'en
accommoder, et qu'il n'y a pas lieu de s'opposer à Hitler au nom de
principes moraux abstraits. On a tendance à l'oublier, mais l'un des
premiers doctrinaires du réalisme moderne était en fait favorable à une
politique d'apaisement au terme de son analyse qui délestait les questions morales (faut-il abandonner les Tchèques ?) pour s'intéresser aux
conflits, et surtout aux rapports de forces entre les États « satisfaits du
statu quo » comme la Grande-Bretagne et les États « révisionnistes »
comme l'Allemagne. Les premiers, soulignait-il, n'avaient plus les
moyens d'imposer, sous couvert de principes intangibles, un ordre
international qui les avantageait au détriment des seconds.

Trois ans plus tard, Nicholas Spykman, professeur à l'université de
Yale, fait paraître un ouvrage, *America's Strategy in World Politics,* qui
s'attache à étudier, à partir des postulats de la géopolitique, les nouvelles structures des relations internationales alors dominées par les puissances de l'Axe. À l'instar de Carr, il soutient que les valeurs morales
sont utilisées avant tout pour « faciliter l'acquisition du pouvoir » qu'il
définit comme la capacité de faire mouvoir les hommes et d'imposer sa
volonté aux autres. Contrairement à Carr, toutefois, Spykman, qui
s'oppose aux isolationnistes, est d'avis que les États-Unis doivent
s'engager dans le conflit aux côtés de la Grande-Bretagne, non pas pour
défendre des principes, mais pour maintenir un équilibre des puissances
sur le continent qui leur soit favorable. On le voit : si l'adhésion au réalisme implique un rejet du *primat* du droit et de morale, elle ne détermine pas pour autant la nature des décisions à prendre, lesquelles
varient en fonction de l'appréhension de la situation et du résultat visé.

C'est avec la parution en 1948 de l'ouvrage *Politics among Nations*
que cette doctrine trouvera, dans le contexte de la guerre froide, son
véritable essor. L'auteur, Hans Morgenthau, un Allemand émigré aux
États-Unis, oppose, lui aussi, une analyse politique à la conception

légaliste et optimiste d'inspiration wilsonienne dont il a pu mesurer l'échec face à la *Machtpolitik* hitlérienne. Sa démarche se veut encore plus distinctement scientiste que celle de ses prédécesseurs. Elle part du constat tacite que le monde politique peut être appréhendé objectivement au même titre que le monde physique, dès lors qu'une même cause produit les mêmes effets. Or, soutient Morgenthau, il sera également possible d'édifier une science des relations internationales pour autant que l'on parvienne à discriminer les principes constants et universels de la nature humaine qui, par le fait d'agir comme causes suivies des mêmes effets, permettront de déduire des séquences régulières de comportement. Il croit trouver dans la notion d'*intérêt défini en termes de pouvoir* un tel principe universellement valable pour l'analyse des faits politiques. Il reprend ainsi la proposition avancée par Hobbes au chapitre VIII du *Léviathan* : le désir du pouvoir constitue la passion politique par excellence, car en lui se résument toutes les autres passions qui visent à accroître l'autorité, comme le désir de richesses ou d'honneur. De ce postulat, il suit que la politique internationale s'avère constante dans sa dynamique conflictuelle, puisqu'elle concerne les rapports de commandement, les disputes entre groupes sociaux sur la répartition de ressources rares, leurs désaccords sur les valeurs et les conceptions du monde dont dépend leur statut.

Pareille perspective sera également développée dans les ouvrages du théologien Reinhold Niebuhr pour qui « le réalisme manifeste une disposition à tenir compte, dans l'analyse des faits sociaux et politiques, de tous les facteurs qui offrent une résistance aux normes établies, particulièrement les facteurs d'intérêt et de pouvoir ». Les études se situant dans cette mouvance vont ensuite se multiplier, notamment avec la publication des travaux du politologue Arnold Wolfers et du journaliste Walter Lippmann. Ainsi, une nouvelle discipline voit le jour aux États-Unis, soutenue par un paradigme ou « modèle de réussite exemplaire » : l'analyse dite réaliste de la politique internationale. Sans doute une recherche historique inspirée de la sociologie de la production intellectuelle montrerait-elle que ce succès coïncide avec l'ascension des États-Unis sur le devant de la scène mondiale. Leurs universités, qui disposent alors d'importants moyens, sont appelées à produire des « conseillers du prince » capables de contribuer aux avancées ou tout au moins de réduire les échecs en politique étrangère. Elles accueillent à cet effet de nombreux intellectuels européens qui peuvent mettre leur expérience et leur savoir en sciences sociales au service d'une conceptualisation des relations internationales à la fois théorique et pragmatique, susceptible de servir les politiques tout en satisfaisant à une certaine rigueur académique.

En effet, la perspective réaliste s'impose rapidement comme une doctrine stratégique, et ne cessera à ce titre d'orienter la diplomatie américaine. Ainsi, George Kennan, l'inspirateur de la politique consistant à « endiguer » la menace soviétique, se démarque clairement de la tradition « idéaliste » américaine. Il propage une vision des rapports internationaux s'inspirant de la géopolitique européenne. L'administration Truman dans son ensemble finit par adhérer à cette nouvelle représentation des relations internationales, et depuis lors, les sphères dirigeantes américaines, à l'exception incertaine du président Carter, s'exprimeront et s'engageront dans ce sens. Henry Kissinger, le conseiller puis secrétaire d'État du président Nixon, et Z. Brzezinski, le proche collaborateur du président Carter, qui ont tous deux enseigné à l'université de Harvard avant d'assumer leur fonction publique, contribueront à une littérature académique d'inspiration réaliste. Au début de ses *Mémoires,* dans le chapitre intitulé « Convictions d'un homme d'État », Kissinger montre comment ce modèle a guidé sa pensée et ses actions diplomatiques. On ne compte plus les essais politiques et les mémoires de diplomates ou d'hommes d'État étayant ce courant de pensée. Il serait toutefois erroné d'associer cette doctrine aux tendances les plus néfastes de la politique américaine. Si on l'associe aujourd'hui au nationalisme agressif tel qu'il s'exprime au sein de l'administration de George Bush, cela ne fut pas toujours le cas. Plusieurs de ses représentants, notamment Kennan, Morgenthau et Waltz, se sont fermement opposés aux engagements des États-Unis dans la guerre du Vietnam.

2. Les références réalistes

Sur le plan théorique, le paradigme réaliste n'est pas dénué d'ambition. Il s'inspire d'un ensemble de propositions énoncées au cours de l'âge classique par Hobbes, nous l'avons vu, mais aussi par Machiavel, et, plus en amont, durant l'Antiquité grecque, par Thucydide. Celui-ci, dans son *Histoire de la guerre du Péloponnèse*, trouvait dans la volonté de domination une des clés pour l'appréhension du fait politique : « La cause véritable, mais non avouée [de cette guerre], écrit-il, [fut] la puissance à laquelle les Athéniens étaient parvenus et la crainte qu'ils inspiraient aux Lacédémoniens » (I, 23). Si, en bon historien, Thucydide reconnaissait l'importance des événements et cherchait à les rétablir dans leurs séquences, on peut cependant – ce sera le cas des réalistes – retrouver chez lui l'énoncé de quelques lois générales, comme cette tendance des collectivités humaines à accumuler une puissance telle qu'elles finissent par s'écrouler sous les coups de leurs adversaires.

Machiavel constitue une autre référence incontournable. On sait que son coup d'audace fut d'aborder la pratique gouvernementale indépendamment de considérations morales. Auparavant, le discours sur l'art de gouverner s'était échafaudé sur des exigences idéales – il suffit de penser aux *Institutions* et *Miroirs* des princes médiévaux exhortant le souverain à respecter certains préceptes moraux. Machiavel s'est, quant à lui, contenté d'examiner par quelles manières les principautés « se peuvent gouverner et conserver » (*Le Prince*, II). Ce faisant, il a poussé plus loin qu'aucun de ses contemporains l'opinion selon laquelle les hommes d'action peuvent, dans une certaine mesure, réguler le cours de la fortune : « Je sais bien », écrit-il au début du célèbre livre XXV du *Prince*, « que certains ont pensé et pensent que les affaires de ce monde sont de telle sorte gouvernées par Dieu et par la fortune, que les hommes, avec toute leur sagesse, ne les peuvent redresser, et n'y trouvent même aucun remède. » Il réfute cependant cette opinion qui abolit le libre arbitre et estime que la fortune est maîtresse de la moitié seulement des œuvres humaines, laissant aux hommes le soin de « gouverner à peu près l'autre moitié ». De ce postulat, Machiavel a tiré deux conséquences pratiques qui n'échapperont pas aux réalistes. D'abord, pour gouverner la fortune, il faut faire preuve de *prudence*, ce qui implique de consulter l'histoire, puisque la prudence dépend du souvenir que l'on a d'expériences semblables. En effet, les événements de ce monde étant accomplis par des hommes mus par les mêmes passions, on trouve toujours dans le passé leur « juste pendant », dont l'étude nous renseigne sur les résultats que l'on peut espérer ou au contraire craindre. Ensuite, ceux qui ne veulent pas être trompés par la « fortune changeante » doivent lui répondre en recourant à la puissance ou à la ruse, autrement dit choisir le lion ou le renard : « Il vaut mieux être hardi », affirme-t-il en conclusion, car pour tenir la fortune soumise, il est nécessaire « de la battre et de la maltraiter ». Pour Machiavel, les grandes tragédies ou les immenses triomphes dans l'histoire politique résultent la plupart du temps d'une situation inédite qui est soit mal comprise – et c'est la ruine –, soit reconnue comme telle par des dirigeants capables de s'en accommoder en faisant preuve de créativité dans leur conduite. Il emploie une ancienne notion stoïcienne, la *virtù*, pour désigner cette faculté propre aux grands hommes d'État.

Hobbes enfin représente, pour les réalistes, l'auteur canonique par excellence. Tous, en effet, s'inspirent de ses considérations sur l'*état de nature* développées au chapitre XIII du *Léviathan*. Rappelons que Hobbes, spéculant sur la condition qui devait prévaloir dans un état précivil, marqué par l'absence d'une autorité commune, pose comme point de départ de sa conjecture l'égalité naturelle des individus dont découle une égalité dans l'espoir d'atteindre leurs fins. Or, poursuit-il, « si deux hommes désirent la même chose alors qu'il n'est pas possible qu'ils en jouissent tous les deux, ils deviennent ennemis ». Compte tenu des désirs potentiellement illimités des hommes, Hobbes en tire pour conséquence qu'aussi longtemps qu'ils vivent sans un pouvoir commun qui les tienne tous en respect, « ils sont dans cette condition qui se nomme guerre, et cette guerre est guerre de chacun contre chacun ». Les réalistes vont transposer au milieu international cette conjecture des relations individuelles à l'état de nature. Dans la mesure où les États jouissent des attributs de la *souveraineté*, par le fait de n'être soumis à aucun *supérieur commun*, qu'ils ont acquis le statut de sujets non seulement autonomes mais dotés d'une personnalité historique avec l'émergence de l'idée moderne de *nation*, qu'ils sont juges de leur propre cause et libres de se faire justice, et qu'ils convoitent les mêmes ressources rares, une telle situation paraît assez proche de l'état de guerre hobbesien. Les adeptes du réalisme donneront le nom d'*anarchie* à ce trait qu'ils estiment spécifique des rapports interétatiques. Souveraineté, nation, absence de supérieur commun, anarchie : telles sont les principales catégories qui informent ce courant de pensée dont il importe d'examiner plus en détail les portées et les limites.

3. La souveraineté étatique

La souveraineté, en tant qu'attribut étatique, est fondamentale au réalisme, puisqu'elle constitue la catégorie à partir de laquelle l'anarchie peut être inférée. Que recouvre-t-elle au juste ? Bodin en fournit la première définition dans ses *Six Livres de la République* parus en 1576. Il la caractérise comme « la puissance absolue et perpétuelle de la République » (I, 8). Elle consiste donc en deux attributs : le pouvoir du monarque souverain de « donner et casser la loy » sans le consentement des sujets ; et le pouvoir d'être exercée sans limitation de temps. Bodin pose ainsi les deux principes de l'absoluité et de la permanence de la puissance souveraine, principes qui, lorsqu'ils seront affranchis du monarchisme, formeront la base de la doctrine moderne de l'État. Depuis sa formulation au XVIᵉ siècle, la doctrine de la souveraineté va évoluer tant dans ses acceptions externes qu'internes.

3.1. La souveraineté externe

Sur le plan externe, les fondements de la souveraineté telle que nous l'entendons aujourd'hui ont été posés par les traités de Westphalie mettant fin, en 1648, à la guerre de Trente Ans qui avait dévasté l'Allemagne. Le but de leurs signataires fut de maintenir, en Europe centrale, un équilibre des forces et des confessions religieuses. À cet effet, on morcela l'Empire en 350 États dont l'indépendance ecclésiastique et séculière fut reconnue à l'intérieur de leurs domaines. Dans ces traités, on désignait la souveraineté du terme de « supériorité territoriale » qui avait certes une portée moins étendue que celle de la souveraineté, puisqu'elle concernait des États immédiats d'Empire dont les décisions en matière de guerre ou d'alliance, de taxe ou de levée relevaient d'une diète où ils avaient suffrage. Cependant, ces États ont été investis d'une autorité n'ayant nulle autre au-dessus d'elle pour tout ce qui ne concernait pas directement les affaires impériales.

La souveraineté externe exprime donc le pouvoir de commander dans un espace géopolitique déterminé. Pour bénéficier de ce droit, les États doivent posséder un gouvernement indépendant, un territoire, une population. À ces conditions, le principe de la souveraineté justifie qu'ils assument leurs propres choix de politique intérieure, tout en restant maîtres de leurs orientations diplomatico-stratégiques. La Charte des Nations unies réaffirme le principe de l'égalité souveraine des États aux termes de son article 2.1. Elle reconnaît leur indépendance politique et interdit les ingérences dans leurs affaires intérieures. Formellement, tous les gouvernements peuvent faire entendre une voix égale dans le concert des nations. L'article 51 leur confère, de plus, un « droit de légitime défense ». Ainsi, la Charte accorde aux États existants et à leurs frontières une présomption de légitimité, et c'est bien pourquoi la plupart des gouvernements manifestent leur attachement au respect du principe de la souveraineté. Il contribue au maintien du *statu quo,* en rendant notamment difficile la remise en cause de leur régime intérieur. Grâce à ce principe, l'impérialisme, tel qu'il s'est manifesté dans les conquêtes coloniales du XIXe siècle, n'est guère concevable aujourd'hui, et les gouvernements établis hésitent beaucoup avant de reconnaître les mouvements de libération nationale ou les communautés ethniques qui revendiquent l'indépendance ou l'autonomie politique.

Pourtant, le principe de la souveraineté comporte des limites indéniables. Comme nous le verrons dans la troisième partie, il est restreint, tout au moins formellement, par le droit international, en particulier par les obligations que les États ont assumées après la Seconde Guerre mondiale en matière de droits de l'homme et dans les domaines économiques et sociaux. Il fait également l'objet de nouvelles interprétations ou de réaménagements dans le cadre des processus d'intégration économique et politique, dans la logique des rapports d'hégémonie et de

dépendance politique, ou encore dans la contestation ethnique des frontières politiques établies. Enfin, et c'est sans doute l'argument limitatif
le plus important, il n'est pas intangible. Il fut souvent bafoué par les
grandes puissances au cours de la guerre froide, comme en témoignent
les interventions soviétiques dans les pays de l'Est européen ou en
Afghanistan, ou celles des États-Unis en Amérique latine. Le président
Brejnev propagea même une doctrine qui fut traduite en français par les
termes de « souveraineté limitée » pour justifier la tutelle de l'URSS
sur les pays du « camp socialiste ». La question se pose donc de savoir
si les États sont tous également capables d'assumer leur prétention à
l'indépendance souveraine. Ils diffèrent les uns des autres par la nature
et la grandeur de leur territoire, par leur position géographique, par
l'importance de leur population, de leur force militaire, par leur capacité d'accéder aux ressources matérielles. Ainsi, l'Assemblée générale
des Nations unies comprend la Chine, dont la population dépasse le
milliard d'habitants, mais aussi de minuscules entités étatiques comme
le Liechtenstein ou Monaco, dont l'autonomie politique paraît dérisoire. Il est évident que certains États reconnus n'ont pratiquement pas
d'autres attributs effectifs de la souveraineté que leur représentation au
sein des Nations unies. Cette faiblesse peut être due à l'étroitesse de
l'espace qu'ils contrôlent, à l'insuffisance de leur population ou de
leurs ressources économiques ; elle peut également être déterminée par
les carences de leurs gouvernements. Robert H. Jackson (1990) a
employé le terme de « quasi-État » pour qualifier certains régimes africains dans un ouvrage consacré à la souveraineté des pays du Sud.

3.2. La souveraineté interne

Sur le plan *interne*, la notion de souveraineté a connu une transformation importante lors des révolutions américaine et française en passant
du prince à la nation, puis au peuple. Certes, on peut à bon droit affirmer qu'aucun prince n'a joui d'une souveraineté absolue, s'il faut
entendre par là un pouvoir s'exerçant selon le bon plaisir du détenteur
de l'autorité sans limitation aucune. La définition de l'absolutisme formulée par Bodin comporte d'ailleurs une restriction jusnaturaliste
selon laquelle « les sujets obéissent aux lois du monarque et le monarque aux lois de la nature, *demeurant la liberté naturelle et propriété
des biens aux sujets* ». En France comme ailleurs, d'autres limitations
au pouvoir du roi ont été à tout le moins reconnues, à défaut d'avoir été
toujours suivies d'effet, notamment celles obligeant le monarque à respecter les commandements bibliques, les lois fondamentales, le droit
coutumier, les privilèges et les franchises, les pouvoirs intermédiaires
de la noblesse et des Parlements.

Hobbes, ici encore, apportera un argument fondamental à la doctrine de la souveraineté, lorsqu'il avance, au chapitre XVII du *Léviathan*, qu'elle découle de l'autorité conférée par tout un chacun à la République « en vue de la paix à l'intérieur et de l'aide mutuelle contre les ennemis de l'extérieur ». Le peuple, de ce point de vue, constitue un corps homogène soumis au souverain par contrat. En abandonnant ainsi leur droit de se gouverner eux-mêmes, les hommes génèrent, écrit Hobbes, un « dieu mortel, auquel nous devons, sous le Dieu immortel, notre paix et notre protection ». Ce monisme politique sera critiqué par Montesquieu pour qui la souveraineté interne, afin d'éviter tout abus, doit être limitée constitutionnellement par une disposition des institutions telle que le pouvoir de l'une arrête celui de l'autre. Il sera également désapprouvé par Rousseau qui, rejetant la monarchie tout autant que le gouvernement représentatif, soutient que la souveraineté appartient au peuple et consiste dans la volonté générale. Ne pouvant être ni représentée ni aliénée, celle-ci doit s'exercer, ce qui implique un devoir de citoyenneté. Nombreux seront ceux qui reprocheront à Rousseau l'impossibilité de réaliser son modèle, ou son « lacédémonisme aigu », la collectivité abolissant l'individu pour lui substituer, par l'habitude de la participation politique, des hommes entièrement gouvernés par l'*éthos* civique.

Les révolutions américaine et française vont jeter les bases de nouveaux régimes de souveraineté étatique, fondés sur une confusion sémantique entre les notions de « peuple » et de « nation ». La Déclaration des droits de l'homme de 1789 affirme que « le principe de toute souveraineté réside essentiellement dans la nation » et non dans le peuple. Les contraintes de l'exercice du pouvoir nécessitent en effet la *délégation* de la souveraineté du peuple jugé incapable de délibérer directement sur les affaires publiques. Cette mission doit donc être confiée à des représentants élus censés exprimer la volonté de cet être abstrait qu'est la *nation*. On connaît la fameuse définition de Sieyès : une « nation est un corps d'associés vivant sous une loi commune et représenté par la même législature » (1982, p. 32). Il en découle qu'on ne naît pas membre d'une nation ; on le devient par volonté d'association. Par ce biais, le principe de la souveraineté nationale, par opposition à la souveraineté populaire, peut s'accommoder du suffrage censitaire où le corps électoral et l'éligibilité dépendent de critères comme la fortune ou la capacité.

Après les guerres napoléoniennes, les puissances victorieuses établissent la Sainte-Alliance, un concert européen dont le but est de réprimer l'avancée des idées républicaines et libérales. Très tôt, cependant, cet ordre se trouve ébranlé par le mouvement des nationalités en

Europe, si bien que, dans la seconde moitié du XIXᵉ siècle, le modèle de l'État-nation deviendra légitime, même si les grandes puissances ne lui reconnaissent aucune validité universelle. Ainsi, à titre d'exemple, la conférence de Berlin en 1884-1885 détermine les conditions pour la colonisation de l'Afrique en posant pour principe l'effectivité du contrôle territorial des régions revendiquées comme possessions. Dans les chancelleries européennes de l'époque, personne n'aurait eu l'idée de contester la mission civilisatrice de l'Occident dans le monde et le droit de coloniser des peuples étrangers en Asie ou en Afrique. Paradoxalement, toutefois, l'impérialisme européen va contribuer à propager dans toutes les régions du monde l'État-nation comme un modèle d'organisation politique.

La Grande Guerre de 1914-1918 accouche d'un nouvel ordre international influencé par les conceptions juridiques et morales du président américain Woodrow Wilson, dont le Pacte de la SDN est une expression. Le principe du droit des peuples à disposer d'eux-mêmes, sans trouver sa pleine consécration juridique, bénéficie d'une audience grandissante en politique internationale, d'autant qu'il est proclamé avec force en Russie par les dirigeants bolcheviks. Mais c'est au terme de la Seconde Guerre mondiale que le modèle de l'État-nation prendra son grand essor, lorsque les peuples sous domination coloniale revendiqueront, avec l'appui de l'URSS et des États-Unis, leur droit à l'indépendance dans le cadre des frontières et des structures politico-administratives mises en place par les métropoles européennes. Ainsi, le droit des peuples à disposer d'eux-mêmes sera interprété comme le droit des peuples sous tutelle coloniale à fonder leur propre État.

Si la Charte condamne les empires et affirme la volonté des Nations unies de promouvoir les droits de l'homme, elle ne remet donc pas en cause l'existence d'un ordre mondial fondé sur la souveraineté étatique, bien au contraire. Comme nous le verrons dans la troisième partie, sa conception de la souveraineté nationale est d'inspiration libérale, impliquant une appréciation particulière du lien social. Cette conception de la souveraineté défend une légitimité fondée sur la participation des citoyens aux affaires publiques. Elle prend parti pour la séparation des pouvoirs exécutifs, législatifs et judiciaires. Elle prévoit aussi des mécanismes assurant un certain équilibre entre les forces sociales, de manière à éviter que les citoyens les plus riches ne monopolisent la représentation du peuple. Elle garantit aux minorités sociales et aux groupes les plus vulnérables des moyens d'exprimer et de défendre leurs intérêts.

Malgré cette évolution doctrinale, on peut soutenir que le principe de la souveraineté d'Ancien Régime, qui conférait au prince un pouvoir plus ou moins absolu, s'est prolongé sous le couvert de différents types de régime politique. Il s'est confondu avec l'idée de la nation, conçue comme une communauté, associative ou organique, dépositaire d'une mission historique. Il s'est manifesté de manière caricaturale dans les régimes d'inspiration totalitaire au XXᵉ siècle. Il continue de légitimer la raison d'État des gouvernements démocratiques, notamment en période de crise internationale ou de guerre.

4. Nation, État-nation et nationalisme

Depuis la Révolution française, la construction des États modernes a été intimement liée à l'idée de nation et au développement du nationalisme. Ceci transparaît dans le syntagme même d'*État-nation* où les termes se trouvent accouplés de façon pléonastique. Clausewitz, dans son ouvrage *De la guerre*, sur lequel nous reviendrons au chapitre suivant, tant il est vrai qu'il constitue une autre référence incontournable des réalistes pour l'analyse des conflits, décrit la Révolution française comme un événement d'une importance cruciale, « une force dont personne n'avait eu l'idée fit son apparition en 1793. La guerre était soudain redevenue l'affaire du peuple et d'un peuple de trente millions d'habitants qui se considéraient comme citoyens de l'État ». À partir de ce moment, ce ne seront plus des armées seulement, mais des nations qui se livreront la guerre. En tant que support et signifiant majeur de la puissance et surtout de la légitimité de l'État, la nation entre donc de plein droit dans le domaine d'investigation réaliste ; d'autant qu'elle n'est souvent guère différenciée de l'État pour désigner les unités politiques dont la souveraineté est reconnue. D'où la question qu'il convient de poser : qu'est-ce que la nation et son idéologie, le nationalisme ? Leur étude a donné lieu à une littérature abondante. Sans doute la complexité du phénomène, la diversité de ses manifestations, de ses enjeux politiques rendent-elles aléatoire tout essai d'explication par une théorie générale. À l'instar de n'importe quel système d'identité collective, son investigation doit mobiliser un éventail de disciplines, de la psychanalyse à la sociologie en passant par l'anthropologie, l'économie et l'histoire.

Éric Hobsbawm a souligné le fait que deux conceptions différentes sont à l'origine de cette assimilation de l'État à la nation (1992, pp. 35 *sq.*). L'une, révolutionnaire, identifie l'État au peuple représenté par la nation assemblée ; c'est, nous l'avons vu, l'opinion formulée par l'abbé Sieyès. L'autre, romantique, suppose que la formation de l'État-nation découle de la préexistence de quelque communauté se distinguant des autres par des liens présumés naturels. Dans la première conception, le lien social est supposé associatif, alors que dans la seconde il passe pour organique. Cette dichotomie s'est en partie perpétuée jusqu'à nos jours dans les modèles explicatifs de l'origine des nations et du nationalisme où se révèle une opposition entre « modernistes » et « primordialistes » (Jaffrelot, 1991).

Les *modernistes* prolongent, dans une certaine mesure, la conception révolutionnaire selon laquelle on ne naît pas membre d'une nation, mais on le devient. De ce point de vue, la nation, en tant que phénomène et l'idéologie qui la soutient sont induites par le processus de la modernisation, autrement dit par des transformations socio-économiques et techniques. Dans *Political Community at the International Level* (1953), Karl Deutsch, proposant une perspective typique du « behaviourisme » américain de l'époque, voit dans la construction des nations une réponse à l'extension des processus de communication au XIXᵉ siècle. Un peuple est formé de personnes qui partagent des moyens de communiquer tels que la langue et qui ont des habitudes semblables. Or avec la modernisation, et la croissance concomitante des marchés, des industries et des villes, les peuples subissent une « mobilisation sociale » qui leur fait perdre leurs allégeances traditionnelles et adopter de nouvelles identités compensatrices au fondement de la conscience nationale. Dans cette optique, la formation de la nation implique une cohésion culturelle qui se mesure au degré de développement des communications. Les élites exercent une influence déterminante dans la constitution des nations.

Ernest Gellner poussera cette analyse plus loin. Dans *Nations and Nationalism* (1983), il soutient que l'idéologie nationaliste invente des nations même là où elles n'existaient pas. Il associe l'origine de la nation au développement de la rationalité scientifique et critique, de l'esprit d'expérimentation visant à la découverte de causalités objectives, à l'émergence des modes de production capitalistes, de l'individualisme bourgeois et d'une nouvelle intelligentsia, à la croissance des villes. La modernisation entretient une dynamique de progrès scientifiques et techniques. Elle va de pair avec l'élargissement des réseaux d'échanges et de communications. Par sa nature, elle est vouée à détruire les hiérarchies traditionnelles de la féodalité, fondées sur les statuts, pour engendrer une structure sociale caractérisée par une division du travail complexe et changeante et par la mobilité socioprofessionnelle. Afin d'étendre son emprise sur les populations et obtenir les compétences nécessaires à la poursuite du processus, l'État instaure un système d'éducation généralisé. Il s'appuie sur les intellectuels pour créer les conditions d'une certaine homogénéité culturelle – les thèmes nationalistes s'avérant à cet égard utiles à l'intégration politique. Ainsi, pour Gellner, le nationalisme se définit « dans la tension pour établir une congruence entre la culture et la société politique dans l'effort pour que la culture soit dotée d'un et d'un seul toit politique » [1989 (traduction française), p. 69].

Plusieurs analyses ont enrichi la conception moderniste de la genèse des nations dont la démarche est généralement constructiviste – la nation n'apparaissant pas comme donnée. Benedict Anderson a souligné l'importance du capitalisme éditorial, notamment la presse, et d'autres technologies comme le recensement, la cartographie et la muséologie, dans la construction du sentiment d'appartenance à une communauté nationale qu'il qualifie de fondamentalement « imaginaire », dans la mesure où les catégories identitaires, les représentations du territoire et du passé sont instituées. Dominique Schnapper, quant à elle, a défini la nation par sa souveraineté « qui s'exerce, à l'intérieur, pour intégrer les populations qu'elle inclut et, à l'extérieur, pour s'affirmer en tant que sujet historique dans un ordre mondial fondé sur l'existence et les relations entre nations-unités politiques » (1994, p. 28).   Il paraît en effet manifeste que la citoyenneté, telle qu'elle s'est développée, en tant que projet politique, à partir des révolutions américaine et française, a constitué un élément central de cette construction en Occident. L'État, de ce point de vue, représente le support, l'instrument de la nation qui est le fruit d'un processus de socialisation par le politique. Une nation ne comprend pas nécessairement des individus parlant la même langue ou ayant des coutumes semblables. À titre d'exemple, la Suisse existe parce que des cantons constitués par des populations de langue allemande, française, italienne et romanche, divisées de surcroît entre religions protestante et catholique, ont décidé d'associer leur destin au cours des âges, en formant tout d'abord une confédération, puis une fédération. Ce sont en définitive les processus de socialisation qui entretiennent et développent l'ensemble des croyances, des valeurs, des attitudes capables d'assurer la cohésion d'une communauté nationale.

Guy Hermet considère aussi la nation comme une construction essentiellement politique, et le nationalisme comme un instrument au service de l'État. Il insiste sur le rôle de la puissance publique dans la propagation de l'idéologie nationaliste, « de la caserne à l'école ». « Le nationalisme moderne, affirme-t-il, prend forme après la Révolution française » (1996, p. 85). Contemporain de la transformation des appareils d'État, il est favorisé par la croissance d'un espace politique nouveau, investi par des individus et des mouvements luttant contre les structures d'Ancien Régime, et dont l'opinion publique devient une nouvelle instance de légitimation. Ces évolutions vont élargir la sphère politique, justifiant dans le même temps une emprise croissante du pouvoir étatique. L'État parvient à s'imposer parce qu'il contrôle les instruments de la violence, mais aussi parce qu'il peut mobiliser des mythes et des idéaux de solidarité politique qui constituent le ciment de son idéologie nationaliste, idéologie qui supplante progressivement ou transcende les autres systèmes de référence identitaire. Ainsi, pour chacun, l'identité nationale finit par être vécue comme une réalité tangible, incontournable, qui permet à la collectivité de se reconnaître, de baliser ses marques et de se définir par rapport aux étrangers.

Anthony Smith, dans *National Identity* (1991), montre combien l'invocation de l'identité nationale est un élément essentiel des processus d'intégration politique. L'idéologie nationaliste a pour finalité la création de liens de solidarité entre les individus et les classes ; elle mobilise un répertoire de valeurs et de traditions culturelles communes. Smith partage l'opinion selon laquelle les nations sont des constructions politiques modernes, mais il en tempère l'argument en soulignant qu'elles se fondent sur des bases ethniques primordiales, même si toutes les ethnies n'engendrent pas nécessairement des nations. Les doctrines nationalistes s'appuient en effet sur des mythes et des symboles souvent anciens, rationalisés pour justifier la construction et le développement de l'État. Smith offre l'exemple de quelques grandes nations européennes – Angleterre, France, Espagne, Suède, Hollande – qui procèdent historiquement de l'extension vers les régions périphériques des appareils d'État administratifs, fiscaux, judiciaires et militaires reflétant les valeurs et traditions des ethnies aristocratiques dominantes.

Dans un ouvrage précédent, *State and Nation in the Third World* (1983), Smith applique une perspective similaire pour analyser les caractéristiques des nationalismes des anciens pays colonisés. Il discerne leur émergence en Afrique subsaharienne dans les premières révoltes contre la colonisation – rébellions précoces, structurées sur une base ethnique. L'influence des Églises et des missions a également constitué un facteur dans leur apparition, notamment en Éthiopie. Dans différentes régions de l'Afrique sont apparus des mouvements religieux endogènes de type messianique, comme le kibanguisme au Congo belge. Parallèlement, la constitution d'une bureaucratie indépendante, liée à l'État colonial, fut un facteur décisif dans son développement. Ainsi s'est constituée une disjonction entre les élites provenant essentiellement des rangs de l'intelligentsia éduquée à l'occidentale, occupant des positions stratégiques au sein de cette bureaucratie, cultivant des idéologies nationalistes ou panafricaines, et les masses dont les référents identitaires sont restés ethniques.

Il ressort de cette dernière analyse que la dynamique de l'industrialisation, telle qu'elle s'est affirmée en Europe à partir de la Renaissance et de la Réforme, est unique. Les civilisations ne suivent pas les mêmes mouvements historiques, les mêmes mutations culturelles, bien qu'elles tendent aujourd'hui à s'interpénétrer. Il n'en reste pas moins que dans la plupart des autres régions du monde, la modernisation a été imposée de l'extérieur. Ainsi, l'impérialisme occidental a joué un rôle fondamental dans l'émergence des nationalismes de l'ère des indépendances qui se sont nourris des dynamiques de changement qu'il a initiées. Pour se dresser contre la domination coloniale, ces mouvements ont repris pour une large part le modèle politique des métropoles. Comme en Europe, l'intelligentsia – en fait les élites professionnelles constituées notamment par des avocats, des enseignants, des fonctionnaires – a présidé au développement de l'idéologie nationaliste, et s'est employée à consolider les appareils d'État d'origine coloniale. Elle a eu la même prétention hégémonique de créer un espace politique, économique et culturel homogène. La formation étatique a exigé l'érosion des anciennes formes d'allégeance communautaire, traditions dans lesquelles les liens de parenté ou le mythe d'un ancêtre commun jouaient souvent un rôle déterminant. L'urbanisation et la diffusion des systèmes éducatifs ont aussi été des vecteurs du nationalisme tel qu'il s'est exprimé en Asie, en Afrique ou en Amérique latine.

L'idée avancée par Smith de l'existence de strates ethniques anciennes dont les élites nationalistes, pour justifier leurs mobilisations, manipuleraient les mythes, les symboles et les croyances – un passé glorieux à faire renaître, une terre ancestrale à reconquérir, un peuple élu à aiguillonner – attribue une certaine qualité primordiale à l'ethnicité, même si l'auteur rejette l'emploi de ce terme. L'analyse *primordialiste* a ceci de spécifique, par rapport aux modernistes, qu'elle considère le groupe ethnique comme un donné et non comme l'effet d'une construction. C'est pourquoi on l'a rattachée, parfois abusivement, aux courants romantiques ayant surgi en Allemagne et en France aux XVIIIᵉ et XIXᵉ siècles qui inscrivaient le nationalisme dans des traditions historiques et culturelles ancestrales et qui érigeaient la nation en une réalité organique. Si des auteurs comme Edward Shils, Clifford Geertz ou Walter Connor ont défendu une conception primordialiste de l'ethnicité, leur pensée peut toutefois être difficilement assimilée à celle de Herder ou de Fichte. Geertz notamment a soutenu, dans une célèbre contribution, que certains liens sociaux parmi lesquels il faisait figurer l'ethnicité, étaient « primordiaux », autrement dit « donnés ». Ces liens ne disparaissent pas sous les avancées de la modernisation ; au mieux, le processus d'intégration parvenait à les « domestiquer », mais ils pouvaient toujours resurgir, dans la mesure où ils contribuent fondamentalement à façonner les représentations d'appartenance des individus (1963, p. 128). Parce que le primordialisme a été réapproprié par des militants nationalistes pour donner une justification à leurs revendications souvent xénophobes ou racistes, il a connu moins d'adhérents que le courant moderniste.

Qu'on les analyse conformément aux positions théoriques modernistes ou primordialistes, la nation et son idéologie, le nationalisme, intéressent le paradigme réaliste des relations internationales à deux titres. D'une part, tous les gouvernements invoquent une nation singulière pour légitimer leur souveraineté étatique. Comme on l'a vu, la nation a servi de cadre à la création d'un nouvel espace économique et politique et des systèmes de représentation nécessaires au développement de l'État moderne et de sa bureaucratie centralisée. Lorsqu'elle a eu une heureuse issue, la construction nationale a répondu au vide émotionnel suscité par la disparition des anciennes communautés, par le mouvement d'urbanisation et l'anomie qu'il a entraînée, par la diffusion d'une culture standardisée, par l'avancée d'une société anonyme et impersonnelle.

D'autre part, l'idéologie nationaliste constitue, pour les réalistes, une source potentielle de conflits dont il faut tenir compte. Certes, elle a pu prendre différentes formes. Si elle a souvent été limitée à la quête raisonnée d'une communauté politique, d'un « vouloir vivre » ensemble dans un espace territorial aux frontières définies, elle a cependant aussi servi à exprimer une volonté de puissance dans les rapports interétatiques, en cultivant l'exaltation fanatique des caractéristiques raciales, ethniques, religieuses ou des ambitions conquérantes d'un peuple. Historiquement, le nationalisme s'est imposé au XVIIIᵉ siècle comme un projet démocratique. C'est le sens de la Déclaration d'indépendance américaine de 1776, ou de la Déclaration française des droits de l'homme de 1789. Toutefois, pendant la Révolution française et l'Empire, il est devenu messianique et conquérant sous l'effet de l'idéologie jacobine et des guerres napoléoniennes. Nul n'est besoin de rappeler ici ses avatars les plus destructeurs qu'ont constitués, au XXᵉ siècle, le fascisme et le nazisme. Ces formes violentes surgissent souvent dans les phases critiques des mutations socio-économiques. Comme toute idéologie, le nationalisme entretient des illusions : il affirme défendre les valeurs et les traditions populaires, alors qu'il engendre une culture élitaire et centralisée. Il se définit comme un projet politique évident, partant d'émotions immédiates et partagées par l'ensemble du peuple, alors qu'il est construit et propagé par les sphères dirigeantes et par leurs intellectuels. Il prétend fixer les spécificités propres à un peuple, mais il peut, ce faisant, nier celles des autres. C'est cette dernière contradiction qui intéresse au premier chef l'analyse des relations internationales.

5. L'absence de supérieur commun

Pour les réalistes, le corollaire de la souveraineté étatique est que les relations internationales ont pour caractéristique première leur faible niveau d'intégration institutionnelle. En définitive, les normes juridiques et les institutions s'avèrent fragiles, car les États interprètent à leur guise les obligations qu'elles imposent ; ils les transgressent volontiers en invoquant la défense de leurs « intérêts nationaux » (nous reviendrons sur cette notion). Contrairement à ce qui se produit dans la sphère étatique, il n'existe pas de pouvoir supérieur capable d'instaurer et maintenir un ordre politique en imposant son arbitrage dans les conflits entre États ; aucune autorité n'est en mesure de produire un ensemble de lois universellement reconnues. Il n'y a pas de cour internationale habilitée à juger de manière systématique et cohérente l'ensemble des différends étatiques, ni de forces de police pouvant sanctionner les agressions afin de rétablir la paix. L'individu qui viole la loi au sein d'un État est passible d'une sanction. L'État contrevenant au droit international ne l'est généralement pas. Dans *Paix et guerre entre les nations,* Aron, partant du postulat que les États sont souverains, donc libres de se faire justice, a vu, dans l'absence d'une instance qui détienne le monopole de la violence légitime, le trait spécifique des relations internationales. Alternant avec des périodes de paix, les guerres et les rapports d'oppression forment la trame de la politique internationale. « La force fait le droit. » Cette formule a été utilisée en 1914 par le chancelier allemand pour justifier la violation de la neutralité belge. La SDN fut établie dans le cadre du traité de Versailles après la Première Guerre mondiale en vue de réaliser un système de sécurité collective. Pourtant, ce projet a échoué, et les gouvernements fascistes ont invoqué toutes sortes de prétextes fallacieux pour défendre leurs politiques expansionnistes.

À partir de 1945, l'Organisation des Nations unies exprime ou symbolise les efforts des États pour instaurer un ordre international pacifique, fondé sur le respect de la justice et du droit. En fait, les membres de cette institution n'ont pas eu la volonté ni les moyens de mettre en œuvre les principes énoncés dans la Charte. Depuis sa création à San Francisco en 1945, l'ONU n'a pas constitué un véritable obstacle à la guerre, sa capacité de mobiliser des sanctions contre les agresseurs ayant presque toujours été défaillante. Au cours de la guerre froide, qui a dominé les relations internationales jusqu'en 1989, les États-Unis et l'URSS sont souvent intervenus militairement à l'extérieur de leurs frontières pour y assouvir leurs ambitions politiques ou préserver leurs sphères d'influence. L'URSS s'est assuré le concours de gouvernements communistes dans la plupart des pays bordant ses frontières à l'est, n'hésitant pas à faire marcher l'Armée rouge lorsque les Hongrois en 1956 ou les Tchécoslovaques en 1968 tentaient de recouvrer leur indépendance. Les États-Unis ont usé de procédés analogues pour renverser des gouvernements légaux en Amérique centrale ou dans les Caraïbes. La Chine a annexé le Tibet depuis le début des années 1950. Au Moyen-Orient, Israël continue d'occuper et de coloniser les territoires qu'il acquit durant la guerre de 1967. À l'instar des puissances prépondérantes, d'autres gouvernements recourent périodiquement à la force et violent les principes du droit international en inventant des arguties juridiques pour occulter leur politique d'agression. On ne compte pas les conflits régionaux au Moyen-Orient, en Asie et en Afrique, manifestant l'échec de tout mécanisme de sécurité collective.

D'autre part, ce sont les grandes puissances qui définissent les conditions de la sécurité internationale et s'arrogent une bonne marge de manœuvre dans l'interprétation des principes de la Charte des Nations unies. Elles dominent les organisations internationales ; elles les utilisent pour servir leurs propres fins, notamment pour légitimer leur volonté d'hégémonie. Le Conseil de sécurité se trouve souvent incapable d'assumer son mandat, en particulier dans le conflit du Proche-Orient, ou lorsque les États refusent d'engager des forces qui seraient nécessaires pour rétablir la paix au sein de régions et de pays déchirés par des guerres civiles. En 2003, les États-Unis et la Grande-Bretagne ont décidé de faire la guerre à l'Irak, malgré le refus du Conseil de sécurité de légitimer leur action militaire.

Ainsi, les relations internationales se caractérisent par une pluralité de centres de décisions politiques indépendants et souvent antagonistes. Nous l'avons vu : pour les réalistes, notamment Carr, très proche des marxistes à cet égard, le droit et la morale dans les rapports interétatiques ne constituent qu'une rationalisation dissimulée des intérêts des puissances dominantes. Pareille situation est également manifeste dans la répartition des ressources économiques de la planète. Les États parviennent parfois à s'entendre formellement sur des principes de justice et d'équité, non sur leur mise en œuvre. Les réalistes y insistent : les États membres des Nations unies ne forment pas une « communauté internationale » cohérente et structurée. En adhérant à l'ONU, ils ne se soumettent pas à une autorité politique disposant d'un pouvoir légitime, capable de mettre en œuvre les principes et les normes juridiques universels et de sanctionner leur violation. Jugées à l'aune des systèmes d'intégration politique prévalant dans bon nombre d'États, les relations internationales présentent bien des caractéristiques d'une situation dénommée *anarchie* par ces auteurs.

6. L'anarchie et ses conséquences

Dans la mesure où les réalistes réduisent la politique internationale à l'analyse des relations *interétatiques*, ils peuvent affirmer, sans risque de se tromper, qu'elle a pour enjeu principal des conflits relatifs au partage du pouvoir et des ressources économiques, et qu'elle comprend, au même titre que la politique interne, des rapports hiérarchiques et des échanges inégalitaires entre groupes sociaux. Toutefois, en recourant à la notion d'anarchie, les réalistes entendent dépasser ces propositions générales. Ils souhaitent, sinon prévoir la politique étrangère des États, du moins mettre à jour certaines régularités dans ce domaine.

6.1. Le principe du « sauve-qui-peut », la notion d'« intérêt national » et le dilemme de la sécurité

Le corollaire du postulat d'anarchie est que les États sont contraints d'assurer leur propre survie. C'est le principe du sauve-qui-peut (*self-help*). La très grande majorité des gouvernements entretient des forces armées, et ceux qui y renoncent – le Costa Rica est un exemple rare – doivent nécessairement confier leur défense à la protection d'une puissance hégémonique. Suivant leur position et leur statut, ils participent à des systèmes d'alliances politiques et militaires, ou tentent d'assurer par eux-mêmes leur indépendance. L'analyse pourrait sembler tautologique : l'anarchie entraîne l'anarchie. Effectivement, pour sortir de ces désordres, il faudrait une autorité supranationale, capable d'arbitrer les conflits entre les États et d'imposer son jugement par la force. Or les réalistes le soulignent à l'unisson : cette paix par l'empire ne serait pas nécessairement moins violente, ni plus juste ; elle serait l'expression d'une structure politique différente de celle que présentent les rapports interétatiques contemporains.

Ayant ainsi défini les principales caractéristiques de la politique internationale, ces théoriciens y trouvent aussi des éléments pour expliquer la permanence des crises et des guerres dans les rapports entre États. Les gouvernements, affirment-ils, n'ont d'autre choix que de veiller à la défense de leurs « intérêts nationaux » ; c'est là un objectif rationnel, mais sa poursuite désordonnée par une grande variété d'acteurs étatiques confère aux relations internationales leur dimension conflictuelle, et parfois chaotique. On a souvent reproché aux réalistes l'ambiguïté de cette notion d'« intérêt national ». Dans tous les cas, elle ne devrait pas être employée au singulier, car elle recouvre des conceptions qui varient au gré des circonstances historiques et politiques, selon la nature des régimes, des idéologies et des élites dirigeantes. Les États ne sont pas des acteurs unitaires, puisqu'ils comprennent en leur sein des partis politiques et des groupes d'intérêt qui n'ont pas les mêmes projets diplomatiques et stratégiques. Affirmer que les gouvernements sont dépositaires d'intérêts nationaux, c'est souligner une évidence ayant finalement peu de valeur heuristique, à savoir qu'ils représentent, à un moment donné, les objectifs défendus par certains groupes politiques, économiques ou sociaux capables de faire passer leurs intérêts spécifiques pour des intérêts généraux. Les États sont en effet enserrés dans des réseaux complexes de rapports internationaux où se joue une multiplicité de buts dont la réalisation peut profiter à certains acteurs internes mais en désavantager d'autres.

Aussi, dans la sphère des rapports interétatiques, la notion d'« intérêt national » peut-elle référer à un large éventail d'acceptions possibles, impliquant des positions diplomatiques et stratégiques non moins variées. D'ailleurs, les gouvernements parviennent rarement, dans les faits, à donner une définition de leur politique étrangère univoque et stable. Les activités des grandes puissances n'ont pas été identiques à l'âge de l'impérialisme, dans la crise des années 1930, au cours de la guerre froide ou à l'époque de la mondialisation. Souvent, les États poursuivent simultanément différents objectifs de politique internationale qui peuvent au demeurant s'avérer contradictoires : la sécurité, l'expansion, la richesse, la propagation d'une idéologie, la gloire, le bien-être social. Sous couvert de défendre leurs « intérêts nationaux », ils peuvent aussi bien fortifier leurs frontières contre l'étranger, renforcer avec leurs voisins des liens de coopération ou, au contraire, chercher à les abattre dans une guerre de conquête. Ainsi, leur quête de sécurité s'exprime dans la défensive ou dans l'offensive, dans l'acquisition d'armements ou dans le développement d'échanges économiques et sociaux, dans une attitude prudente de dépendance à l'égard des plus forts, dans une neutralité armée ou dans l'impérialisme. En bref, les États peuvent, pour atteindre leurs fins, user simultanément ou successivement de la coopération ou de la guerre. C'est la raison pour laquelle Aron a défini les relations internationales comme constituant un champ « diplomatico-stratégique » : elles mobilisent en permanence le diplomate et le stratège.

Quelle que soit la validité de la notion d'« intérêt national », la diversité même des projets étatiques, qui est peu contestable, constitue, pour les réalistes, une source potentielle de conflits. En s'efforçant d'accroître leur sécurité et en poursuivant la défense d'intérêts économiques, les États risquent d'aviver l'insécurité et la riposte militaire de leurs voisins. C'est un cercle vicieux qu'ils définissent comme le « dilemme de la sécurité » et qui explique en partie la course aux armements. Dans cette situation d'incertitude, les gouvernements doivent en effet mobiliser des ressources militaires, économiques ou politiques pour préparer leur défense, pour assurer le cas échéant la satisfaction de leurs ambitions en recourant aux menaces d'interventions armées, voire même à la guerre.

6.2. Puissance et pouvoir

Autre axiome de la pensée réaliste : dans la poursuite de leurs projets, les États s'efforcent d'augmenter leur puissance. Ce terme est d'usage courant dans cette littérature sur les relations internationales. Il reste toutefois flou. On y recourt notamment pour désigner les États qui exercent une influence prépondérante sur la politique mondiale, les « grandes puissances ». Il signifie alors un statut politique privilégié, auquel sont associés des avantages et des responsabilités particuliers. Il est aussi assimilé à l'ensemble des rapports conflictuels de la scène internationale, ou aux comportements des États tendant à faire prévaloir tel objectif face à l'opposition d'autres États. On parle alors de « politique de puissance », traduction imparfaite de la notion de *power politics,* qui devient, dans la littérature « réaliste », une métaphore de cette loi de la jungle qui triomphe sur la scène internationale. Morgenthau affirme, par exemple, dans son ouvrage *Politics among Nations :* « La politique internationale, comme toute politique, est politique de puissance. » Les gouvernements s'emploient à occulter cette volonté de puissance en invoquant des idéaux grandioses – la justice, l'égalité, le droit des peuples à disposer d'eux-mêmes – ou par des discours de nature essentiellement idéologique.

Pour sa part, Aron fait une distinction entre « pouvoir » et « puissance ». Il refuse de confondre les rapports de puissance et les relations de pouvoir, ces dernières caractérisant les différentes formes de commandement interne découlant des institutions. L'action de l'homme d'État n'a pas le même sens selon qu'elle est orientée vers la sphère intérieure ou vers la politique étrangère. Dans le premier cas, elle découle d'un commandement légitime ou tout au moins tendant à prendre un caractère légal. Dans le milieu peu structuré de la politique internationale, la lutte pour la puissance prend, selon Aron, des formes différentes des luttes de partis pour la conquête du pouvoir de l'État : l'absence de loi commune, de sanctions internationales, la possibilité de recourir à des moyens non codifiés pour assurer la réalisation d'un objectif confèrent à cette conduite « diplomatico-stratégique » une dimension particulière. Ainsi, les rapports de commandement et d'autorité découlant du respect habituel et général de normes contraignantes ou d'exigences institutionnelles y sont rares ; les hiérarchies de puissance s'expriment au contraire à l'état brut, c'est-à-dire par la coercition directe ou la menace de violence.

Si, comme le pense Aron, l'exercice du pouvoir au sein de l'État prend des formes qui diffèrent de la puissance s'exprimant en politique étrangère, on doit toutefois admettre que dans les deux cas, les effets sont analogues : un acteur politique parvient à faire triompher sa volonté, avec ou sans contrepartie, sur d'autres acteurs. C'est la raison pour laquelle les réflexions engagées sur le concept de pouvoir sont utiles à la compréhension de la puissance dans les relations internationales. Dans cette perspective, on peut également faire une distinction utile entre le pouvoir qui s'impose par le biais d'un commandement et celui, diffus, qui émane des pratiques sociales courantes. L'exemple des contraintes économiques est l'expression de ce type de pouvoir, où l'action d'innombrables individus produit une structure relativement contraignante, qu'il sera difficile de modifier, et dont les effets socio-politiques peuvent s'avérer importants. Dans une société fondée sur une division poussée du travail et des fonctions, l'organisation est source d'un pouvoir. Son institutionnalisation signifie que l'obéissance est acquise par l'intériorisation du respect des lois et des contraintes structurelles qui lui sont inhérentes. L'individu ne peut rien contre le groupe organisé, et la masse est souvent impuissante face à une minorité qui contrôle un ensemble institutionnel cohérent. Les structures sociales, les institutions qui en découlent et qui les renforcent, ont pour effet de limiter le champ des possibles. Comme nous le verrons, Susan Strange dans *States and Markets* (1994) s'est efforcée de montrer que la puissance des États-Unis sur la scène internationale était liée au contrôle des structures de sécurité, de la finance, de la production et de la connaissance.

Certains auteurs, comme Steven Lukes dans son ouvrage *Power: a Radical View* (1974), ont insisté sur le fait que le pouvoir ne se manifeste pas seulement dans la décision, mais dans la « non-décision » et dans l'agenda politique. Le contrôle des symboles, des valeurs idéologiques, des institutions par les tenants du pouvoir peut limiter les choix politiques. Selon cette conception, le pouvoir ne doit pas être confondu avec son exercice effectif, en particulier avec les processus de prise de décision. Il s'exprime aussi à travers la capacité d'exclure certains enjeux de l'agenda politique en recourant non seulement à des décisions, mais aussi à des non-décisions les concernant. Le processus de non-décision consiste à nier l'existence de certains conflits latents en les tenant à l'écart du débat public. Selon Lukes, dès lors que des acteurs sont en mesure de façonner ou de renforcer des valeurs et des pratiques institutionnelles qui limitent le processus politique aux seuls objets qui les avantagent, ils disposent d'un pouvoir réel. Les ordres du gouvernement sont exécutés parce que les citoyens savent qu'ils peuvent être contraints à agir dans un sens, mais également parce qu'ils ont été amenés à adhérer aux injonctions du pouvoir, autrement dit à faire de nécessité vertu.

Sans doute peut-on constater pareils phénomènes d'aliénation dans toutes les traditions, les coutumes et les rites, comme dans n'importe quelle pratique institutionnelle. Ils pèsent sur toute forme de vie communautaire, à commencer par la famille. En sociologie, les analyses d'inspiration marxienne ou structuraliste, comme celles proposées par Steven Lukes, mais aussi, en France, par Pierre Bourdieu, se sont attachées à développer des outils susceptibles de poser ce diagnostic d'aliénation. Il existe toutefois, en sciences humaines, d'autres éclairages possibles du phénomène, qui ne sont pas forcément convergents, par exemple l'herméneutique freudienne. Il n'est pas aisé de hiérarchiser ces investigations, car elles mobilisent des valeurs ou des philosophies de l'histoire différentes. La modernité est née de l'effort d'explication rationnelle et scientifique du monde, et ce mouvement impose nécessairement l'établissement de catégories analytiques tendant à distinguer les différents éléments de la réalité. Le danger c'est de perdre dans ce découpage les interactions dialectiques entre les éléments ainsi mis à jour. Nos efforts pour discriminer des variables, pour pondérer leur incidence sur l'évolution des processus sociaux, finissent souvent par masquer la complexité de leurs interactions. Peut-être vaut-il mieux, dans l'étude des relations internationales, partir du constat que les sources de pouvoir peuvent être politiques et militaires, socio-économiques et culturelles, idéologiques et institutionnelles, sans nécessairement établir d'emblée une hiérarchie précise entre ces différents facteurs dont l'importance relative varie en fonction des objets spécifiques d'investigation.

6.3. Les éléments matériels et immatériels de la puissance

Quels sont cependant les éléments constitutifs de la puissance dans le paradigme réaliste ? Morgenthau assimile cette dernière à la capacité d'un gouvernement de contrôler les actions d'autres États ou de les influencer. La puissance découle de trois sources : l'attente d'un bénéfice, la crainte d'un désavantage, le respect pour les hommes et les institutions. Aron, s'inscrivant dans la tradition de Max Weber, a défini la puissance sur la scène internationale comme « la capacité d'une unité politique d'imposer sa volonté aux autres unités ». Il reconnaît aussi que la puissance politique « n'est pas un absolu mais une relation humaine». Dans cette perspective également, la politique de puissance s'inscrit dans une relation dialectique entre le commandement et l'obéissance. Ses dimensions psychologiques sont évidentes, puisqu'elles impliquent un affrontement de volontés. Dans *Discord and Collaboration* (1962), A. Wolfers fait la distinction entre la puissance et l'influence, la première catégorie définissant la capacité d'altérer le comportement des autres acteurs par la coercition, la seconde signifiant la possibilité de l'infléchir par la persuasion. Il admet toutefois un *continuum* entre ces deux notions qui se recouvrent en partie.

Bon nombre de réalistes se sont efforcés de définir la puissance comme un élément quantifiable des ressources nationales, pour en faire une variable susceptible d'expliquer des rapports de causalité. De ce point de vue, elle serait assimilable au rôle que l'argent et la quête de profit jouent dans l'économie de marché, éléments nécessaires à l'explication de la dynamique capitaliste. De toute évidence, la théorie économique constitue une référence importante pour ces auteurs soucieux d'atteindre par leurs efforts de conceptualisation une rigueur comparable. De même que la maximisation des intérêts individuels dans l'économie de marché pourrait se définir en termes monétaires, la réalisation des ambitions nationales se résumerait en quête de puissance. Au même titre que les individus peuvent poursuivre la richesse matérielle comme une fin en soi ou comme le moyen d'atteindre d'autres objectifs, les États s'emploient à renforcer leur puissance.

Cependant, si les réalistes évoquent la puissance comme un facteur déterminant de la politique internationale, ils ne parviennent pas toujours à en offrir une définition convergente. La force militaire en fait naturellement partie. On voit bien quels peuvent être ses effets. Après l'invasion du Koweït par l'Irak en août 1990, les États-Unis ont été en mesure de rassembler une force de plus de 500 000 hommes, dotée du matériel militaire le plus moderne, de la déployer en quelques semaines dans le désert d'Arabie Saoudite à des milliers de kilomètres des bases américaines, de convaincre une trentaine de pays de participer à une même coalition contre l'agresseur, de faire financer par des pays étrangers la majeure partie de cette entreprise, d'obtenir que les Nations unies légitiment leur décision d'intervenir par les armes, puis de livrer une bataille éclair, terrassant une armée que l'on décrivait alors comme la quatrième du monde. En 1999, les bombardements de la Serbie par les avions de l'OTAN ont obligé le président Milosevic à retirer ses forces du Kosovo et à mettre un terme à sa politique de purification ethnique. Dans ces circonstances, comment ne pas voir dans la force militaire un atout décisif des relations internationales ! Ainsi, Carr considère qu'elle est d'une importance décisive, puisque la guerre est *l'ultima ratio* de la politique entre États. Avec des nuances, tous les réalistes partagent ce point de vue.

Cette définition simplifiée de la puissance en termes militaires devrait *a priori* faciliter l'émergence d'une théorie validable empiriquement, les éléments de cette force étant susceptibles d'être quantifiés. Elle pourrait sembler justifiée en situation de crise ou de guerre. Cependant, les ressources matérielles de la force militaire n'ont de sens que dans le cadre d'une stratégie, cette dernière impliquant des ressources politiques, intellectuelles ou morales non pondérables. C'est dire que la force militaire n'existe pas en soi. L'état-major français en 1940 pouvait mobiliser un nombre de chars équivalent à celui de l'Allemagne. Il n'a toutefois pas développé une doctrine opérationnelle pour les engager de manière efficace. Par ailleurs, le gouvernement et l'opinion publique français ne souhaitaient pas la guerre et manquaient de fermeté à l'égard de l'Allemagne nazie. La guerre du Vietnam constitue un autre exemple de la difficulté d'évaluer des forces militaires en présence. Le gouvernement américain s'y est engagé avec des moyens considérables, mais a dû se résoudre finalement à concéder une défaite. La Maison-Blanche et le Pentagone ont vu leur front intérieur se lézarder, puis craquer. Leurs forces armées ont été mises en échec par un adversaire inflexible, maîtrisant parfaitement les atouts politico-stratégiques de cette guerre. Quelques années plus tard, les Soviétiques connaîtront une aventure semblable en Afghanistan. En réalité, la puissance ne se résume jamais à la force des armes. Définie en termes strictement militaires, elle n'offre donc aucun critère permettant de comprendre les capacités et le rôle d'un acteur étatique. Le commandement militaire est confronté à des données difficilement évaluables comme le hasard, le moral des troupes, la qualité du commandement. Dans la politique internationale, les constellations politiques et stratégiques sont toujours complexes. Les antagonismes se développent rarement en milieu restreint. Il est fréquent de constater que des guerres qui ont commencé à deux se sont terminées en confrontation plus large. L'acteur étatique doit donc constamment miser sur l'incertitude des systèmes de coalition ou d'alliance, ce qui accroît encore le caractère aléatoire de la puissance. Si cette dernière était clairement mesurable, la guerre deviendrait invraisemblable, car son résultat serait constamment prévisible.

Aussi, la plupart des auteurs réalistes utilisent la notion de puissance dans une acception très large – impliquant des éléments matériels et immatériels –, ce qui complique encore les données du problème.

Morgenthau inclut parmi ses éléments constitutifs des réalités telles que les ressources militaires, les capacités industrielles, les matières premières, les avantages géostratégiques, le nombre d'habitants. Il intègre aussi les caractéristiques culturelles, le moral national, les qualités diplomatiques ou gouvernementales. La puissance peut s'imposer par des ordres, des menaces, l'autorité ou le charisme d'un homme ou d'une institution, par une combinaison de ces attitudes ou phénomènes. Kenneth Waltz, un auteur sur lequel nous reviendrons, accorde dans ses ouvrages une grande importance aux dimensions militaires de la puissance, mais admet qu'il n'est guère possible de les dissocier des capacités économiques ou des autres ressources politiques que les nations peuvent mobiliser pour s'imposer. Aron fait la distinction entre la force et la puissance. Il voit dans les ressources militaires, économiques et morales des éléments de la force. Leur mise en œuvre dans des circonstances conflictuelles et en vue d'objectifs déterminés relève de la puissance. L'utilité des ressources, leur mobilisation éventuelle sont en effet déterminées par la nature des objectifs. Aron a cru bon de distinguer trois éléments fondamentaux de la puissance : l'espace occupé par les unités politiques ; les matériaux disponibles et le savoir ; la capacité d'action collective. Il a également souligné que la puissance d'une unité en temps de paix ne se mesurait pas comme celle utilisée en temps de guerre.

Les ressources mobilisées pour atteindre des objectifs politiques peuvent donc être très diverses. Ainsi, aucun État ne dispose d'une puissance absolue lui permettant d'imposer sa volonté en toutes circonstances. La possession d'armes nucléaires ne garantit pas la capacité de faire prévaloir son point de vue dans toutes les crises internationales. Au cours de la conférence de Potsdam, Staline aurait demandé combien le pape avait de divisions, pour manifester de manière ironique et rugueuse le peu de cas qu'il faisait de l'autorité de l'Église catholique. En temps de guerre, ou lorsque s'établissent les assises d'un nouvel ordre politique international, les rapports de forces militaires priment sur ceux d'une autorité spirituelle. La puissance se comptabilise alors en termes de divisions, de chars, d'avions, d'artillerie, mais aussi de stratégies, de ressources économiques, de logistique, de commandement et de géographie. En temps de paix, lorsque diminuent les risques d'engagement militaire, et que le recours à la guerre n'est plus d'actualité, ces facteurs de puissance peuvent devenir d'un faible apport. Et dans ces circonstances, l'autorité de l'Église catholique, les positions idéologiques et politiques qu'elle cautionne ou propage peuvent altérer le cours des relations internationales, comme le montre le rôle qu'elle a joué en Pologne et dans d'autres pays de l'Est européen, ou l'influence qu'elle a exercée sur les sphères dirigeantes en Amérique latine. Les États-Unis n'envisagent pas d'imposer leur volonté à l'Union européenne dans des négociations commerciales en mobilisant des forces armées. Dans le champ de la politique internationale contemporaine, des États dépourvus de ressources sont parfois en mesure d'utiliser leur faiblesse économique et même politique comme un instrument d'influence, notamment pour infléchir l'action des grandes puissances en leur faveur. Ils peuvent promouvoir certaines valeurs subversives, voire même soutenir des groupes impliqués dans des actes dits de terrorisme ou de violence organisée.

Les relations internationales étant multiples et complexes, les rapports de domination auxquels l'État se soumet ne sont jamais univoques. La domination est rarement un jeu à somme nulle, soit : A obtient de B qu'il fasse quelque chose qu'il n'aurait pas fait, sans contrepartie de la part de A. Le contrôle d'un État sur un autre dans un domaine peut être contrebalancé par une interaction réciproque du même type dans un autre domaine. En conséquence, il n'est pas possible de réduire la rationalité étatique à la poursuite d'un seul but et d'une stratégie unique, à moins de conférer au concept de puissance une vocation polysémique, donc dépourvue de rigueur scientifique.

6.4. L'équilibre des puissances et les approches d'inspiration systémique

Autre axiome réaliste : les grandes puissances tendent à s'équilibrer mutuellement, soit en recourant à leurs propres ressources politiques et militaires, soit en développant des systèmes d'alliances susceptibles de contrebalancer les forces adverses. La notion d'équilibre définit un objectif primordial de la politique étrangère des grandes puissances. Le comportement de ces dernières est conditionné, sinon même déterminé, par la nécessité d'agir selon les contraintes de l'équilibre. C'est la raison pour laquelle les réalistes, Morgenthau en particulier, ont tendance à négliger les fondements idéologiques, ou les facteurs personnels, dans la conduite des politiques étrangères des grandes puissances. Ces dernières sont vouées à des objectifs nationaux permanents qui sont dictés par la situation géostratégique et surtout par les contraintes structurelles découlant de la configuration du rapport des forces.

L'idée n'est pas nouvelle. En 1742, le philosophe anglais David Hume lui consacra un essai. En 1758, dans son ouvrage *Le Droit des gens*, le diplomate et juriste suisse Emmerich de Vattel en définit le principe : « Une disposition des choses, au moyen de laquelle aucune Puissance ne se trouve en état de prédominer absolument et de faire la loi aux autres » (II, 3, § 47). L'histoire de la diplomatie européenne est riche en configurations politiques diverses manifestant la volonté des grandes puissances de contenir leurs adversaires potentiels par cette stratégie d'équilibre. La politique de la Grande-Bretagne fut longtemps inspirée par le souci d'empêcher l'établissement en Europe d'une puissance hégémonique, capable d'entraver les communications de la marine anglaise avec son Empire et de gêner le commerce avec les autres pays européens. La France, la Prusse, l'Autriche et la Russie poursuivirent régulièrement depuis le XVIIIᵉ siècle des objectifs stratégiques analogues. Après la Seconde Guerre mondiale, l'antagonisme entre les États-Unis et l'URSS s'est figé dans un équilibre bipolaire.

Il reste que cette notion d'équilibre des puissances n'est pas moins entachée d'ambiguïté que les précédentes. Ernst Haas a dressé un inventaire de ses multiples usages descriptifs, conceptuels ou de pure propagande. On l'a employée tour à tour pour décrire une situation de stabilité ou d'instabilité, de paix ou de guerre ; pour conceptualiser un système à maintenir ou une loi universelle de l'histoire ; pour justifier une politique visant à obtenir une égalité parfaite des forces, un léger avantage ou l'hégémonie (Haas, 1953).

L'analyse des phénomènes d'équilibre peut déboucher sur l'adoption d'un cadre conceptuel systémique. Dans *Paix et guerre*, Aron a souvent recouru au concept de système pour évoquer la dynamique des relations internationales. La théorie systémique s'efforce de mettre en évidence des ensembles et analyse les fonctions auxquelles ils répondent, leurs relations avec l'extérieur, et la structure déterminée par les interactions des principaux éléments qui les constituent. Pour les adeptes de cette perspective, la société internationale présenterait des caractéristiques suffisamment stables pour qu'on puisse l'envisager comme un système, en recherchant la configuration particulière qui naît de l'interaction de ses principaux acteurs, et des contraintes structurelles inhérentes à l'organisation qui en découle. Selon cette démarche, on pourrait également envisager des sous-ensembles présentant des caractéristiques systémiques analogues, manifestant des interactions et des configurations propres. Ce serait le cas des différents systèmes régionaux, comme les sous-systèmes panaméricain, africain, moyen-oriental, dont la dynamique échapperait en partie à l'emprise du système global.

La démarche systémique part donc de l'hypothèse que la structure née de l'interaction des États a des effets contraignants ou qu'elle exerce une influence non négligeable sur leur comportement. Ainsi, par exemple, le concert des grandes puissances produit un ordre politique qui crée des règles du jeu. Il établit de ce fait les conditions d'une certaine stabilité. Il est dès lors possible d'anticiper la politique étrangère des États composant ce système. La valeur heuristique de ce cadre conceptuel est incontestable. Reste qu'il n'est pas facile de dégager les caractéristiques structurelles d'un système international, ni de démarquer ses frontières avec celles des sous-systèmes régionaux. Pour les auteurs réalistes, la structure est déterminée principalement par les rapports de forces politico-stratégiques entre les États dominant le système international. Dans la dynamique des interactions conflictuelles entre grandes puissances, le système international s'oriente soit vers un empire, soit vers une forme d'équilibre entre les principaux États. L'anarchie du système tend d'ordinaire à se cristalliser en ordre relatif, à produire une organisation constituée par l'équilibre des grandes puissances. Cette évolution est considérée comme la réponse du système aux efforts des principaux acteurs pour étendre leur hégémonie. La configuration de leurs rapports de forces donnera lieu à une structure multipolaire, ou bipolaire, à des réseaux d'alliances politiques et militaires constituant des éléments institutionnels de cet équilibre.

Après avoir défini cette structure, il reste à montrer dans quelle mesure et comment elle influence l'évolution de la société internationale. Les réalistes s'y sont attelés. Morton Kaplan s'est efforcé dans un ouvrage intitulé *System and Process in International Politics* (1957) de définir six modèles de systèmes internationaux : l'équilibre des puissances, le bipolaire relâché comportant des acteurs détachés des blocs, le bipolaire hermétique excluant de tels acteurs, l'universel correspondant à une confédération mondiale, le hiérarchique apparenté à une fédération, et le système à veto unitaire (*unit-veto system*) où chaque acteur serait doté de capacités de riposte susceptibles de dissuader les autres de l'attaquer. L'ouvrage ambitionne de formuler les lois de fonctionnement de ces systèmes, les conditions pouvant les déstabiliser et les transformer, mais cette tentative est restée infructueuse, en raison de son trop grand niveau d'abstraction, les deux premiers systèmes seulement correspondant à des réalités historiques. Aron a montré l'inanité de cet essai, tout en paraissant reconnaître la validité de la loi d'équilibre des puissances. Évoquant le système bipolaire fondé sur la force nucléaire, il a cru pouvoir affirmer à son propos : « La loi la plus générale de l'équilibre s'applique : le but des acteurs principaux est de ne pas se trouver à la merci d'un rival. Mais comme les deux Grands mènent le jeu, que les Petits, même en s'unissant, ne peuvent balancer un des deux Grands, le principe d'équilibre s'applique aux relations entre les coalitions, formées chacune autour d'un des meneurs du jeu. Chaque coalition a pour objectif suprême d'interdire à l'autre d'acquérir des moyens supérieurs aux siens » (Aron, 1984).

Dans le *Traité de science politique* (1985), édité par Madeleine Grawitz et Jean Leca, Stanley Hoffmann s'est également attaché à dégager les conséquences de l'équilibre de la terreur. Le système diplomatico-stratégique, écrit-il, « est caractérisé tout d'abord par une stabilité au niveau central et global du système, mais aussi par une instabilité aux niveaux inférieurs ». En d'autres termes, la structure bipolaire, particularisée par la puissance nucléaire des deux « Grands », a permis d'éviter l'éclatement d'une confrontation militaire directe entre les principaux acteurs du système, sans toutefois gêner le développement des guerres à la périphérie de ce système. Ainsi, l'ordre politique international se trouve fragmenté en sous-systèmes régionaux. Dans le cadre de ces ensembles, l'issue des conflits est avant tout déterminée par les rapports de forces militaires, l'équilibre stratégique nucléaire n'empêchant pas le développement des guerres régionales. Par ailleurs, si les grandes puissances ne peuvent s'affronter militairement, le développement de leurs antagonismes comprend des crises engagées par leur volonté de modifier le *statu quo* et leur sphère d'influence respective (crises de Berlin et de Cuba), ou par leur intention d'étendre leurs rapports conflictuels à des États tiers (guerre de 1973 au Moyen-Orient). L'évolution de cette structure d'équilibre reste incertaine. La modération n'est guère assurée. La frustration des ambitions antagonistes peut provoquer des « courts-circuits », les crises politiques risquant toujours de dégénérer en affrontements militaires directs. D'autant que les changements technologiques conduisant à la miniaturisation des bombes atomiques, à la précision grandissante des vecteurs, engendrent la tentation de guerres limitées de type conventionnel ou nucléaire. Mais nous anticipons sur le chapitre suivant qui porte sur l'analyse des conflits.

6.5. L'importance des hiérarchies et des facteurs idéologiques

Certains auteurs réalistes admettent que la configuration du rapport des forces entre les grandes puissances ne peut pas constituer la seule caractéristique structurelle d'un système international. La hiérarchie entre les acteurs à l'intérieur d'un même ensemble exprime une autre dimension de cette structure. Les systèmes sont en effet constitués d'États d'inégale importance. On voit donc apparaître des hiérarchies complexes au sein même du système, celles existant par exemple entre les États-Unis et leurs alliés au cours de la guerre froide. D'autre part, les institutions jouent également un rôle important dans la dynamique des systèmes. Enfin, les relations internationales sont marquées par de grandes fractures idéologiques et culturelles dont Aron a souligné l'importance. Un système international comprenant des acteurs ayant la même vision du monde n'évoluera pas de la même manière qu'un système déchiré par des antagonismes idéologiques et des conceptions culturelles disparates. Hoffmann a introduit des considérations similaires en affirmant avec Aron que les systèmes hétérogènes sont fondamentalement instables et conflictuels. Ces différentes caractéristiques structurelles – configuration du rapport des forces, hiérarchie, homogénéité ou hétérogénéité, institutions – peuvent être distinguées pour la clarté du propos. Dans la réalité, cependant, elles sont étroitement imbriquées, et la structure comprendra des composantes militaires, politiques, économiques, idéologiques et institutionnelles difficiles à séparer.

La guerre froide a divisé l'Europe pendant quarante ans en deux camps hostiles, structurant en fin de compte l'ensemble des relations internationales. Cet antagonisme ne se résuma pas à des conflits d'intérêts économiques et politiques traditionnels. Il porta sur les fondements et la finalité du politique et s'exprima en conceptions antagonistes de la liberté, du droit et de la vie en société. À ce titre, il concerna la politique intérieure des États. Ce n'est pas la première fois dans l'histoire que des États s'opposent sur des questions essentielles, comme en témoignent les guerres de Religion au XVIe siècle, ou même les guerres de la Révolution, de l'Empire, et les conflits des nationalités depuis le XVIIIe siècle. L'antagonisme Est-Ouest a pris toutefois une dimension planétaire, marquant tous les aspects de la politique internationale.

Malgré la fin de la guerre froide, la politique internationale reflète toujours une forte hétérogénéité idéologique, politique et culturelle. Les États n'ont pas les mêmes régimes et leurs gouvernements ne se réclament pas des mêmes visions du droit, de la morale et du sens de l'histoire. Les avancées récentes des institutions démocratiques, en Amérique latine, ou dans les pays de l'Est européen, tendent à masquer ces divergences. En outre, le fonctionnement de l'économie de marché reste très aléatoire dans les pays qui ont abandonné le modèle collectiviste. La résurgence des conflits ethniques et des nationalismes hostiles, la montée des fondamentalismes religieux, constituent de nouvelles manifestations de cette hétérogénéité.

La scène internationale présente également de grandes disparités économiques et sociales, de la plus grande opulence à la pauvreté la plus extrême. Elles n'apparaissent pas seulement dans les comparaisons entre les États, mais à l'intérieur des sociétés nationales. Elles exacerbent les conflits entre les gouvernements et entre les communautés ethniques qui se disputent la répartition des ressources économiques ; elles déterminent des conceptions divergentes de la politique internationale, rendant impossible ce minimum de convergence nécessaire à l'instauration d'un ordre stable et légitime.

6.6. Le néoréalisme de Waltz

K. Waltz a tenté de renouveler la perspective *réaliste* en s'inspirant de l'analyse systémique. En 1979, il publie *Theory of International Politics*, un ouvrage qui suscitera un large débat dans les milieux académiques concernés. Il commence par définir ce qui lui paraît constituer les trois principales caractéristiques d'un système politique : ses principes organisateurs, la différenciation des fonctions parmi ses membres, les capacités dont ces derniers disposent. Alors que dans les systèmes politiques internes, l'organisation est hiérarchique, les fonctions des instances sont différenciées et leurs capacités instituées, dans le système politique international, l'organisation est anarchique, les fonctions des unités que constituent les États sont indifférenciées, et leurs capacités fortement inégales et sujettes au changement. Waltz peut ainsi réaffirmer la perspective traditionnelle : le principe de la souveraineté étatique confère au système international ses caractéristiques propres, en limitant les domaines de coopération internationale et interdisant toute intégration durable. Les États poursuivent de manière indépendante un objectif indifférencié : la réalisation de leur sécurité. Ce faisant, ils créent par leurs interactions une structure contraignante.

La comparaison avec la structure du marché capitaliste lui semble éclairante. Pour survivre, les entreprises doivent développer leur propre stratégie, ce qui rend à la longue impossible l'optimisation des profits collectifs. Leur compétition est « anarchique », puisqu'elle n'obéit à d'autre loi que celle du profit, mais de cette compétition entre des acteurs poursuivant leur propre stratégie « rationnelle » surgit une structure cohérente, insensible à l'action singulière des principales entreprises de ce marché, à leur organisation interne, à leurs buts spécifiques. De même, en politique internationale, l'équilibre né de l'action non coordonnée des États ne tient pas au développement d'une politique concertée. Il résulte des conditions de fonctionnement du système international, c'est-à-dire de la dynamique des conflits d'intérêts entre les acteurs étatiques. Les attributs des acteurs, tels que la nature de leur régime, les conceptions de leurs élites dirigeantes, ont moins d'importance que la structure issue de leurs interactions. En fait, peu importent les orientations idéologiques des États et leurs objectifs, puisque l'anarchie du système rend impossible une politique commune, si impérative soit-elle. Ainsi tous les États doivent assumer des dépenses militaires, même s'il n'est pas raisonnable de mobiliser tant de ressources improductives. Dans le domaine de la défense, comme dans celui de l'économie ou de l'environnement, la structure du système international impose aux États des comportements pouvant aller à l'encontre de leurs intérêts communs. C'est la raison pour laquelle ils ne parviennent pas à assumer ensemble certains problèmes globaux auxquels ils sont confrontés dans des sphères politiques exigeant coopération et partage des ressources. Cela explique la faiblesse intrinsèque du droit international public ou des institutions intergouvernementales.

L'analyse des contraintes structurelles permet de comprendre et d'anticiper le comportement des acteurs. Tous les États n'ont évidemment pas le même poids dans la définition des caractéristiques structurelles des relations internationales. Car si les États sont formellement égaux et doivent assumer des rôles politiques analogues, ils sont très différents par leurs capacités d'accomplir les mêmes fonctions. Comme les économistes définissent le marché par l'interaction des principales entreprises (structure oligopolistique), Waltz explique la structure politique internationale par l'interaction des grandes puissances, par la configuration née de leurs rapports de force. Il affirme ainsi l'existence de contraintes structurelles fortes limitant l'autonomie diplomatique et stratégique des acteurs étatiques. Il n'est pas nécessaire, d'après lui, de s'interroger sur la politique étrangère des grandes puissances, sur les orientations de leurs sphères dirigeantes, sur la nature de leur régime politique et sur leurs rapports de coopération internationale. Considérer ces facteurs comme explicatifs des relations internationales, c'est tomber dans le piège du « réductionnisme » vilipendé par Durkheim où le tout est appréhendé à partir des attributs des parties et non comme formant une structure contraignante qui n'est pas égale à la somme des parties et qui pèse sur chacune d'entre elles. Les États poursuivent des politiques et des stratégies certes univoques, mais déterminées par leur position dans la structure née de leurs interactions systémiques. Au temps de la guerre froide, Waltz pensait que seuls les deux « Grands » dominaient la société internationale et influençaient sa structure. Il refusait donc la notion de multipolarité. Les changements dans leurs rapports de force pouvaient modifier un jour la structure du système, non sa nature fondée sur l'existence de grandes puissances ayant des intérêts divergents. C'est pourquoi il n'existait pas selon lui de différence significative entre les systèmes multipolaire ou bipolaire, hormis la plus grande stabilité de ce dernier.

7. La critique du réalisme

Le réalisme a dominé depuis ses origines la théorie des relations internationales et continue d'influencer ce domaine d'étude, suivant des métamorphoses diverses. Nous l'avons vu, cette hégémonie intellectuelle s'est s'établie dans des circonstances tragiques : la crise des années 1930, la montée des fascismes, l'expérience de Munich directement associée à la Seconde Guerre mondiale, puis les antagonismes de la guerre froide. Elle découle aussi d'une tradition de la science politique qui place l'État au centre des réflexions sur le pouvoir et l'intégration sociale. Il faut en outre souligner l'influence de courants philosophiques, inspirés notamment par Hegel, qui confèrent à l'État une mission historique de nature transcendante. Le réalisme prolonge également des conceptions géopolitiques qui ont eu une grande influence dans la politique des grandes puissances européennes au XIXe siècle.

Dans la mesure où cette analyse porte exclusivement sur les rapports interétatiques, bon nombre de ses axiomes semblent relever du bon sens, notamment la spécificité anarchique du champ international, son hétérogénéité politique, sociale et culturelle, son faible niveau d'intégration, le caractère aléatoire des liens juridiques fondant les régimes de coopération internationale. On ne peut guère contester l'effectivité des rapports de puissance et de violence qui se manifestent dans les situations de guerre ou dans les espaces politiques échappant à la souveraineté des États. L'anarchie à laquelle les réalistes se réfèrent pour définir les relations internationales ne doit pas être comprise comme l'expression d'une réalité politique chaotique ; elle tient à l'affirmation que les rapports entre les acteurs de la société internationale sont faiblement régulés. Les institutions y sont fragiles et aléatoires, parce que les grandes puissances poursuivent leurs intérêts ou une politique hégémonique sans toujours se préoccuper de leurs obligations internationales. Si l'on reconnaît que le conflit est inhérent au politique, puisqu'il concerne les oppositions de valeurs et d'intérêts, la compétition entre acteurs pour l'appropriation de ressources rares, les hiérarchies et les rapports de domination qui s'établissent entre groupes sociaux, il n'est guère contestable que ces antagonismes prennent une forme plus crue dans le cadre de la politique internationale, compte tenu notamment des disparités étatiques, de leur prétention à la souveraineté, de la fragilité des normes et des systèmes de régulation.

Cependant, les buts et les fonctions des États ont évolué au cours des dernières décennies, de même que les conceptions idéologiques et doctrinales dominantes. La principale faiblesse de l'analyse réaliste consiste à attribuer une orientation univoque à la politique extérieure des gouvernements. On peut à bon droit soutenir que ces derniers ont des objectifs beaucoup plus complexes que leur sécurité dans un milieu anarchique. Ils sont soumis à des aléas de politique interne qui, contrairement aux affirmations de Waltz, influencent l'orientation de leur stratégie et de leur diplomatie. Pour sauvegarder leur légitimité, ils ont notamment pour fonction – ceci est patent tout au moins pour les pays développés – d'assurer le bien-être économique et social de leur population. Cet objectif, comme nous le verrons dans la suite, exige leur participation à des régimes de coopération internationale, et parfois même le transfert d'une partie de leur souveraineté à des instances dotées de pouvoirs supranationaux. Il paraît donc absurde d'imaginer, comme Morgenthau ou Waltz, que tous les gouvernements poursuivent la même politique de sécurité, que la quête de puissance, au sens traditionnel du terme, constitue la principale sinon l'unique priorité des États prépondérants, et que leurs orientations idéologiques et politiques ne méritent aucune attention lorsqu'il s'agit d'étudier la configuration des rapports de forces dans la sphère internationale.

Plus généralement, les défauts du réalisme sont liés à la démesure de ses ambitions théoriques, comme en témoigne la quête d'une explication globale des relations internationales se résumant à la recherche d'une rationalité étatique univoque. Les concepts utilisés pour rendre compte de cette logique, ceux d'intérêt ou de puissance, sont, nous l'avons vu, insuffisants sur le plan heuristique, leur aspect polysémique exprimant précisément la nature protéiforme des États et de leurs finalités politiques. Or, si ces outils conceptuels ne peuvent pas être évalués de manière rigoureuse et constante, il s'ensuit que la théorie n'est pas en mesure de prévoir le comportement des acteurs étatiques, ce qui est gênant au regard des prétentions énoncées à ce sujet par les réalistes.

Le structuralisme des réalistes constitue, certes, un cadre d'interprétation plausible, mais de faible portée théorique. Il aboutit à une proposition générale sur le caractère inéluctable de l'équilibre entre grandes puissances et à quelques considérations sur les différences de fonctionnement entre les systèmes multipolaire et bipolaire. L'hypothèse d'une tendance vers l'équilibre dans les relations internationales n'est sans doute pas absurde, car il est vraisemblable qu'une puissance ou un groupe de puissances menaçantes entraînent des coalitions adverses. On ne peut pas en déduire pour autant que cette loi fonctionne quasi mécaniquement dans toutes les circonstances. Une chose est d'affirmer que le principe de l'équilibre a constitué une maxime gouvernementale des grandes puissances ; autre chose est d'y voir une loi de gravitation politique à vocation universelle. Les propositions des réalistes allant dans ce sens sont démenties par l'histoire et donc défectueuses. En fait, comme l'a bien remarqué Anthony Giddens dans *Nation-State and Violence* (1985), l'équilibre en question a représenté moins l'expression d'un rapport de forces objectif qu'une justification de la politique poursuivie par les grandes puissances. En outre, cette quête ne fut pas constante : Napoléon, Bismarck, Guillaume II, Hitler, Staline, ou Roosevelt ont poursuivi, chacun à leur manière, des objectifs politiques qui n'étaient pas ceux de l'équilibre des puissances. La Seconde Guerre mondiale a marqué une rupture dans l'histoire des relations internationales. Elle a engendré un monde si différent du passé dans son principe et sa structure qu'il semble aléatoire de le saisir à partir des conceptions auxquelles s'attachaient les chancelleries européennes au XIXᵉ siècle. On peut en effet douter que l'équilibre Est-Ouest de la guerre froide soit comparable à celui instauré par le congrès de Vienne, et que les notions de bipolarité ou de multipolarité puissent éclairer des univers politiques et stratégiques aussi différents. En fait, « l'équilibre bipolaire » entre les États-Unis et l'URSS au cours de la guerre froide fournissait une métaphore exprimant la réalité de la dissuasion nucléaire. Or, cette relation stratégique fondée sur la terreur atomique n'est pas réductible à un phénomène d'équilibre classique.

Pour que la loi de l'équilibre soit valable, comme le souligne Hedley Bull dans *The Anarchical Society* (1977), il faudrait que les principaux acteurs du système choisissent de consacrer toutes leurs ressources à la maximisation de leur puissance stratégique. En réalité, ils peuvent parfaitement poursuivre d'autres objectifs, notamment, nous l'avons mentionné et nous y reviendrons, la prospérité économique, la stabilité politique, l'harmonie sociale. Bull souligne avec raison que l'équilibre des puissances est d'autant plus difficile à dégager que la politique internationale se joue « sur plusieurs échiquiers ». Il convient dès lors d'admettre l'existence d'une pluralité d'équilibres en fonction de réalités politiques composites, changeantes, complexes. Hoffmann reconnaît aussi l'importance de la « dimension fonctionnelle » des relations internationales, exigeant le développement de rapports de coopération utilitaires, fondés sur des bénéfices mutuels.

Waltz a tenté de démontrer que la configuration du rapport des forces entre les grandes puissances permettait d'anticiper le comportement des acteurs internationaux. Mais l'analogie qu'il établit entre la politique internationale et le fonctionnement du marché est trompeuse. En économie, le postulat utilitaire permet de construire des modèles économétriques, éclairant certains aspects de la réalité. En revanche, les hypothèses utilitaristes, dont les fondements idéologiques sont pour le moins contestables, affaiblissent beaucoup la compréhension de la sphère politique. Dans ce domaine, en effet, la grande diversité des valeurs, des intérêts, des ambitions et des visions du monde rend impossible l'affirmation d'une seule rationalité. Les États poursuivent des objectifs qui ne sont pas réductibles à la logique du profit des entreprises. C'est également pour cette raison que toute théorie fondée sur le postulat d'un comportement rationnel des acteurs étatiques est d'un faible secours pour anticiper la dynamique des relations internationales. Une chose est de comprendre la logique d'une politique étrangère ou d'une orientation stratégique en reconstruisant *a posteriori* sa rationalité singulière à partir d'une démarche historique, autre chose est d'élaborer une théorie des interactions entre États sur le postulat d'intérêts nationaux réductibles à la satisfaction de besoins politiques analogues mais contradictoires. En négligeant les facteurs de politique interne dans l'analyse des caractéristiques structurelles du système, en ignorant l'hétérogénéité idéologique et culturelle de notre planète, en se concentrant sur l'analyse des rapports de force entre les grandes puissances, Waltz a proposé une théorie anhistorique incapable de rendre compte des transformations entraînées par l'effondrement de l'Empire soviétique ou par les changements de régime au sein des grandes puissances. Or la structure bipolaire dans sa perspective était censée durer.

Enfin, les réalistes ont eu tendance à négliger le rôle des autres acteurs politiques, notamment celui des organisations intergouvernementales et des entreprises transnationales, des mouvements politiques qui déploient une action à l'échelle régionale ou mondiale, tout en échappant à l'emprise directe des gouvernements reconnus comme légitimes. Ils ont eu longtemps pour modèle un État d'Ancien Régime. Ils n'ont pas toujours pris la mesure de ses transformations internes après la Seconde Guerre mondiale, transformations qui sont liées à des changements dans les finalités que les sociétés assignent à leur devenir. La multiplication des fonctions économiques et sociales des États industrialisés, l'évolution des conceptions de la légitimité politique dans le sens de la justice et de l'équité sociale entraînent autant la croissance de leurs appareils bureaucratiques qu'une interdépendance croissante des sociétés nationales et le développement rapide des mécanismes de coopération internationale. L'État moderne ne doit pas seulement assurer la défense des frontières, mais la sécurité sociale, et ce projet transforme en profondeur la nature des relations internationales, d'autant que les armes de terreur diminuent beaucoup l'attrait de la guerre comme instrument pour réaliser les objectifs politiques de ses sphères dirigeantes.

Chapitre II

L'étude des conflits interétatiques

La guerre constitue un phénomène récurrent de la politique internationale. Pour les auteurs réalistes, nous l'avons vu, elle représente une virtualité permanente des rapports interétatiques puisqu'il n'existe pas d'autorité capable d'arbitrer les conflits et de sanctionner la violation du droit international public. Peut-on expliquer les causes des guerres et comprendre leur déroulement ? Si l'on reconnaît que la guerre est intimement liée à la politique et qu'elle est en partie soumise à des phénomènes non militaires, on s'interdira la quête d'une théorie *générale* de la guerre, mais non les explications conjoncturelles ou les théories partielles éclairant les origines d'un conflit spécifique. Les tentatives de théorisation des conflits belliqueux qui mettent en avant une variable déterminante, ou un ensemble de variables, sont fondées sur une opération d'abstraction consistant à considérer séparément le champ interétatique de l'ordre interne des États. La réalité des conflits demeure cependant multiple et ne saurait obéir à la logique de telles abstractions. C'est bien pourquoi tous les efforts entrepris pour passer de l'analyse historique à une théorie sociologique capable de définir les causes communes des conflits belliqueux ont tous échoué. On peut toutefois s'appuyer sur ces démarches pour mettre à jour certaines orientations conceptuelles, en reconnaissant que leur éclairage demeure partiel et qu'il n'existe pas de théorie systématique pouvant expliquer la récurrence des guerres.

1. Le niveau d'analyse

Le paradigme réaliste se rapporte à un objet, l'État, à un champ d'analyse, les interactions étatiques, et à un domaine privilégié, les conflits interétatiques, potentiels ou réels. L'éclairage de ce domaine varie toutefois relativement à la représentation de l'objet même. L'État, en effet, peut être appréhendé à des niveaux divers. L'échelle d'analyse peut être micro-analytique en conférant un rôle décisif aux décideurs et à leur psychologie dans l'analyse des conflits ; elle peut être méso-analytique en assignant davantage d'importance aux contraintes institutionnelles et bureaucratiques ainsi qu'aux régimes politiques ; elle peut être macro-analytique en soulignant le poids des structures issues des interactions entre les principaux acteurs internationaux.

1.1. Le rôle des décideurs

L'analyse des processus de décision gouvernementale, centrée sur l'étude des crises, constitue un domaine privilégié de l'étude des relations internationales, car elle met en lumière le comportement des dirigeants politiques dans cette zone imprécise entre la politique et la stratégie, entre la diplomatie et la guerre. La figure de certains hommes politiques prend souvent une place décisive dans le déclenchement ou l'évolution de certaines guerres. Napoléon a marqué le destin de l'Europe. Hitler planifie et détermine le déclenchement de la Seconde Guerre mondiale et l'anéantissement des populations d'origine juive, ainsi que d'autres groupes minoritaires. Churchill, Staline et Roosevelt ont exercé une influence incontestable sur les grandes décisions stratégiques de la Seconde Guerre mondiale. Plus récemment, Saddam Hussein a joué un rôle éminent dans la stratégie belliqueuse de l'Irak. Milosevic porte une part de responsabilité décisive dans les origines et la durée de la guerre civile en Yougoslavie. Dans ces situations, les choix des gouvernements procédèrent en fin de compte de décisions individuelles, celles des sphères dirigeantes, donnant ainsi une certaine plausibilité à l'idéal-type réaliste de l'acteur étatique. Peut-on dépasser les considérations générales sur le rôle de la personnalité dans l'histoire et trouver dans la psychologie individuelle des hommes d'État l'explication de certains conflits internationaux ?

La première étape de la recherche consiste à déterminer quels sont les principaux acteurs du processus de décision, puis à circonscrire leur rôle respectif. Dans les situations de crise, les « décideurs » sont peu nombreux. Les chefs d'État ou de gouvernement s'entourent de leurs conseillers. Ces derniers sont en principe issus des hautes sphères dirigeantes :

ministres de la Défense, de l'Intérieur, chefs des armées et du rensei-
gnement. Aux États-Unis, les présidents peuvent s'appuyer depuis
1947 sur un Conseil national de sécurité, composé des principaux responsables des organismes concernés par les questions stratégiques.
Après avoir isolé le rôle des responsables de la politique étrangère
américaine, le chercheur s'efforce de reconstituer leur vision du
monde, les expériences historiques et sociales ayant marqué leurs
conceptions à cet égard, leur image de l'adversaire et de ses calculs,
leur style de commandement, les différentes options politiques et stratégiques qui leur sont offertes, les facteurs aléatoires ayant influencé le
processus de décision. Cependant, la tentative de dégager le profil psychologique des personnalités politiques pour comprendre leurs décisions, pour les anticiper éventuellement, reste hasardeuse, surtout si
l'on cherche à dépasser les explications du sens commun. Les démarches fondées sur les typologies du caractère sont d'un faible secours,
car elles proposent des analyses trop stéréotypiques du fonctionnement
de la personnalité.

1.2. La psychologie des hommes d'État

Plus fécondes seraient en principe les démarches d'inspiration psychanalytique. Harold Lasswell s'était engagé dans ce genre de recherche
dans les années 1930. Peu après la Seconde Guerre mondiale, dans une
perspective plus sociologique, Theodor Adorno et une équipe de chercheurs ont tenté de dégager le profil des individus enclins au fascisme
et au racisme et d'expliquer la nature de l'antisémitisme et certains
comportements agressifs (*La Personnalité autoritaire,* 1950). Cependant, les données biographiques les plus élémentaires font généralement défaut lorsqu'il s'agit de reconstruire le développement
émotionnel d'une personnalité politique. La plupart des biographies
sont d'une singulière indigence à cet égard, et les témoignages que
leurs auteurs parviennent à recueillir sur l'enfance et l'adolescence des
hommes d'État ne donnent pas prise à une explication rigoureuse du
point de vue psychanalytique. Les interprétations des psychobiogra-
phes ne peuvent être confirmées par la réponse du personnage étudié,
ce qui amenuise leur portée. Les manifestations protéiformes de
l'inconscient obligent celui qui suit cette démarche d'inspiration psychanalytique à recourir à des procédures de validation très complexes.

Dans le cas des hommes d'État, il est difficile de dissocier leur personne du rôle que leur impose la fonction publique qu'ils assument.
Ainsi, le recours à l'analyse des thèmes spécifiques de leur discours,
des métaphores et des associations qui lui sont propres n'est pas toujours significatif du point de vue de l'interprétation, car ces images et

ces figures de style peuvent être dictées par la demande sociale, donc par des exigences d'opportunité politique. Le racisme, la xénophobie ou l'ethnonationalisme d'un homme politique peuvent correspondre à sa fragilité psychique, mais également à ses ambitions électorales. Le cas de Milosevic est intéressant à cet égard. Il a manifestement connu de grandes carences affectives dans son enfance, compte tenu notamment du suicide de ses deux parents. Toutefois son ethnonationalisme ne se manifeste que lorsqu'il comprend le parti qu'il peut en tirer dans sa lutte pour le pouvoir en Serbie.

La psychanalyse montre que les barrières entre le normal et le pathologique sont floues, ce qui ne facilite pas l'explication des processus de décision. À titre d'exemple, le suicide de James Forrestal en 1949, alors ministre de la Défense des États-Unis, constitue un épisode maniaco-dépressif expliquant certains aspects de son projet idéologique et de son comportement politique antérieur. Arnold Rogow a montré, dans *Victim of Duty. A Study of James Forrestal* (1966), les liens entre sa fragilité psychique et la vigueur de son anticommunisme. Son insécurité personnelle, conséquence des manques affectifs dont il avait souffert durant son enfance, s'est traduite par des habitudes de travail compulsives et des problèmes relationnels. Ces traits de personnalité éclairent en partie les positions intransigeantes qu'il a assumées au cours de la guerre froide. Toutefois, les symptômes pathologiques d'un homme épuisé n'expliquent pas l'ensemble d'une carrière politique, et Rogow l'a bien compris en refusant d'établir une corrélation simple entre la maladie de Forrestal et ses attitudes politiques. Le ministre de la Défense n'a adopté aucune position manifestant l'empreinte évidente de troubles psychiques, sinon vers la fin de sa vie, au moment où les symptômes de la maladie sont apparus clairement. Autre exemple, celui de Churchill. Il traversait épisodiquement des phases de dépression, qu'il appelait « son chien noir ». Qui n'en a pas, sans avoir le génie de l'ancien Premier ministre britannique ! Staline manifesta tout au long de sa carrière des traits paranoïaques évidents, dont l'origine reste obscure. Ces caractéristiques ont certainement exercé une influence décisive sur l'orientation du régime soviétique mais aussi sur les origines de la guerre froide. Et pourtant il fit preuve à plusieurs reprises d'une grande intelligence politique et stratégique, dont nombre de diplomates et hommes politiques occidentaux portèrent témoignage.

Dans *Perception and Misperception in International Politics* (1976), Robert Jervis s'est employé à reconnaître les facteurs cognitifs qui influencent les processus de décision. Selon lui, les « décideurs » assimilent et ordonnent les informations qu'ils reçoivent en fonction d'un cadre normatif plus ou moins élaboré qui régit leurs perceptions du monde extérieur. Ils tendent ainsi à négliger tout élément d'information contredisant leur système de valeur et l'image qu'ils ont de leur adversaire. Ce facteur cognitif peut expliquer la constance des politiques étrangères, les sphères dirigeantes agissant en fonction de cadres normatifs relativement stables. Il éclaire aussi certaines décisions allant à l'encontre d'informations convergentes suggérant une orientation différente. Le commandant de la base de Pearl Harbour en 1941, par exemple, disposait des éléments d'information lui permettant de disperser la flotte avant l'attaque fatidique. Mais il les a interprétés comme les signaux d'une attaque japonaise sur des bases britanniques et hollandaises.

1.3. Les contraintes institutionnelles

Le rôle de l'individu dans les études sur la décision doit également être analysé dans son contexte politico-administratif. En privilégiant le niveau de l'État dans l'explication des guerres, le chercheur peut tenter de dégager les procédures de prise de décision interne ou le rôle que joue le régime politique dans l'origine des guerres ou des crises internationales. Au cours de la guerre froide, les processus de décision stratégique au sein de l'administration américaine ont donné naissance à diverses explications théoriques. Les États modernes sont un conglomérat d'administrations qui agissent selon leurs propres procédures et de manière souvent indépendante. C'est un fait hors de doute que les processus de décision peuvent être affectés par la diversité des organismes concernés par les questions de politique étrangère et que leur mode de fonctionnement détermine en partie les choix des hauts responsables. Ces derniers façonnent leur image de la situation conflictuelle et déterminent les options qu'ils peuvent prendre à travers ces organismes. Comme toute bureaucratie, les administrations sont routinières. En conséquence, les incohérences d'une diplomatie ou d'une stratégie sont souvent le résultat de ces inerties découlant des objectifs contradictoires que poursuivent les hauts responsables gouvernementaux. Lorsque l'on examine la politique de la Grande-Bretagne au Moyen-Orient pendant la Première Guerre mondiale, période tellement décisive pour l'évolution de cette région au cours du XXᵉ siècle, on ne peut manquer d'être frappé par l'effet des divergences de stratégie entre le ministère des Affaires étrangères (*Foreign Office*), le ministère de la Défense (*War Office*), les ministères chargés des Affaires de l'Inde (*Indian Office*) et des colonies (*Colonial Office*). Aujourd'hui, tous les gouvernements éprouvent de la peine à coordonner les positions adoptées par leurs représentants au sein des organisations internationales ou dans le cadre des négociations multilatérales. Ces problèmes de coordination et la diversité des modes de fonctionnement bureaucratique deviennent aigus dans les situations de crise.

Dans son étude classique sur la crise de Cuba, intitulée *The Essence of Decision* (1971), Graham Allison développe trois modèles explicatifs du processus de prise de décision en politique étrangère : l'*acteur rationnel* qui correspond à la conception réaliste selon laquelle le comportement des gouvernements découle de choix effectués par une instance unitaire en fonction d'une évaluation de l'« intérêt national » ; le *processus organisationnel* qui utilise la théorie des organisations complexes pour montrer combien les processus de décision peuvent être affectés par les phénomènes bureaucratiques ; la *politique gouvernementale* qui montre comment ils peuvent résulter de marchandages et compromis entre les responsables des instances gouvernementales. Allison souligne les insuffisances du premier modèle pour expliquer certaines décisions en politique étrangère, et qu'il importe de le compléter en recourant aux autres. Dans le deuxième modèle, les décisions gouvernementales sont considérées comme les produits d'organisations mal coordonnées et souvent en compétition. Confrontées à une crise, elles vont donner des informations, proposer des analyses et des actions conformes à celles qu'elles ont déjà produites lors de situations antérieures analogues. Il leur sera difficile d'innover. Elles auront aussi tendance à réagir en fonction de leurs propres priorités bureaucratiques, procédures et opérations routinières. Ceci est particulièrement évident dans la pratique des états-majors. Au cours de la crise de Cuba, le déploiement des fusées soviétiques suit des modalités contradictoires : les missiles sont transportés dans le plus grand secret, alors que les sites de lancement sur l'île ne sont pas camouflés, ni défendus. L'analyse montre que les diverses étapes de leur mise en place furent confiées à des organismes différents. Du côté américain, la décision du blocus prise par le président Kennedy fut conditionnée par les réponses que la CIA et l'armée de l'air ont données à la solution du problème posé par l'évolution de la situation militaire et l'éventualité d'une riposte soviétique. Or, il s'avère que les scénarios prévus par ces organismes étaient inadaptés aux conditions spécifiques de cette crise. Les processus de décision ne sont pas seulement affectés par les routines bureaucratiques, mais également par la compétition politique existant, de manière ouverte ou larvée, entre les principaux responsables gouvernementaux. C'est ce que vise à éclairer le troisième modèle. En d'autres termes, le choix des objectifs et des moyens de les atteindre ne suit pas la logique d'une analyse rationnelle, mais est constamment influencé par des considérations de politique intérieure, des oppositions entre groupes de pression, des rivalités entre hauts responsables.

1.4. Les régimes politiques intérieurs

Des études américaines ont cherché à établir des corrélations entre certains attributs d'un acteur étatique, par exemple la stabilité de son régime intérieur, et sa propension à l'agression. Des variables plus disparates sont également prises en compte, telles que le niveau d'industrialisation du pays agressif ou sa courbe démographique. En manifestant des corrélations entre des attributs d'un État et son recours à la guerre, on n'établit pas nécessairement la cause du conflit en question, encore moins celle d'autres situations de violence analogues. On peut repérer de nombreux cas confirmant ce genre de corrélation, sans parvenir à fonder sur ces enquêtes une théorie rigoureuse. En outre, l'énoncé d'une liste de facteurs entrant en jeu dans le déclenchement d'un conflit ne permet pas toujours de comprendre leur articulation et leur poids respectif dans une situation historique donnée. Par ailleurs, en proposant une liste de facteurs décisifs dans le déclenchement d'une guerre, on peut proposer la théorie d'un conflit spécifique, non celle des guerres.

Certaines recherches orientées vers les régimes politiques internes sont fondées sur un axiome de la pensée libérale : les régimes constitutionnels, respectant les principes de l'État de droit et le pluralisme politique, sont moins portés à faire la guerre que les dictatures. Récemment, plusieurs chercheurs américains ont cherché à montrer les liens entre la démocratie et la paix, reprenant une proposition qui avait été au cœur de l'ouvrage de Kant sur *La Paix perpétuelle*. En se fondant sur des données remontant au XIXᵉ siècle, ils affirment que les démocraties ne se font pas ou très rarement la guerre (Russett, 1993). L'expansion des régimes démocratiques, si elle se confirmait, engendrerait une transformation fondamentale du système international.

Reste à donner une explication de cette proposition. Kant, dans son *Projet de paix perpétuelle* (1796), soulignait déjà que les États dans lesquels le consentement des citoyens était requis pour entreprendre la guerre étaient de nature pacifique : « Décréter la guerre, n'est-ce pas, pour des citoyens, décréter contre eux-mêmes toutes les calamités de la guerre : savoir, de combattre en personne ; de fournir de leurs propres moyens au frais de la guerre ; de réparer péniblement les dévastations qu'elle cause ; et pour comble de maux, de se charger enfin de tout le poids d'une dette nationale. » Il en conclut que les citoyens se garderont bien de « précipiter une entreprise aussi hasardeuse ». Russett considère que le phénomène de la « paix démocratique » est fondé sur les normes et les institutions. Les démocraties ont des systèmes de valeur et des mécanismes institutionnels qui favorisent la résolution pacifique des conflits entre les groupes porteurs d'intérêts opposés. Il n'est pas rare en effet que les États autoritaires adoptent des projets nationalistes agressifs pour renforcer leur unité intérieure et consolider l'autorité de leur régime. En 1982, la junte argentine s'engage dans la guerre des Malouines (Falkland) pour masquer ses échecs économiques et ses contradictions internes. Au Moyen-Orient, le conflit israélo-arabe a été parfois entretenu par cette logique. Pourtant, il fait peu de doute qu'il existe au sein des États démocratiques un ensemble de forces économiques et politiques directement intéressées au développement de la course aux armements et qui encouragent de diverses manières des orientations de politique étrangère agressives. En outre, les opinions publiques des démocraties occidentales sont malléables, influencées par la propagande de leur gouvernement et des médias. Des études empiriques ont démontré que les États démocratiques – en particulier les pays industrialisés à économie de marché – ne se font pas la guerre *entre* eux, mais la font contre d'autres régimes au regard desquels ils ne paraissent pas plus pacifiques. Il suffira de noter que durant la guerre froide, les sphères dirigeantes américaines ont engagé leur pays dans six guerres de grande échelle et dans une vingtaine d'interventions militaires. Ces engagements, dont certains ont été d'une grande violence, infirment l'hypothèse de la paix démocratique.

1.5. Les structures internationales

L'analyse des guerres peut, enfin, prendre en compte la structure née des interactions entre les principaux acteurs internationaux. C'est la démarche inspirée par l'analyse systémique que nous avons évoquée antérieurement. Le chercheur prend en compte le nombre de grandes puissances, leur rapport de forces militaires, la nature des technologies militaires pour tenter de comprendre le rôle des différentes structures bipolaire ou multipolaire sur l'origine et la nature des conflits internationaux. Robert Gilpin, dans *War and Change in World Politics* (1981), a prétendu que la guerre est souvent la conséquence d'un déséquilibre au sein du système international entre, d'une part, les structures existantes, qui reflètent d'anciens intérêts hégémoniques et, d'autre part, les nouveaux rapports de puissance en gestation. La guerre lui paraît l'expression de la montée et du déclin des puissances hégémoniques. Les conflits armés livrés par les grandes puissances pour établir leur hégémonie surgissent d'un déséquilibre entre la direction du système et la distribution effective du rapport de forces au sein de ce système. Ils ont tendance à devenir illimités, car ils comportent de grands enjeux territoriaux et politiques, comme le montrent les exemples des dernières guerres mondiales.

Cette approche systémique cherche donc l'origine des guerres dans la structure politique de la société internationale. Dans cette perspective, la politique étrangère des États est conditionnée et même déterminée par des équilibres précaires entre les grandes puissances, qui peuvent prendre une forme multipolaire comme lors du « concert européen » au XIXᵉ siècle, ou bipolaire comme entre les États-Unis et l'URSS durant la guerre froide. De l'opposition d'intérêt entre les grandes puissances surgissent en effet des équilibres reflétant des structures relativement rigides, déterminées par une configuration des rapports de force d'essence avant tout militaire. Kenneth Waltz croit pouvoir affirmer, dans *Theory of International Politics* (1979), que les systèmes multipolaires sont plus incertains que les configurations bipolaires, incertitude qui explique la récurrence des guerres internationales depuis le XVIIᵉ siècle. L'Europe fut longtemps caractérisée par une structure multipolaire déterminée par les efforts des grandes puissances pour s'équilibrer mutuellement. La Grande-Bretagne a suivi cette stratégie sur le continent en s'alliant systématiquement contre l'État risquant d'altérer le *statu quo*. La confrontation entre les États-Unis et l'URSS a débouché sur un équilibre bipolaire qui eut un rôle stabilisateur, même s'il reste à démontrer dans quelle mesure cette stabilité du système découle de la structure bipolaire davantage que de la dissuasion nucléaire.

1.6. L'analyse corrélationnelle

Au début des années 1960, David Singer a lancé un projet de recherche de grande ampleur pour tenter d'analyser empiriquement les corrélations observables entre les guerres qui ont éclaté depuis 1815 et des données telles que les systèmes d'alliances, les relations diplomatiques entre les États impliqués dans ces conflits, le nombre d'organisations internationales dont ils faisaient partie ou les ressources démographiques, économiques et militaires des principales puissances impliquées dans ces conflits. Les corrélations, toutefois, ne constituent pas des explications en tant que telles, et l'analyse inductive privilégiée dans cette étude ne peut conduire qu'à des généralisations fondées sur la présomption que ce qui convient à plusieurs choses d'un même genre doit convenir à *toutes* les autres choses du même genre. On ne s'étonnera donc pas que cette recherche, qui a duré des décennies, et dont les principaux résultats sont résumés dans *Nations at War* (1998), ne soit arrivée qu'à ces modestes conclusions : la plupart des guerres ont commencé au printemps ou en automne ; les États qui ont des frontières communes ont plus de chance que les autres de se faire la guerre ; les États connaissant des désordres intérieurs recourent souvent à la guerre ;

la guerre est plus probable lorsque le système est soit très polarisé, soit très faiblement polarisé ; en s'alliant ou en ayant une frontière commune avec un État belliqueux, les grandes puissances ont de fortes chances d'être impliquées dans des guerres.

Dans le prolongement de cette perspective axée sur l'étude des épiphénomènes de la vie politique, certains politologues américains ont tenté d'établir des corrélations entre la polarisation du système international et les dépenses d'armements ou entre les échanges commerciaux et les guerres.

2. Les études stratégiques

Dans une époque marquée par les armes de terreur, le risque de guerre nucléaire est devenu une menace particulièrement sérieuse. Il n'est donc pas étonnant que les études stratégiques, qui constituent une modalité spécifique du réalisme, se soient détachées au cours de l'époque contemporaine comme un domaine particulier de l'étude de la politique internationale et qu'elles aient suscité une vaste littérature. De nombreux centres académiques ou institutions de recherche s'y consacrent entièrement, le plus connu en Europe étant l'Institut d'études stratégiques de Londres.

La stratégie concerne l'évolution des armées sur un théâtre d'opérations avant le contact avec l'ennemi, alors que la notion de tactique recouvre l'application locale des plans de la stratégie, l'exécution du mouvement des combattants en fonction des circonstances. Dans un sens plus large, la stratégie est définie aussi comme l'art de poursuivre des objectifs politiques par l'utilisation de moyens militaires, ou par la menace d'y recourir. On se réfère parfois à la notion de « grande stratégie » pour englober les ressources non militaires qui sont utilisées dans la poursuite d'une politique.

2.1. Carl von Clausewitz

La pensée stratégique contemporaine reste dominée par la figure de Clausewitz. Ce militaire prussien, engagé dans la tourmente des guerres napoléoniennes, est l'un des premiers théoriciens de la guerre moderne, incontestablement le plus grand, celui qui annonce les principaux défis de la stratégie contemporaine. Il a inauguré les efforts tendant à comprendre de manière aussi rigoureuse que possible l'art de la guerre, en reconnaissant toutefois que « les phénomènes complexes ne sont pas assez réguliers, ni les phénomènes réguliers assez complexes »

(Terray, 1999, p. 143). Témoin des grands bouleversements politiques engendrés en Europe par la Révolution française et l'Empire, il comprend que la politique et la guerre changent de nature. L'État se transforme, la guerre également. Elle n'est plus le fait de princes, utilisant des armées de métier, recrutées souvent dans le mercenariat, conduites par des aristocrates. Elle devient l'affaire des peuples en armes qui s'enflamment pour des idéaux nouveaux : la liberté, l'égalité, la nation. De 1792 à 1815, la guerre prend des formes extrêmes ; elle engouffre l'Europe, entraînant des millions de morts, modifiant les frontières, les rapports de forces, la structure de l'ordre international.

2.2. Le duel

Après avoir participé aux guerres napoléoniennes, il commence la rédaction de son fameux livre *De la guerre,* qu'il laisse inachevé au moment de sa mort. Cet ouvrage représente avant tout un effort pour théoriser la guerre, définir sa nature, conceptualiser ses éléments essentiels et ses relations avec la politique. Quelle est l'essence de la guerre ? Clausewitz réduit ses éléments constitutifs à un grand duel, un affrontement sans merci. Pour l'essentiel, la guerre se résume à un affrontement de volontés hostiles qui prend une forme violente. Comme le duel, elle s'achève généralement par la mort, ou le désarmement de l'adversaire. La violence n'est pas l'essence de la guerre, mais son moyen, celui utilisé pour imposer une volonté. La guerre n'est pas absurde. Elle a un but, même si elle appartient aussi au domaine des passions dont le déchaînement croît avec la durée des hostilités.

2.3. La politique détermine les fins stratégiques

La guerre consiste en un acte de violence qui tend à s'emballer, puisque l'agression suscite une riposte qui entraîne à son tour une réaction. Conçue abstraitement, elle a tendance à monter au paroxysme de la violence, son but étant la victoire par désarmement de l'adversaire. En réalité, elle ne suit pas cette ascension, car son évolution est commandée par des objectifs politiques. La défaite de l'ennemi n'est pas toujours possible, et les belligérants doivent souvent se contenter d'objectifs restreints. La capacité de défaire l'adversaire suppose une supériorité physique ou morale, un grand esprit d'entreprise, le goût des risques. Si cela fait défaut, il faut se contenter de buts plus limités : conquête d'une partie du territoire ennemi, défense de son propre territoire en attendant de meilleures circonstances. L'anéantissement ou le désarmement de l'adversaire n'ont dès lors pas une valeur absolue. La guerre n'est jamais un acte isolé. Elle a une histoire. Elle se situe dans un ensemble de circonstances sociales. Elle se développe dans la durée. Ses solutions sont diverses. L'ensemble des forces qu'elle requiert n'est pas immédiatement mobilisable, les alliances peuvent s'avérer aléatoires. La fin de la guerre n'est jamais définitive, car l'ennemi se relève.

La politique détermine ainsi tant les buts de la guerre que les moyens qui devront être employés au service des fins poursuivies. La guerre n'est pas seulement un acte politique mais aussi un instrument de la politique. La fameuse formule est donc lancée : « La guerre est la simple poursuite de la politique par d'autres moyens. » Elle constitue un aspect des rapports politiques. Son déclenchement aussi bien que son déroulement sont indissociables de la politique qui la commande. La guerre réelle, par opposition à la guerre abstraite représentée par l'image d'un duel sans merci, prolonge la politique qui ne perd pas pour autant ses droits. La politique a d'autres moyens, en particulier ceux du commerce normal entre les nations, la diplomatie.

Plus les motifs de la guerre sont importants, plus ils affectent l'existence des peuples concernés, plus la guerre aura tendance à prendre sa forme absolue. Dans ce cas, la logique de la guerre, qui tend à la destruction de l'ennemi, coïncide avec les finalités politiques. Rares sont pourtant les guerres totales où les ennemis ne communiquent plus. Le principe de la reddition inconditionnelle des forces de l'Axe, proclamé par Roosevelt en 1943 pour rassurer l'URSS, supposait le refus de négocier avec l'ennemi. Il ne fut pas toujours suivi. Le général Eisenhower dut négocier l'armistice italien avec le maréchal Badoglio. Au moment de leur capitulation, les Japonais ont obtenu le droit de maintenir l'institution impériale. En revanche, si les buts de guerre sont limités, la guerre ne suivra pas sa tendance à prendre sa forme absolue. Aron a bien montré dans *Penser la guerre, Clausewitz* (1976) que la théorie de l'officier prussien va à l'encontre d'une philosophie militariste. Si la guerre sert de moyen à la politique, elle vise aussi à la restauration de la paix. En restant subordonnée à des fins politiques, elle ne suit pas nécessairement sa propre dynamique. Certes, on a dit également que dans la perspective de Clausewitz, la volonté de l'État était constamment orientée vers l'accroissement de la puissance et que ses appétits stratégiques étaient donc difficiles à assouvir. Dans cette conception, les intérêts de l'État et de l'armée coïncideraient et finiraient par entretenir une violence en quelque sorte permanente. Clausewitz a pourtant opté pour une politique d'équilibre européen. Il a certes admiré Napoléon comme chef militaire, mais il a également expliqué sa défaite finale par la démesure de ses ambitions.

L'offensive doit être la stratégie de celui qui prend les armes. Toutefois, la position stratégique de la défense est plus favorable du point de vue militaire. La stratégie doit être poursuivie en s'inspirant des principes suivants : « Il faut ramener le poids de la force ennemie à des centres de gravité aussi peu nombreux que possible, à un seul s'il se peut ; ensuite, limiter l'attaque contre ces centres de gravité à un nombre d'entreprises principales aussi peu nombreuses que possible, à une seule s'il se peut ; enfin, maintenir toutes les entreprises secondaires aussi subordonnées que possible. En un mot, le premier principe est : se concentrer autant qu'on le peut ; le second principe est : agir aussi vite que possible, ne permettre ni délai, ni détour sans raison suffisante » (chap. IX, livre 8).

2.4. La guerre totale

En mettant à jour certaines lois de la guerre, Clausewitz n'avait pas la prétention d'établir une théorie générale des conflits armés. Les guerres s'inscrivant dans le champ de la politique, leur déroulement suit nécessairement l'évolution des circonstances historiques. Elles se transforment au cours du XIXe siècle avec l'essor de la société industrielle. Les problèmes de logistique prennent alors une grande place dans les calculs des stratèges. La capacité d'amener et de maintenir les troupes les plus nombreuses et les mieux équipées sur les théâtres d'opération peut assurer la victoire. C'est l'enseignement de la guerre de Sécession. Les nordistes, pourtant inférieurs au combat, ont été capables de mobiliser davantage de ressources industrielles et humaines, en utilisant au mieux les cours d'eau pour le transport, en mettant à profit les premières voies ferrées. Ils ont gagné cette guerre d'usure grâce à leur supériorité logistique.

La guerre revêt désormais une dimension sociopolitique que Clausewitz avait bien anticipée. En effet, pour que la logistique puisse suivre, le stratège doit administrer et planifier la mobilisation des forces matérielles et humaines nécessaires à la conduite de la guerre. L'État draine toutes les ressources de l'économie pour le ravitaillement de l'armée, pour la production des pièces d'artillerie, des obus, bientôt des avions, des chars et des gaz. Les fonctionnaires jouent un rôle décisif à l'arrière, notamment parce qu'ils contribuent à l'organisation de la production. Le gouvernement doit encore convaincre les travailleurs de participer à cet effort. Le suffrage féminin, le développement des services de santé et de sécurité sociale sont des conséquences des guerres mondiales, puisqu'elles ont poussé l'État à étendre son emprise sur tous les aspects de la vie sociale, économique et culturelle.

Les guerres au XXe siècle acquièrent de surcroît une spécificité : elles tendent à échapper aux événements qui les provoquent, aux politiques qui les déterminent. Aron a bien montré ce phénomène dans un chapitre de son ouvrage *Les Guerres en chaîne* (1951) consacré à la « surprise technique ». Pendant des siècles, la technique des armements a évolué lentement. Clausewitz accorde relativement peu d'importance à ce facteur dans le cours des guerres. Avec la révolution industrielle, les progrès s'accélèrent. Au XIXᵉ siècle, les innovations scientifiques et techniques confèrent déjà une supériorité écrasante aux puissances européennes dans leur conquête coloniale. Au cours de la guerre de Sécession, on expérimente des fusils à chargeur, des mitrailleuses, des torpilles, des mines, des télégraphes de campagne, des signaux lumineux, des réseaux de barbelés, des mortiers, des grenades à main. On utilise aussi des trains blindés, des balles explosives.

La Première Guerre mondiale offre un nouveau champ d'expérimentation aux industries d'armements. Au départ « fraîche et joyeuse », la guerre se transforme en combats impitoyables. Elle monte aux extrêmes parce qu'elle dure. Elle dure parce que les batailles ne sont pas décisives. Après la bataille de la Marne, elle s'enlise, et la défense prend le pas sur l'attaque. C'est la guerre d'usure dans les tranchées et les fronts fixes, les fortifications, les offensives désespérées, les millions de morts et de blessés à Verdun, sur la Somme, à Gallipoli. La guerre sous-marine – autre surprise technique – finit par entraîner les États-Unis dans le conflit mondial.

L'extension de la guerre entretenue par la technologie s'accompagne aussi d'une confusion toujours plus forte entre civils et combattants : l'avion, les gaz, la Grosse Bertha qui tire sur Paris, les populations civiles du Nord soumises aux lois souvent barbares de l'occupant, aux ravages des bombardements. Pour entretenir le moral des masses, il faut dès lors utiliser tous les moyens de propagande moderne. Les journaux soulignent les atrocités allemandes dans les zones occupées. Les pertes en vies humaines avivent alors les passions. On oublie les fondements de la guerre. On la poursuit parce que sa durée attise les haines collectives. Les compromis deviennent impossibles, les négociations de paix dangereuses. La guerre totale est au carrefour de l'idéologie nationaliste et du développement de la société industrielle.

La mitrailleuse, puis le char et l'avion constituent les grandes percées techniques de la Première Guerre mondiale. À l'issue de ce conflit, on diverge toutefois dans les milieux militaires sur la signification stratégique de ces nouveaux engins, notamment sur la manière d'engager les chars. Nombreux sont les militaires qui anticipent leur rôle décisif dans les prochaines batailles. Certains stratèges en viennent également à penser que l'aviation jouera désormais un rôle déterminant pour dissuader les États de recourir à la guerre, ou pour terminer rapidement un conflit par des bombardements sur les concentrations de troupes, les industries, et même pour terroriser les populations civiles. La Grande Guerre avait montré qu'il était impossible d'anéantir l'ennemi par des offensives à outrance. De terribles batailles avaient été livrées sans résultat décisif. La guerre n'avait pas été gagnée par les armes, mais parce que l'Allemagne avait perdu la volonté de combattre. Dans les années 1920, le penseur militaire anglais Basil Lidell Hart s'emploie dès lors à critiquer une certaine lecture de Clausewitz exigeant « la destruction des principales armées ennemies sur le champ de bataille ». Il préconise le recours à une stratégie indirecte, reposant sur l'action conjointe des chars et de l'aviation. Il est alors convaincu que l'on peut obtenir l'effondrement de l'ennemi sans atteindre ses forces militaires principales, sans même livrer de grandes batailles, mais en coupant ses lignes de communication, en disloquant ses systèmes de liaisons et de commandements, en attaquant ses arrières.

En 1940, l'utilisation conjointe des avions et des chars permet aux Allemands de bousculer les armées françaises. Hitler, poursuivant les méthodes de la guerre civile espagnole, s'en prend aux populations civiles en bombardant sauvagement Rotterdam et Londres. Les Anglais répliquent par des raids sur Berlin. Ils poursuivent ensuite des bombardements de terreur qui vont culminer avec la destruction de Dresde, qui fait quelque 135 000 victimes. Ces actions visent les centres de production, mais aussi le moral des populations. La guerre est devenue totale.

Ce ne sont pourtant pas les techniques qui vont déterminer le cours de la Seconde Guerre mondiale, mais leur engagement opérationnel, donc la qualité du commandement et le moral des troupes. En outre, la stratégie indirecte préconisée par les Britanniques dans l'espoir d'économiser leurs ressources humaines ne suffira pas pour terrasser le IIIᵉ Reich. Les bombardements de l'Allemagne ont des effets militaires dérisoires. Les avions ne gagnent pas la guerre. Pour vaincre la Wehrmacht, il faut les grandes batailles sur le front russe. Il faut également débarquer en Normandie, grimper les falaises, s'agripper à chaque motte de terre, vaincre l'ennemi partout où il se trouve. Clausewitz a raison. Pas pour longtemps, car la guerre contre le Japon se termine par l'explosion de bombes atomiques, et ces nouvelles armes, utilisées comme un tragique point d'orgue des bombardements stratégiques de la Seconde Guerre mondiale, vont effectivement donner une autonomie à ces nouveaux instruments de guerre.

3. La dissuasion nucléaire

En 1945, après les destructions d'Hiroshima et de Nagasaki, le Premier ministre anglais, Clement Attlee, pressent immédiatement l'immense portée stratégique de la bombe atomique et ses conséquences sur l'évolution des relations internationales. Peu après la conférence de Potsdam, à laquelle il a participé, il rédige un mémorandum à l'intention de son cabinet proposant une redéfinition de la politique et de la stratégie britanniques. Selon lui, il n'est plus possible de protéger Londres ou les autres villes britanniques. Les abris classiques s'avèrent désormais illusoires. L'Angleterre étant devenue indéfendable, il ne sert à rien de planifier le contrôle des voies de communications maritimes et la défense du Commonwealth. Les bases en Méditerranée ou dans l'empire des Indes n'ont plus de sens du point de vue militaire. « J'ai remarqué qu'à Potsdam on parlait encore de la Neisse occidentale alors que les rivières ont perdu leur valeur stratégique avec le développement de la puissance aérienne. Il est infiniment plus difficile de réaliser que les conceptions modernes de la guerre, celles auxquelles je me suis fait au cours de mon existence, sont désormais complètement démodées ». Les bombardements de Berlin et de Magdeburg furent la réponse à ceux de Londres et de Coventry. Un bombardement atomique de Londres entraînerait des attaques analogues contre d'autres villes ennemies. « Il était acceptable de se battre en duel avec des épées et des pistolets inefficaces. On a renoncé au duel avec le développement des armes de précision. Que fera-t-on avec la bombe atomique ? » Attlee ne croit pas aux conventions dans ce domaine. Si l'Allemagne avait envahi l'Angleterre, les gaz auraient été utilisés. Il sait aussi que l'on ne peut pas garder le secret de l'arme atomique. Il faut désormais renoncer à la guerre. Toutes les nations doivent abandonner leurs rêves expansionnistes. Cette vision des choses semblait jusqu'alors utopique. Elle éclaire maintenant la condition de la survie de la civilisation, peut-être même de la vie sur cette terre. Les États-Unis, la Grande-Bretagne et la Russie doivent agir dans ce sens. Le 25 septembre, Attlee écrit au président Truman pour lui faire part de ses inquiétudes et lui proposer de le rencontrer à ce sujet : « Nous n'avons jamais connu auparavant une arme capable de détruire complètement, soudainement, sans avertissement, le centre vital d'une nation. L'apparition de cette nouvelle arme a changé la nature de la guerre, car il ne sera désormais pas possible de se protéger d'avions ou de fusées volant dans la stratosphère et lâchant des bombes atomiques sur les grandes villes. Il n'y aura pas d'autre défense que la dissuasion d'une riposte semblable. Si l'humanité continue de fabriquer des bombes atomiques sans modifier la nature des relations politiques entre les États, ces bombes seront nécessairement utilisées pour une commune destruction » (Senarclens, 1993).

3.1. L'effet des armes nucléaires

À Hiroshima, 66 000 personnes sont mortes presque instantanément. La ville a été rasée à 80 %. À Nagasaki, on compte 40 000 morts. La ville est plus petite, installée dans une région vallonnée. Elle est détruite à 40 %. Dans les mois et les années suivants, ces explosions vont faire encore des dizaines de milliers de victimes.

Les armes utilisées au cours de ces raids atomiques représentaient l'équivalent de 14 000 et 20 000 tonnes de TNT, donc 14 et 20 kilotonnes. Aujourd'hui, les grandes puissances nucléaires produisent couramment des bombes d'une mégatonne, c'est-à-dire l'équivalent d'un million de tonnes de TNT. Produites en grand nombre, elles ne seraient pas seulement utilisées sur des concentrations de troupes, mais sur des industries, des villes, donc sur des populations civiles. Si une telle bombe explosait sur une ville, tous les immeubles seraient détruits dans un rayon de cinq kilomètres, des dommages moins importants seraient causés dans un rayon d'une vingtaine de kilomètres. Les radiations continueraient de tuer dans les mois et les années suivants. En d'autres termes, une ville comme Paris serait en ruine, et sa population en majeure partie anéantie. Une guerre atomique produirait, en plus de ces calamités, des maladies et des famines sur une vaste échelle, car elle détruirait pendant longtemps les infrastructures nécessaires à la vie sociale. La Suisse et la Suède ont construit des systèmes de protection civile très perfectionnés. Il est cependant peu vraisemblable qu'ils puissent devenir opérationnels en cas d'engagements atomiques affectant directement le territoire de ces pays. On s'accorde sur le fait qu'une guerre atomique annihilerait de vastes pans de civilisations, et qu'elle aurait des conséquences humaines et écologiques effroyables.

3.2. Reconceptualisations stratégiques

Le thème de la dissuasion par la terreur nucléaire, auquel Attlee faisait allusion dans les jours suivant l'explosion des premières bombes atomiques, va engendrer une réflexion théorique. En 1946, Bernard Brodie publie un ouvrage d'essais consacrés à la bombe atomique intitulé *The Absolute Weapon* (« l'arme absolue »), soulignant l'aspect révolutionnaire de cet engin militaire. « Jusqu'ici, l'objectif essentiel de nos chefs militaires a été de gagner les guerres. À partir de maintenant, leur but principal doit être de les prévenir. Il ne peut guère être de but plus utile » (Chaliand, 1990, p. 1266). Brodie souligne en effet que toutes les villes du monde peuvent être détruites par une bombe atomique, par quelques bombes tout au plus, et qu'il n'existe contre ces armes aucun moyen de défense efficace. Dans la guerre atomique, prévoit-il, la supériorité en nombre de bombes ne sera pas une garantie de supériorité stratégique. De toute manière, l'ombre de cette arme bouleversera les conditions de la stratégie et de la tactique.

La guerre peut-elle rester dans ces conditions « la continuation de la politique par d'autres moyens » ? George Kennan en doute. En 1950, celui qui fut, au début de l'affrontement Est-Ouest, l'un des principaux inspirateurs de la politique étrangère des États-Unis affirme que l'utilisation des bombes atomiques ne pourrait plus servir aucune fin politique, car une guerre nucléaire détruirait les fondements de la civilisation occidentale. En conséquence, on ne peut concevoir une stratégie rationnelle prévoyant l'utilisation de ces armes. L'arme atomique, remarque Lucien Poirier dans son ouvrage *Des stratégies nucléaires* (1988), permet d'anticiper une coïncidence « impossible » au temps de Clausewitz, de la guerre selon son pur concept et de la guerre réelle, concrète. Paradoxalement, la guerre que Clausewitz avait pensée comme une abstraction, devient possible avec le feu nucléaire, supprimant du même coup sa finalité politique : rien n'entrave son ascension vers sa forme absolue. L'arme atomique ne saurait être développée en vue du combat, mais peut servir à convaincre l'ennemi de renoncer à la guerre. C'est bien l'amorce d'un changement fondamental dans les relations internationales.

Les armes nucléaires ont effectivement une fonction dissuasive en 1948 lors du blocus de Berlin par les forces soviétiques. Les États-Unis veulent défendre la présence occidentale dans cette ville située en zone d'occupation soviétique, mais leurs forces conventionnelles sont très inférieures à celles de l'Armée rouge. Pendant l'été, une soixantaine de bombardiers B-29 arrivent en Angleterre « en mission d'entraînement ». Ces avions sont théoriquement capables d'emporter des bombes atomiques. Il s'agit d'une mesure d'intimidation, car en fait ils n'en transportent pas. Lors de la guerre de Corée, les États-Unis livrent des batailles cruelles, sans engager les armes nucléaires. À plusieurs reprises toutefois, la menace d'y recourir est utilisée pour convaincre l'ennemi de mettre un terme aux hostilités. À nouveau, l'arme atomique fait partie d'une stratégie dissuasive.

3.3. La course aux armements nucléaires

En 1949, l'URSS annonce l'explosion de sa première bombe atomique. Les États-Unis décident le développement d'une arme thermonucléaire,

beaucoup plus puissante que les bombes lancées sur le Japon. Les Soviétiques suivent cette course aux armements. Au début des années 1950,
l'arsenal nucléaire américain augmente considérablement. Le Pentagone
accorde aussi un haut degré de priorité au développement des forces
aériennes. En 1953, les États-Unis ont un millier d'armes nucléaires.
Vers la fin de la décennie, ils en comptent 18 000. La croissance de cette
puissance atomique est insensée, car elle ne repose sur aucune stratégie
cohérente et réaliste. Les scénarios de guerre prévoient pourtant de
frapper les industries, les nœuds de communications, les sources
d'énergie en URSS. La stratégie nucléaire continue d'être envisagée
dans les catégories des batailles conventionnelles, notamment en tenant
compte de l'expérience des bombardements massifs de la Seconde
Guerre mondiale.

L'URSS augmentant son potentiel atomique, il devient évident que
les États-Unis doivent réorienter leurs conceptions stratégiques, car les
villes américaines sont désormais vulnérables au feu nucléaire. Il n'est
pas réaliste d'envisager un affrontement qui pourrait s'avérer suici-
daire. Dès le début des années 1950, on annonce le temps où les deux
« superpuissances » seront capables de se détruire mutuellement. En
1953, le célèbre physicien américain Oppenheimer évoque à ce propos
l'image de deux scorpions enfermés dans une même bouteille pour
caractériser les rapports stratégiques entre les États-Unis et l'URSS.

3.4. La doctrine des représailles massives

Pour dissuader l'adversaire communiste, les dirigeants américains
énoncent alors la « doctrine des représailles massives » : si l'URSS ou
la Chine venaient à recourir à la guerre, les États-Unis riposteraient en
utilisant tous leurs moyens nucléaires. Ils craignent désormais la multiplication des batailles conventionnelles, du genre de celle qui s'achève
en Corée. C'est la « politique au bord du gouffre » qui vise à convaincre l'adversaire de ne pas modifier le *statu quo*.

Le défaut de l'armure paraît évident. Si la menace de représailles
massives n'est pas prise au sérieux par l'URSS, les États-Unis auront
le choix entre le suicide et la capitulation. Cette menace perd aussi de
sa crédibilité au fur et à mesure que les Soviétiques développent leur
arsenal nucléaire, ainsi que le nombre et la portée de leurs missiles. Le
4 octobre 1957, ils envoient leur premier Spoutnik autour de la terre.
L'événement, qui est abondamment exploité par la propagande du
Kremlin, crée une vive émotion aux États-Unis, car il semble indiquer
une avance soviétique dans le domaine des lanceurs. En fait, la supériorité américaine reste encore écrasante. En octobre 1961, on déclare

dans les milieux du Pentagone que la puissance atomique que les États-Unis pourraient mobiliser après une attaque atomique surprise de l'URSS serait égale à toutes les bombes lancées en première salve par les Soviétiques. Cette prépondérance n'est certainement pas sans effet sur le déroulement des crises de Berlin ou de Cuba. Mais elle ne peut durer, car les Soviétiques accélèrent leur programme d'armements nucléaires après la crise de Cuba.

3.5. Des guerres nucléaires limitées ?

Le débat sur les armes nucléaires s'amplifie dans les milieux académiques et politiques. Il porte notamment sur la possibilité de guerres nucléaires limitées, et l'utilisation éventuelle d'« armes nucléaires tactiques », armes de relativement faible puissance pouvant théoriquement appuyer les forces conventionnelles dans leurs engagements contre l'ennemi ou servir dans les phases initiales d'une escalade militaire.

Pour que la guerre soit limitée, il faut que les objectifs politiques le soient également. De toute évidence, la reddition inconditionnelle de l'adversaire, inscrite dans la logique de la guerre à outrance, n'est plus concevable. La victoire totale est trop proche de la défaite totale. En fait, la notion d'objectif limité est difficile à définir dans une relation conflictuelle. Un but de guerre limitée pour l'un des camps peut s'avérer d'importance primordiale pour l'autre. Le maintien de l'indépendance de la Pologne est un objectif limité en 1939. En 1914, les objectifs de guerre sont incertains. En réalité, les buts de guerre initiaux ne conditionnent pas nécessairement la nature des hostilités. La question des moyens limités n'est pas non plus une panacée, car l'engagement d'armes « tactiques » pourrait entraîner une escalade nucléaire de grande ampleur.

3.6. Les représailles graduées

Au début des années 1960, l'administration Kennedy affirme néanmoins la « doctrine des représailles graduées », qui pose pour principe la capacité de riposter à toute agression par des moyens appropriés, supérieurs à ceux engagés par l'adversaire. La « doctrine des représailles massives » n'apparaît plus adaptée aux nouvelles formes de guerre périphérique qui minent alors les positions occidentales dans les régions du tiers-monde. Au motif de faire face à toutes les variétés d'agression ou de menace communiste, le gouvernement américain veut adopter une position stratégique souple, fondée sur l'utilisation de moyens appropriés. Ce n'est pas un hasard si l'escalade des États-Unis dans la guerre du Vietnam coïncide avec l'énoncé de cette nouvelle doctrine, car elle va également de pair avec le développement d'une réflexion sur les moyens de conduire des guerres contre-insurrection-nelles. L'objectif est de repousser le seuil de l'engagement nucléaire, et surtout une guerre atomique à grande échelle. Si la dissuasion nucléaire échouait et que l'URSS attaquait l'Europe, il resterait la possibilité de prolonger les effets de la dissuasion en orientant le cours de la guerre vers une solution politique rapide. Les villes américaines seraient encore à l'abri du feu nucléaire, alors même que des batailles atomiques seraient livrées en Europe. Cette stratégie garde toujours en option l'éventualité d'une action de « représailles massives » contre l'URSS. D'apparence plus rationnelle, elle a cependant pour effet de « conventionnaliser » les batailles nucléaires. Elle fait l'hypothèse que les armes nucléaires tactiques pourront constituer un échelon dans l'escalade en cas d'engagement militaire contre l'URSS. Or pour développer les capacités stratégiques des « représailles graduées », il faut encore multiplier la nature et le nombre des armes atomiques. En 1967, les États-Unis disposent de quelque 32 000 têtes nucléaires ! Un seul B-52 peut emporter une bombe de 25 mégatonnes, enfermant plus de douze fois la puissance explosive de toutes les bombes lancées durant la Seconde Guerre mondiale, y compris celles d'Hiroshima et Nagasaki.

3.7. La destruction mutuelle assurée

Dans les années 1970, les stratèges américains se replient sur une conception de la dissuasion réaffirmant la capacité d'infliger à l'URSS des dommages civils et militaires intolérables en cas de guerre nucléaire. Le concept à la mode devient celui de la « destruction mutuelle assurée » (MAD, en français : fou !). C'est une stratégie d'« équilibre de la terreur ». On s'engage donc à développer des armes nucléaires et des vecteurs suffisamment puissants pour montrer sa capacité de répondre à toute espèce de confrontation.

3.8. La dissuasion fut-elle crédible ?

En définitive, le but de la dissuasion par la terreur fut de persuader l'adversaire que la guerre ne pouvait pas être l'instrument d'une politique raisonnable. Les fondements de cette stratégie furent fragiles. La menace de recourir à la guerre atomique pour défendre des intérêts nationaux n'était pas vraisemblable, car il était difficile de réaliser une stratégie nucléaire dont les buts ne pouvaient manquer d'être politiquement absurdes. La rationalité de cette stratégie fut encore plus discutable pour les petites puissances nucléaires. Ainsi, la stratégie nucléaire de la France était celle d'une dissuasion fruste : elle visait à convaincre l'adversaire d'une capacité, et surtout d'une volonté de réagir à une agression par une riposte aux conséquences incalculables. L'« équilibre de la terreur » n'a pas besoin d'être symétrique. L'enjeu était bien évidemment le maintien d'une capacité de seconde frappe. Mais on peut se demander si un État comme la France, ayant subi une attaque nucléaire, aurait vraiment un intérêt à riposter : ses silos détruits, ses villes menacées, sa population civile ayant subi de gros dommages, son gouvernement aurait-il intérêt à poursuivre les hostilités en lançant ses derniers missiles, au risque de recevoir une nouvelle salve dévastatrice ?

Et pourtant, la fin de la guerre froide, avec la désintégration de l'URSS, ne rend pas obsolète la dissuasion nucléaire, ni les études qui ont cherché à conceptualiser cette stratégie, d'abord parce que la fin de cet antagonisme ne supprime pas les risques de confrontations futures entre puissances nucléaires ; ensuite, parce que l'exercice de la dissuasion n'exige pas nécessairement la possession d'armes atomiques.

En raison de son enjeu, de l'influence qu'elle a exercée sur les relations internationales contemporaines, l'analyse de la dissuasion nucléaire a mobilisé une grande part des études stratégiques. Il n'en demeure pas moins que les guerres contemporaines se sont jouées au niveau infranucléaire. Si l'âge nucléaire a considérablement limité les options stratégiques des grandes puissances militaires, en leur interdisant d'utiliser la guerre pour trouver une issue à leurs rapports conflictuels, il n'a nullement diminué la fréquence et l'intensité des affrontements militaires régionaux. On rappellera que la dissuasion, qui s'est révélée efficace entre les grandes puissances, fut inopérante dans les conflits régionaux. Les États ne disposant pas d'armes atomiques n'ont pas été dissuadés par la puissance nucléaire, comme le montrent les exemples de la Corée du Nord et de la Chine communiste en 1950-1951 contre les forces américaines, du Nord-Vietnam de 1965 à 1974, ou encore de l'intervention argentine contre les Malouines (Falkland) en 1982. Le Moyen-Orient fut périodiquement le théâtre de guerres conventionnelles. Le perfectionnement des armes classiques n'a pas été un facteur dissuadant les États arabes de recourir à la guerre ou de brandir la menace d'une agression belliqueuse. Les gesticulations politiques qui ont précédé la dernière guerre du Golfe appartenaient typiquement au répertoire de la dissuasion. Saddam Hussein avait accumulé un arsenal considérable, il disposait notamment de plus de 5 000 chars, de centaines d'avions modernes et de missiles, d'armes chimiques et biologiques. Son armée était aguerrie. Il pouvait donc croire que ses ressources militaires allaient suffire pour dissuader les États-Unis. Il a tenté de faire plier la volonté de ses adversaires par des prises d'otages et en affirmant sa volonté d'utiliser les armes chimiques, de détruire les puits du Koweït et l'environnement du Golfe. De leur côté, les États-Unis ont riposté par une concentration de forces sans précédent dans l'histoire, utilisant l'éventail des moyens militaires et des ressources politiques pour contraindre l'Irak à retirer ses troupes du Koweït sans coup férir. En l'occurrence, l'éclatement de la guerre a signifié l'échec de la dissuasion.

Des guerres classiques ont également éclaté au début des années 1960 en d'autres régions d'Asie, notamment entre la Chine et l'Inde, ou entre le Pakistan et l'Inde. La dynamique des conflits régionaux fut cependant marquée par l'existence de l'arme atomique et par le développement général des nouveaux systèmes d'armement. Le perfectionnement de ces armes a encouragé les États faibles, ou les mouvements de libération nationale, à recourir à des stratégies de guérilla ou de terrorisme dans le but d'infléchir la volonté politique des grandes puissances. Certains États, la Libye, l'Irak, l'Iran ou la Syrie ont soutenu des groupes terroristes frappant des intérêts américains ou français en Europe, au Moyen-Orient et en Afrique. Ces actions ont été utilisées en même temps que la propagande et la diplomatie classique, donc comme un instrument parmi d'autres de la stratégie moderne.

4. Les conséquences politiques de la dissuasion

La dissuasion nucléaire a orienté la nature des interactions antagonistes entre les États-Unis et l'URSS. La configuration du rapport des forces sur la scène internationale, la nature des systèmes d'alliances furent en effet dominées par ce phénomène stratégique. Ainsi, après la Seconde Guerre mondiale, les gouvernements de l'Europe occidentale se considérèrent incapables de répondre par leurs propres moyens aux menaces de l'Empire stalinien. La création de l'Alliance atlantique en 1949, qui obligeait les États-Unis à les défendre, visait à surmonter cette infériorité stratégique. Sitôt après la guerre de Corée, l'arme nucléaire joua un rôle décisif dans la stratégie de cette alliance. Elle exigea un état-major intégré sous commandement unique : l'OTAN passa en conséquence sous le commandement d'un général américain. En stationnant plusieurs centaines de milliers d'hommes en Allemagne, en développant un réseau de bases militaires dans plusieurs États membres, notamment en Italie, en Grèce et en Turquie, les États-Unis ont façonné l'évolution économique et politique de ces pays. Ils ont par ailleurs donné une impulsion décisive au mouvement d'intégration européenne dans le cadre de leur stratégie d'endiguement de l'URSS et du communisme. Leurs effectifs militaires ont été réduits après la chute du mur de Berlin, mais non leur détermination de jouer un rôle dans la défense et l'évolution politique de l'Europe.

4.1. La crise de l'Alliance atlantique

Instrument de dissuasion nécessaire, l'arme atomique fut aussi l'enjeu des disputes et des malentendus qui n'ont cessé de miner l'Alliance atlantique. Les Européens ont douté de la résolution américaine, tout en craignant d'être entraînés dans des conflits qui ne relevaient pas de leurs intérêts immédiats, au Moyen-Orient ou en Asie par exemple. L'« équilibre de la terreur » à partir des années 1960 rendait en effet peu probable que le gouvernement américain acceptât les risques d'une attaque nucléaire contre son territoire pour garantir la sécurité européenne, comme il s'était engagé à le faire. La doctrine des « représailles graduées » semblait même indiquer un danger accru de livrer en Europe une guerre conventionnelle dévastatrice, peut-être même une bataille nucléaire. Ce fut l'argument utilisé par le général de Gaulle pour accélérer le développement d'une bombe atomique française, et quitter le commandement intégré de l'OTAN. Le président français a provoqué ainsi une crise majeure au sein de l'Alliance. À la fin des années 1970, l'installation en Europe de nouveaux missiles américains de moyenne portée, en réponse au déploiement d'armes soviétiques analogues, a provoqué une nouvelle crise au sein de l'OTAN. La mise en place de ces engins avait été demandée par les dirigeants européens, comme un gage de la détermination américaine. Toutefois, cette décision a suscité de grands mouvements de protestation pacifistes.

4.2. La défense d'intérêts périphériques

Pour suivre la logique de la dissuasion, les dirigeants américains ont manifesté au cours de la guerre froide une grande détermination dans la protection d'intérêts apparemment secondaires par rapport à leur sécurité nationale, car toute expression de faiblesse à cet égard pouvait jeter un doute sur la crédibilité de leur système d'alliances et finalement sur la valeur de leurs engagements stratégiques. La guerre froide a impliqué un ensemble de gesticulations politiques, souvent de bluffs, au cours desquels les adversaires ont voulu montrer leur détermination. Lors de chaque crise majeure, de Berlin jusqu'au Vietnam, en passant par la Corée et Cuba, les présidents américains ont insisté sur leur volonté de ne pas céder devant la force, de crainte de mettre en cause les fondements de la politique et de la stratégie des États-Unis. Ainsi, la défense de Berlin devint un symbole de la volonté américaine de protéger la RFA et l'Europe occidentale dans son ensemble.

4.3. Les conflits régionaux

L'« équilibre de la terreur » a peut-être encouragé l'éclatement de certains conflits régionaux, car les grandes puissances ont trouvé un avantage à s'affronter de manière indirecte, comme le montrent le rôle de l'URSS dans les origines de la guerre de Corée ou l'appui qu'elle a donné à la République populaire du Vietnam. En cristallisant les frontières politiques en Europe, la dissuasion nucléaire a engagé les États-Unis et l'URSS à rechercher dans les pays d'Asie, d'Afrique ou d'Amérique latine de nouvelles sphères d'influence, avivant ainsi les conflits régionaux. Cette stratégie indirecte encouragea aussi le surarmement de nombreux pays du tiers-monde, leur conférant des moyens de répression interne considérables. En Amérique latine, elle favorisa la montée de régimes militaires qui légitimaient leur dictature en invoquant des « doctrines de la sécurité nationale », idéologies qui se résumaient à quelques considérations de géopolitique et aux idées alors en vogue dans les milieux conservateurs sur la défense du « monde libre » et de « la civilisation chrétienne ». En outre, l'« équilibre de la terreur », allant de pair avec le développement incessant des armements conventionnels, a sans doute contribué également à rendre intangibles et artificielles les frontières de la décolonisation. En conséquence, la plupart des conflits qui se sont développés au cours des dernières décennies ont pris la forme de guerres civiles et de conflits ethniques.

4.4. Le surarmement nucléaire

La dissuasion ne repose pas seulement sur les capacités militaires effectives, mais sur l'effroi que suscite l'existence des armes nucléaires, et sur le fait que les détenteurs de ces armes affirment leur volonté de les employer en cas de conflit. Elle s'exprime en termes essentiellement psychologiques, puisqu'elle doit faire passer un message de résolution. En conséquence, un des paradoxes de la dissuasion nucléaire, c'est l'exigence de préparer une guerre dont aucun belligérant ne peut prévoir avec assurance qu'il n'aura pas à subir des pertes inacceptables ; cela revient à anticiper les scénarios d'opérations les plus effroyables, et à brandir la menace d'un holocauste nucléaire pour assurer le maintien du *statu quo*. Autrement dit, cette stratégie implique que l'on se prépare constamment à prévoir l'impensable. Elle encourage aussi le gonflement des attributs symboliques de la puissance. En effet, une de ses conséquences logiques, et non des moindres, est que les ennemis potentiels tendent à poursuivre une course aux armements, en accumulant les lanceurs, les charges nucléaires, les systèmes de tir et les réseaux de bases, afin de montrer à l'adversaire qu'ils ne faibliront pas, qu'ils livreront les guerres nucléaires sur n'importe quel front. L'acquisition permanente de nouveaux systèmes d'armements, qui doivent être planifiés sur une période de dix à quinze ans, constitue une manifestation de cette détermination nécessaire à la dissuasion, la panoplie des armements servant à fermer « toute fenêtre de vulnérabilité ». La dissuasion par la terreur ne peut en effet fonctionner que si l'adversaire reste convaincu qu'il n'est pas en mesure de gagner en frappant le premier. Pendant la guerre froide, la course aux armements fut d'autant plus intense qu'elle était liée à d'énormes complexes militaro-industriels dont le statut, les ressources, et la raison d'être, dépendaient de sa poursuite.

Cette dynamique révèle un autre paradoxe concomitant au précédent : quoique définie comme une stratégie défensive, la dissuasion peut être interprétée par l'adversaire – et l'était généralement dans le contexte de la guerre froide – comme l'expression d'intentions agressives. Celui-ci a par conséquent toutes les raisons de poursuivre son propre programme d'armements. Il s'en est suivi cette spirale infernale que nous avons évoquée. Ainsi, le développement par les États-Unis des fusées à têtes multiples au début des années 1970, puis l'installation en Europe par les Soviétiques de nouvelles fusées à moyenne portée, enfin l'initiative de défense stratégique (que l'on a souvent nommé la « guerre des étoiles »), annoncée par le président Reagan en 1985, furent autant d'événements qui ont contribué à la relance de cette dynamique absurde.

4.5. La prolifération horizontale des armes de destruction massive

À cette prolifération dite verticale des armes nucléaires entre les deux Superpuissances – c'est-à-dire l'augmentation de la taille, de la qualité ou de la capacité de destruction de leur arsenal – s'est ajoutée une prolifération horizontale, autrement dit une extension progressive de ces armes aux États qui n'en possédaient pas auparavant. La Grande-Bretagne, qui avait été étroitement associée au développement de la première bombe atomique, poursuivit son propre programme nucléaire, sous l'égide du gouvernement travailliste. Elle fit exploser une première bombe atomique en 1952. La France s'est engagée dans la même voie. Pour le général de Gaulle, la possession de l'arme atomique devait permettre à la France de « retrouver son rang » parmi les grandes puissances. Ses successeurs continuèrent cette politique. La Chine a fait exploser une bombe atomique en 1964, deux ans après la France, de même que l'Inde en 1974. Israël s'est doté d'armes analogues, quoique dans le cadre d'une stratégie de prolifération dite silencieuse. Le Pakistan et l'Iran ont également mis en place d'importants programmes d'armements nucléaires. Pour ces États, la possession de la bombe atomique est à la fois un instrument de dissuasion militaire dans leur environnement régional conflictuel et un attribut de la puissance politique. Or leur utilisation dans une guerre régionale pourrait inciter les grandes puissances à intervenir et mettrait en jeu la paix du monde. Peu nombreux sont les spécialistes des relations internationales ayant envisagé favorablement la prolifération horizontale, à l'exception notable de Waltz qui, dans une contribution célèbre intitulée « The spread of nuclear weapons: More may be a good thing » (1981), mise au contraire sur la généralisation de la dissuasion et ses « vertus » modératrices pour assurer des équilibres régionaux.

La prolifération des armes nucléaires constitue un aspect des nouvelles menaces pesant sur la sécurité internationale ; celle des missiles balistiques et des armes biologiques et chimiques en est une autre. La guerre du Golfe a illustré l'impact de ces techniques de combats modernes et les dangers qu'elles constituent pour les populations civiles. D'après le SIPRI (Stockholm International Peace Research Institute), 25 États disposent ou pourraient acquérir des missiles balistiques, parmi lesquels l'Égypte, l'Inde, l'Iran, Israël, les deux Corées, la Libye, la Syrie et Taïwan. Armés de têtes chimiques, ou pis d'armes bactériologiques, ces missiles auraient potentiellement des effets comparables à ceux de petites bombes nucléaires. Un spectre hante l'humanité : celui d'un dictateur dont la logique ne se plierait pas à la rationalité de la dissuasion nucléaire. À cet égard, il n'est pas impossible que les grandes puissances, en particulier les États-Unis, en viennent à multiplier leurs interventions étrangères pour atténuer ce genre de menace. La guerre qu'ils ont livrée dans le Golfe a répondu en partie à ce projet.

4.6. La consolidation du *statu quo*

Ayant souligné les paradoxes, les risques, voire l'absurdité de certains effets induits par la dissuasion nucléaire, il faut bien reconnaître que celle-ci fut aussi un élément stabilisateur dans les relations internationales. Si les Soviétiques ont dénigré la valeur de cette orientation stratégique, ils ont dans les faits adopté un concept défensif qui n'était pas sans analogie avec la dissuasion par la terreur. Ils ont également obéi à ses contraintes en s'ingéniant à ne jamais laisser les crises de l'après-Seconde Guerre mondiale glisser vers une confrontation armée avec les États-Unis ou leurs principaux alliés. Les grandes puissances ont évité les situations d'affrontement direct. Elles ont compris dans les années 1960 que les conflits devaient être subordonnés à l'exigence d'une survie collective. Cette impasse stratégique a obligé les États-Unis et l'URSS à respecter leur sphère d'influence respective, à circonscrire les crises pouvant surgir de leurs rapports conflictuels, à développer des mécanismes de coopération pour diminuer les risques de guerre nucléaire. Pour la première fois dans l'histoire du monde, les adversaires ont dû s'entendre pour assurer leur survie mutuelle.

4.7. Le contrôle des armements

D'autre part, les sphères dirigeantes des grandes puissances furent obligées d'instaurer entre elles un système de communication adéquat, permettant des échanges permanents. Elles durent non seulement éviter un éventuel accident nucléaire, mais surtout l'interprétation erronée d'une alerte. Ces échanges ont eu pour effet de modérer l'intensité de la guerre froide. Ce fut l'enseignement de la crise de Cuba, qui marqua un tournant dans la nature de ce conflit. Les efforts qui ont été entrepris depuis lors pour contrôler la course aux armements ont fait partie de ces relations de coopération entre les États-Unis et l'URSS. Le contrôle des armements visait à limiter le nombre ou le type d'armes, ou à empêcher certains développements techniques dans ce domaine. Cette politique avait pour objectif de renforcer la dissuasion nucléaire en créant les conditions d'une certaine stabilité militaire dans les relations entre grandes puissances, en facilitant la gestion de leurs interactions conflictuelles et des crises qu'elles engendraient, en diminuant aussi les ressources nécessaires au maintien d'un appareil militaire.

Le contrôle des armements s'est inscrit à partir des années 1960 dans la politique de défense nationale des grandes puissances. Les États-Unis et l'URSS ont signé plus d'une vingtaine d'accords visant au contrôle de leurs armements. Ainsi en 1963, ils ont conclu un traité interdisant les essais d'armes nucléaires dans l'atmosphère, dans l'espace extra-atmosphérique et sous l'eau. Ce traité n'empêchait pas la poursuite des expériences souterraines, laissant ainsi aux grandes puissances le droit de continuer de développer leurs armes nucléaires. En 1967, le traité sur l'espace extra-atmosphérique interdit le déploiement d'armes nucléaires et d'autres armes de destruction massive dans l'orbite terrestre. En 1968, le traité sur la non-prolifération des armes nucléaires a prohibé le transfert d'armes nucléaires à des pays qui n'en disposaient pas ou l'acquisition de ces armes par ces derniers. En 1995, ce traité a été prorogé pour un temps indéfini, bien que l'Inde, le Pakistan et Israël aient refusé d'y adhérer. Plusieurs autres conventions du même type ont été signées entre les grandes puissances au cours des années 1960, en particulier le traité de 1971 leur interdisant de placer des armes nucléaires ou d'autres armes de destruction massive dans le fond des mers et des océans ainsi que dans leur zone côtière. En 1972, la convention prohibant les armes biologiques était adoptée. Elle a été ratifiée par plus d'une centaine d'États, mais ses mécanismes de supervision restent imparfaits.

Depuis le début des années 1970, les États-Unis et l'URSS ont fait un pas de plus en cherchant à limiter le développement de leurs systèmes antimissiles. Aux termes du traité ABM (Anti-Balistic Missiles), ils se sont engagés à ne pas déployer ce genre de système en dehors de deux polygones n'ayant pas plus de 100 lanceurs chacun. En 1974, un protocole additionnel à ce traité a restreint le déploiement de ces systèmes à un seul polygone. Par ailleurs, les accords de limitation des armes stratégiques (SALT) ont défini pour une période de cinq ans le nombre de lanceurs d'armes stratégiques. En 1974, un nouveau traité a interdit les essais souterrains d'armes nucléaires d'une puissance supérieure à 150 kilotonnes. En 1979, les accords SALT II ont limité encore le nombre et le type des vecteurs d'armes nucléaires stratégiques. Ce traité n'a pas été ratifié par les États-Unis, mais chacune des parties a déclaré son intention d'en observer les dispositions.

Les effets de ces accords ont été diversement évalués. La course aux armements est l'expression plutôt que la cause des antagonismes politiques. Si bien que les accords SALT n'ont nullement entravé cette course ; ils ont même coïncidé avec une croissance sans précédent des nouveaux systèmes, notamment avec le développement des fusées à têtes multiples et les missiles de croisière. Malgré ces défauts, il est vraisemblable que la négociation laborieuse de ces accords a contribué à développer les communications entre les stratèges des deux camps, créant un climat de détente, sinon de confiance mutuelle, et concourant, dans les années 1980, à la fin de la guerre froide. Les sphères dirigeantes américaines et soviétiques se sont progressivement rendues à l'évidence que leur sécurité à l'âge nucléaire n'avait pas d'autre issue que le renforcement de leur coopération mutuelle et de leurs rapports d'interdépendance.

4.8. Les premiers accords de désarmement

Le changement de régime en URSS a précipité la signature de nouveaux accords impliquant pour la première fois un véritable processus de désarmement, alors qu'auparavant les conventions signées se contentaient de limiter la course aux armements. Les dirigeants soviétiques ont annoncé clairement un changement de doctrine militaire, affirmant que leur stratégie était désormais de prévenir la guerre et qu'ils se contenteraient d'un niveau d'armement suffisant et raisonnable pour atteindre cet objectif. Le traité sur les forces nucléaires intermédiaires (FNI), signé à Washington en 1987, a prévu l'élimination de tous les missiles sol-sol américains et soviétiques ayant une portée de 1 000 à 5 500 km et de 500 à 1 000 km, de leurs rampes de lancement et de tout le matériel d'appui. L'innovation de ce traité FNI consiste dans ses dispositions relatives à la vérification sur place par des inspecteurs de l'adversaire. En outre, les États-Unis et l'URSS ont poursuivi leurs négociations bilatérales sur la réduction de diverses catégories de leurs armes stratégiques offensives (START). Le cadre d'un accord a été signé en juillet 1991, lors d'une réunion au sommet entre les présidents G. Bush et M. Gorbatchev. Il a prévu des réductions substantielles à cet égard. Le 13 mai 2002, les présidents V. Poutine et G. Bush ont annoncé la signature d'un autre traité de désarmement stratégique, au terme duquel la Russie et les États-Unis devront réduire à environ 2 000 le nombre de leurs têtes nucléaires d'ici 2012. Ces armes pourront être détruites ou simplement stockées. Cet accord n'est pas seulement le résultat des nouvelles convergences politiques et stratégiques entre les deux pays, consécutives à la fin de la guerre froide, mais traduit l'incapacité de la Russie de maintenir son statut économique et militaire.

Les négociations sur la réduction des armes conventionnelles en Europe ont fait parallèlement des progrès remarquables avec la signature à Paris, le 19 novembre 1990, d'un traité sur les forces armées conventionnelles en Europe (traité FCE) fixant pour l'OTAN et le pacte de Varsovie des plafonds du nombre de chars, de véhicules blindés, de pièces d'artillerie, d'avions et d'hélicoptères. Ce traité prévoit également la mise en place d'un système complexe de vérification, comprenant l'échange de données, l'inspection sur place, le contrôle de la destruction du matériel militaire à éliminer.

L'affrontement Est-Ouest étant terminé, les grandes puissances ont multiplié pendant un certain temps les gestes de désarmement unilatéral, au point de rendre obsolètes les traités qui venaient d'être signés. Les négociations à Genève sur l'interdiction des armes chimiques ont abouti le 15 janvier 1993 à une convention signée par 159 États, puis ratifiée par plus de 135 d'entre eux, interdisant la production de ces armes, la destruction des stocks existants en dix ans. Chaque État partie à la présente convention s'engage à ne jamais, en aucune circonstance : a) mettre au point, fabriquer, acquérir d'une autre manière, stocker ou conserver des armes chimiques, transférer, directement ou indirectement, des armes chimiques à qui que ce soit ; b) employer des armes chimiques ; c) entreprendre des préparatifs militaires quels qu'ils soient en vue d'un emploi d'armes chimiques ; d) aider, encourager ou inciter quiconque, de quelque manière que ce soit, à entreprendre quelque activité que ce soit qui est interdite à un État partie en vertu de la convention. En outre, chaque État partie s'engage à détruire : les armes chimiques dont il est le propriétaire ou le détenteur, ou qui se trouvent en des lieux placés sous sa juridiction ou son contrôle ; les armes chimiques qu'il a abandonnées sur le territoire d'un autre État partie ; toute installation de fabrication d'armes chimiques dont il est le propriétaire ou le détenteur, ou qui se trouve en un lieu placé sous sa juridiction ou son contrôle. Enfin, chaque État s'engage à ne pas employer d'agents de lutte antiémeute en tant que moyens de guerre. Cette convention a établi une nouvelle organisation internationale installée à La Haye qui a pour mandat de vérifier son application. Elle instaure des mesures précises et contraignantes de vérification, accompagnées de procédures d'inspection et d'enquête sur le territoire d'États soupçonnés de contrevenir à leurs engagements. Les États-Unis rejettent toutefois l'adoption d'un protocole additionnel à cette convention renforçant les mécanismes de vérification. Par ailleurs, en refusant de ratifier le traité sur l'interdiction totale des essais nucléaires (CTBT), le Sénat américain a porté un coup très sévère aux efforts de désarmement nucléaire. Les États-Unis s'engagent actuellement dans le développement de systèmes antimissile qui menacent l'ensemble des accords de désarmements.

4.9. Les stratégies non nucléaires

Comme nous l'avons vu, les axiomes de la théorie clausewitzienne peuvent éclairer des configurations stratégiques propres à un environnement politique et social très différent de celui dans lequel a vécu Clausewitz. En outre, les stratèges n'agissent pas nécessairement dans le cadre de guerres classiques opposant des armées conventionnelles. Clausewitz accorde au demeurant une place aux guérillas, qui ont pris une importance considérable dans les luttes de libération nationale ou dans les mouvements de sécession animés par des populations refusant l'autorité du pouvoir central. Au cours des dernières décennies, les Nations unies ont été confrontées à la multiplication de guerres civiles, souvent définies comme « ethniques », mobilisant aussi des factions qui se battent pour le contrôle de ressources rares. Ces guerres ont d'importantes répercussions régionales, notamment parce qu'elles impliquent à divers titres des interventions « étrangères » et qu'elles suscitent des flots de réfugiés. Elles entraînent souvent l'intervention des casques bleus de l'ONU et des forces militaires des grandes puissances. Selon une étude empirique en cours dont certains résultats ont été publiés par le *Journal of Peace Research* (33, 3, 1996 ; 40, 5, 2003), les guerres civiles excèdent largement les conflits interétatiques depuis 1975 ; sur les 116 conflits recensés durant une période allant de 1989 à 2002, 7 seulement étaient interétatiques, 91 intraétatiques et les 18 restants intraétatiques internationalisés. Une autre recherche publiée par l'Institut international d'études stratégiques de Londres concluait que sur les 25 guerres civiles dans le monde en 1999-2000, 11 se déroulaient en Afrique subsaharienne. Les trois quarts des pays de l'Afrique subsaharienne étaient alors confrontés à des conflits armés de différentes natures. Ils ont engendré 14 millions de réfugiés et de demandeurs d'asile, dont trois millions et demi étaient des Africains. Vingt et un millions de personnes ont été déplacées à l'intérieur de leur propre pays, dont la moitié en Afrique. Les États-Unis, la Russie, la France et le Royaume-Uni, sont les principaux pourvoyeurs des armes alimentant ces conflits.

À l'heure actuelle, le terrorisme est souvent une composante de ces conflits. En fait, son rôle autant que son impact ont été également marqués par le développement des armes modernes. On dit volontiers du terrorisme qu'il frappe de manière aveugle des populations civiles, ces dernières représentant les principales cibles des mouvements terroristes. Pourtant, il constitue rarement une stratégie insensée. Les victimes sont certes ciblées au hasard. Elles appartiennent néanmoins à un groupe ethnique ou à un ordre social que les mouvements terroristes veulent abattre. Ces mouvements terroristes poursuivent en effet des buts politiques. La panique qu'ils s'efforcent de susciter en tuant ou en mutilant vise à démoraliser leur adversaire, pour obtenir de lui des avantages politiques, par exemple des négociations en vue d'un accord de paix, ou pour attirer l'attention de la « communauté internationale ». C'est la raison pour laquelle ces mouvements se sont développés avec l'expansion des systèmes de communication modernes, en particulier avec l'essor d'un espace public qui comprend les journaux, la radio et la télévision. Les groupes terroristes sionistes au cours des années 1940 visèrent la puissance britannique et cherchèrent à obtenir la fin du mandat. Ils s'attaquèrent également aux populations arabes, en vue de les pousser à fuir la Palestine. Les combattants algériens usèrent de méthodes de combat analogues contre les Français. Les mouvements de résistance palestiniens firent exploser dans les années 1970 des avions de ligne, ou tuèrent des sportifs israéliens, notamment pour attirer l'attention internationale sur leur cause. Ils ont multiplié récemment les attaques suicides contre des populations civiles israéliennes. Le terrorisme peut aussi avoir des objectifs extraordinaires, tels que la destruction de la civilisation occidentale ou l'abolition du régime capitaliste. Avec le déclin des révolutionnarismes séculiers, cette forme de violence organisée est aujourd'hui principalement soutenue par des groupes islamistes qui s'avèrent d'autant plus efficaces à cet effet qu'ils se nourrissent de l'amertume engendrée par l'oppression, l'humiliation et la pauvreté, disposent d'une base transnationalisée, s'édifient sur une idéologie valorisant le sacrifice, et ont pour principaux commanditaires des individus dotés de charisme, de ressources et d'une certitude imperméable au doute rationnel.

La stratégie de la terreur n'est pas seulement l'apanage de mouvements subversifs. Il n'est pas rare que des gouvernements y recourent en procédant à des arrestations massives, à la torture, aux disparitions forcées et aux assassinats pour se maintenir au pouvoir ou pour atteindre leurs objectifs. Certains États utilisent aussi leur suprématie militaire – par exemple des bombardements – contre des populations civiles ennemies ou des ethnies dissidentes. La notion de terrorisme s'avère en conséquence difficile à définir avec précision, en raison du caractère polysémique des engagements stratégiques qu'elle recouvre.

Deuxième Partie

Le champ d'interaction étatique et économique

Les relations internationales sont également constituées par des activités de production, d'échange et de financement qui traversent les frontières. À divers titres, les États se trouvent directement impliqués dans des rapports internationaux de production et d'échange : ils peuvent détenir une part du capital d'entreprises nationales ou étrangères, ou prendre le parti de défendre les intérêts de certains groupes productifs et commerciaux relevant de leur juridiction ; ils peuvent protéger ou ouvrir leur marché intérieur, ou encore se regrouper avec d'autres États en vue de constituer une union douanière ; ils peuvent surveiller les cours de change pour stimuler l'activité économique, en maniant les taux d'intérêt, en intervenant sur le marché des changes, en modifiant les parités, ou y renoncer en formant une union monétaire avec d'autres États. À divers titres aussi, ils se trouvent directement impliqués dans des activités internationales de financement : ils peuvent lever des fonds sur le marché international des capitaux pour financer leurs déficits, ou placer leurs excédents dans des titres émis par d'autres États ou des sociétés étrangères ; ils peuvent autoriser ou au contraire restreindre leurs entreprises et banques à recourir à l'épargne étrangère ou à prêter l'épargne nationale à des non-résidents.

Toutes ces activités sont susceptibles de causer des conflits interétatiques, tout comme elles peuvent engendrer des processus de coopération. C'est à ce titre qu'elles ont suscité, depuis trois décennies, un intérêt croissant de la part des internationalistes. Leur prise en compte, toutefois, entraîne un élargissement problématique du champ d'analyse. Dès lors que les relations économiques internationales engagent également des acteurs privés, la question se pose de savoir quel statut accorder à ces derniers au regard des États, et comment rendre compte de leurs comportements respectifs. L'enjeu théorique *consiste donc à combiner, en un ensemble cohérent, les instruments conceptuels de l'économie et de la science politique.*

Pour certains, l'analyse microéconomique paraît la plus appropriée à fédérer les deux approches. Elle repose sur une axiomatique – celle de la rationalité des acteurs dont les comportements visent à maximiser leurs propres préférences – qui peut être appliquée aux agents économiques aussi bien qu'aux États. Dans cette perspective, tous les deux s'emploient à réaliser une valeur, qui prend la forme de la recherche du profit pour les acteurs économiques et de la quête de sécurité ou de puissance pour les acteurs étatiques. Leur conduite à cet effet est déterminée par un calcul stratégique influencé par leur attente concernant le comportement de leurs concurrents. Les deux sphères du privé et du public s'interpénètrent, chacune tendant à étendre son domaine d'action en incorporant l'autre sphère, tout en étant contrainte parfois à réaliser des ajustements accommodateurs. Cette analyse a été adoptée par deux courants de pensée en relations internationales : le néoréalisme et le paradigme de l'interdépendance (ou transnationalisme). Ils se différencient en ceci que le premier confère aux États, le second aux acteurs économiques, la faculté prééminente d'imposer des ajustements à l'autre sphère.

Plutôt que d'accorder la primauté à l'État ou au marché, une troisième approche, l'économie politique internationale, se propose d'analyser leurs interactions – médiates davantage qu'immédiates. Celles-ci s'effectuent, en effet, dans le cadre de diverses structures imbriquées du système international que constituent la sécurité, la production, la finance et le savoir. Dans certaines d'entre elles, à commencer par la finance, les États ont délégué aux agents privés une autorité telle que ces derniers restreignent sensiblement leur marge de manœuvre. Le pouvoir s'exerce désormais dans des réseaux complexes d'autorités entrecroisées que l'analyse des choix rationnels ne parvient guère à élucider, ne serait-ce que parce que ces réseaux sont déterritorialisés et qu'ils obéissent à des modèles cognitifs, des préférences sociales ou des réactions émotives qui ne correspondent pas toujours à une logique instrumentale.

L'analyse marxiste, enfin, appréhende les relations économiques internationales comme l'expression de rapports de force opposant le capital au travail. L'extraction et la réalisation du surplus en constituent les principales dynamiques. Les États ne représentent que la forme institutionnelle que prennent les relations de production et de reproduction sociales dans une conjoncture donnée. Ils apportent leur

soutien au processus d'accumulation et tentent de gérer ses contradic-
tions. Le capital obéit à une logique expansive : il se propage à
l'échelle mondiale à la recherche de matières premières à valoriser,
de main-d'œuvre à exploiter, de nouveaux débouchés pour écouler les
biens et les services produits. Ainsi, l'analyse marxiste des relations
économiques internationales a pour principal objet la géopolitique du
capital, c'est-à-dire les processus par lesquels celui-ci investit
l'espace mondial, structurant des rapports d'interdépendance entre
les pays industrialisés et de dépendance entre ces derniers et le reste
du monde.

L'articulation des sphères publiques et privées pour rendre
compte des relations économiques internationales diffère donc sensi-
blement suivant les perspectives adoptées. Celles-ci, toutefois, n'ont
pas été construites de toutes pièces par des chercheurs contempo-
rains. Elles puisent leurs instruments conceptuels dans un répertoire
de quatre systèmes d'économie politique, formulés entre le XVIᵉ et le
XIXᵉ siècle, que constituent le mercantilisme, le libéralisme, le natio-
nalisme économique et le marxisme. Parce que ces doctrines infor-
ment non seulement les conceptions, mais aussi les pratiques
présentes, il importe d'examiner leurs axiomatiques. Nous y consa-
crerons le chapitre suivant, avant d'aborder les programmes de
recherche contemporains qui portent sur l'analyse des interactions
entre les structures économiques dominantes et la dynamique politi-
que des relations internationales.

Chapitre III

Les relations internationales dans la pensée économique

L a pensée économique engage par définition, ne serait-ce que tacitement, une réflexion sur l'État et son rôle dans les activités de
production, de consommation et d'échange, de même que sur les
interactions, singulièrement commerciales, entre les États. Cet aspect
apparaît de façon évidente dans les premiers écrits économiques, auxquels on a donné le nom de mercantilisme, mais également dans le
libéralisme, le nationalisme économique et le marxisme. Il importe à
cet égard d'examiner ces doctrines classiques, d'autant que leur
influence, comme nous le verrons dans la suite, sera importante sur les
conceptions contemporaines relatives à l'économie politique internationale ainsi que sur les pratiques émanant d'instances gouvernementales et internationales (Ariffin, 1997).

1. Mercantilisme

Dès le XVIᵉ siècle, des publicistes font imprimer des traités développant des réflexions sur la dimension économique des relations internationales. L'apparition de cette littérature coïncide avec le phénomène
de concentration des États territoriaux européens. Elle émane de gens
proches de la Cour, mais aussi de groupes de commerçants et de financiers, qui se proposent de conseiller le souverain sur des questions fiscales et monétaires, de ravitaillement et de prix, de commerce avec
l'étranger. Elle se multiplie avec les écrits des « experts de l'administration », pour reprendre les termes de Joseph Schumpeter, qui sont
eux-mêmes issus du processus de concentration étatique. Elle est, de ce
fait, composée principalement d'écrits de circonstance ayant pour

vocation d'être appliqués par une autorité souveraine donnée dans un contexte spécifique. Ces caractéristiques en font un objet difficile à saisir dans sa totalité, même si, par convenance, on regroupe l'ensemble de cette littérature sous le terme de *mercantilisme*. L'étymologie du vocable indique bien qu'il s'agit d'écrits dont l'objet concerne les activités marchandes ; mais il importe de souligner qu'ils se démarquent par leur perspective distinctement politique, dans la mesure où ils s'attachent à faire accéder l'économique au rang des compétences et des charges de l'autorité souveraine, à consolider l'État et à rehausser son prestige. À cette fin, ils contribuent au développement de nouvelles représentations de l'État, comme institution *morale*, comme institution de *commandement*, et comme institution de *puissance*.

S'agissant des représentations de l'État comme institution *morale*, les mercantilistes commencent par rejeter la distinction aristotélicienne de l'économique (*oikeîos*) et du politique (*politikos*). Rappelons, en effet, que pour Aristote, ces deux domaines doivent être distingués : le premier relève du « sage et légitime gouvernement de la *maison* pour le bien commun de toute la famille », tandis que le second concerne la « gestion de la *Cité* ». Les mercantilistes, pour leur part, s'emploient à amalgamer les deux notions en un seul syntagme *économie politique* ou *police économique*. Ce faisant, ils contribuent de façon décisive non seulement à inventer une nouvelle discipline, dont on connaît l'essor prodigieux qu'elle aura par la suite, mais à instituer une représentation morale de l'État où le souverain de la *polis* se retrouve avec les mêmes responsabilités qu'un père à l'égard de sa famille : il lui incombe d'assurer la subsistance, la reproduction et le « bien-être » de ses membres.

L'accouplement des fonctions du prince et du père de famille contribue également à modifier les représentations courantes de l'État comme institution de *commandement*. Il justifie en effet une expansion de l'art de gouverner sur le terrain économique – la recherche du bien-être matériel qu'Aristote réservait à la seule famille se voyant promu au rang de tâche légitime du gouvernement. Les compétences dont les autorités souveraines vont se départir à cet effet s'étendront au fil des siècles, englobant progressivement la sécurité alimentaire, les finances, le secteur artisanal et manufacturier, les équipements collectifs. On a là, de toute évidence, les antécédents de nos États-providence dont il sera question dans les pages qui suivent.

Enfin, le mercantilisme contribue pour beaucoup à reconceptualiser les représentations de l'État comme institution de *puissance*. L'un des principaux buts recherchés dans la plupart de ces écrits est de concourir à l'augmentation de la puissance de l'État par son enrichissement. Bon nombre de publicistes préconisent à cet effet de poursuivre une politique populationniste, d'accumuler des métaux précieux, de stimuler l'établissement de manufactures, d'émanciper le royaume (ou la république) d'une dépendance trop forte de l'étranger, de veiller constamment à ce que la balance commerciale soit favorable. Ils sont persuadés que les intérêts économiques des États sont antithétiques, dans la mesure où ceux-ci entrent en concurrence pour l'appropriation d'une richesse globale limitée. De ce point de vue, le commerce international constitue un jeu à somme nulle : ce que l'un gagne, un autre le perd.

À cet égard, les relations internationales apparaissent comme une donnée fondamentale dans cette littérature. Chez la plupart des auteurs, l'interne et l'externe se recoupent constamment, de même que l'économie politique et la stratégie militaire. Toute la démarche de l'*Arithmétique politique* de William Petty, par exemple, consiste à mesurer la richesse d'un État en recourant à la méthode comparative. Le nombre et la qualité des hommes, de même que la quantité d'or et d'argent, sont posés dans le contexte international. Il est préconisé de disposer d'une population plus nombreuse que celle des voisins (et ennemis potentiels), car ce surplus pourra grossir les rangs de l'armée ; de rendre les sujets plus industrieux que ceux des autres États pour échapper à la dépendance économique de l'étranger potentiellement hostile ; d'avoir plus d'or et d'argent que les autres nations, parce que les métaux précieux peuvent servir de trésor de guerre. Dans les écrits mercantilistes, la puissance économique n'est pas déterminable en soi, mais dans sa « relation à un champ mondial de forces », nous rappelle Fourquet (1989, p. 174).

2. Libéralisme

C'est contre ces représentations de l'État qu'Adam Smith, à la suite des physiocrates notamment, va ériger son fameux système de la liberté naturelle, le deuxième système d'économie politique qu'il nous faut examiner. Par le fait de postuler que les individus suivent la ligne de conduite la plus avantageuse à la société dans la mesure où le gouvernement les laisse poursuivre leurs intérêts économiques, Smith marque une rupture radicale avec les conceptions mercantilistes relatives à l'État comme institution morale et de commandement. Certes, Smith n'est pas le premier à en formuler l'hypothèse. Il met son esprit au service d'un ensemble d'exhortations, de maximes et de slogans lancés, depuis plusieurs décennies, par diverses personnalités de part et d'autre de la Manche, parmi lesquelles figurent, outre Turgot et Hume,

Vincent de Gournay (1712-1759), le commerçant en gros auquel on attribue le fameux « *Laissez faire, laissez passer, le monde va de lui même* » ; René Louis de Voyer, le Marquis d'Argenson (1694-1757), grand seigneur fortuné et ministre des Affaires étrangères sous Louis XV dont le journal fourmille d'interjections similaires (« *Pour mieux gouverner, il faudrait gouverner moins* », « *Eh morbleu, laissez faire* ! ») ; et bien sûr la secte des physiocrates dont certaines des médications économiques ont déjà été mises en œuvre en France au moment où paraît la *Richesse des nations*. Cela dit, il ne fait pas de doute que Smith est le premier à entreprendre une application aussi systématique du principe de l'identité naturelle des intérêts dans le domaine économique.

En quoi consiste ce postulat de l'identité naturelle des intérêts ? En trois présupposés solidaires. C'est postuler, d'abord, une identité *ex ante* entre les individus : l'intérêt personnel constituant, de ce point de vue, l'unique mobile universellement commun à tous les individus, il joue, dans l'économie smithienne, le rôle de lien social primordial, et plus généralement de fédérateur humain. C'est postuler ensuite une identité *ex post* : livrés à eux-mêmes, les intérêts individuels conduisent spontanément à l'intérêt général. C'est postuler enfin, par voie de conséquence, l'inutilité *apparente* – la chose, nous allons le voir, est plus compliquée qu'on le pourrait penser – de faire assumer par l'État le soin de veiller à l'identification *artificielle* des intérêts.

Faut-il en déduire que Smith consacre une éthique gouvernementale qui libère entièrement le souverain du devoir d'intervenir dans l'économique, tant sur le plan interne qu'international ? Évidemment non. Il limite l'intervention de l'État à trois fonctions principales : la défense du pays, l'administration de la justice, et « le devoir d'ériger et d'entretenir certains ouvrages publics et certaines institutions que l'intérêt privé d'un particulier ou de quelques particuliers ne pourrait jamais les porter à ériger ou à entretenir, parce que jamais le profit n'en rembourserait la dépense » (IV, 9). On sait que les écrits de ses disciples ne cesseront d'amplifier ce premier catalogue d'exceptions. Car il faut non seulement *faire* le laisser-faire, selon le mot de Gramsci – ce qui suppose déjà un cadre législatif et politique approprié –, mais faire en plus le nécessaire que le laisser-faire ne saurait jamais faire.

Comment la doctrine du libéralisme économique se représente-t-elle la *puissance* de l'État ? On pourrait penser qu'elle évacue le problème en adhérant au *topos* du « doux commerce » déjà développé par Montesquieu. Selon sa célèbre formule, « l'effet naturel du commerce est de porter à la paix. Deux nations qui négocient ensemble se rendent réciproquement dépendantes : si l'une a intérêt d'acheter, l'autre a intérêt de vendre ; et toutes les unions sont fondées sur des besoins mutuels »

(*De l'esprit des lois*, XX, 2). De même, Smith rejette avec véhémence l'idée mercantiliste selon laquelle la politique de puissance est en soi avantageuse sous le rapport de l'économie. Il souligne, au contraire, qu'elle draine les ressources de la nation et provoque des mesures de rétorsion de la part des autres États. L'argument qu'il avance en faveur du libre-échange, qui sera repris par tous les auteurs libéraux, consiste à regarder d'abord l'intérêt du travailleur et du consommateur – le travail et la consommation constituant pour Smith, les deux termes essentiels de la production : « Les manufacturiers d'une nation riche peuvent être, sans contredit, des rivaux très dangereux pour ceux de la nation voisine. Cependant, cette concurrence même tourne au profit de la masse du peuple, qui trouve encore d'ailleurs beaucoup d'avantage au débit abondant que lui ouvre dans tous les genres de travail, la grande dépense d'une telle nation » (IV, 3). Un pays a donc intérêt à importer des biens dans les secteurs où ses coûts de production sont plus élevés en échange de l'exportation de biens issus de ses secteurs plus compétitifs. Il reviendra à Ricardo, dans son traité *Des principes de l'économie politique et de l'impôt* (1817), de formaliser et d'étendre ces vues. Sa loi des avantages comparatifs s'attache à démontrer qu'un pays a intérêt à importer des biens, y compris ceux qu'il pourrait produire à moindre coût, dans la mesure où il dirige son activité exportatrice vers des secteurs où il est, par comparaison, encore plus compétitif.

On ne devrait pas en conclure pour autant que le libéralisme a été par définition une doctrine pacifique enjoignant, en toutes circonstances, la collaboration des nations et la levée des restrictions, tandis que le mercantilisme fut belliciste, s'appuyant sur les prohibitions et recherchant l'autarcie. On connaît le jugement favorable que Smith porte sur l'Acte de navigation. Pour mettre fin à la domination commerciale hollandaise et pour renforcer la puissance maritime de l'Angleterre, cette loi, en vigueur de 1651 à 1849, prévoyait tout un arsenal de prohibitions. La pêche, le cabotage et le commerce colonial étaient exclusivement réservés au pavillon anglais. Les biens en provenance de l'Afrique, de l'Amérique et de l'Asie non coloniales devaient être transportés soit sous pavillon anglais, soit sous celui du pays client ou fournisseur. Tout autre article étranger devait provenir directement du pays fournisseur, et non d'un pays intermédiaire ayant pu servir d'entrepôt. D'autre part, Smith est trop réaliste pour imaginer que le principe du libre-échange puisse un jour s'appliquer entièrement en Grande-Bretagne : « Ce serait une aussi grande folie que de s'attendre à y voir jamais réaliser la république d'Utopie ou celle d'Océana » (IV, 2). Mais il n'en critique pas moins « l'humeur injuste et violente de ceux qui gouvernent les hommes », et s'emploie à démontrer à ses contemporains la fausseté des doctrines mercantilistes et les avantages de la liberté de commerce. Ces vues ne s'imposeront progressivement que dans la première moitié du XIXᵉ siècle, lorsqu'il s'avérera qu'il n'y a guère de nation dont l'opulence puisse rivaliser avec celle de l'Angleterre et présenter un danger sous ce rapport. L'Angleterre aura tout intérêt à supprimer ses barrières douanières. Alors, le libre-échange deviendra la doctrine de la puissance hégémonique.

3. Nationalisme économique

C'est ce que tenteront de prouver les économistes dont les thèses forment un troisième système d'économie politique : le *nationalisme économique*. Cette doctrine, qui apparaît au cours de la première moitié du XIXᵉ siècle, est de nature distinctement militante et polémique. Parmi ses partisans les plus ardents, on compte surtout des Américains et des Allemands. Il faut se rappeler, en effet qu'à cette époque, tant dans la Confédération germanique qu'aux États-Unis d'Amérique, les industries manufacturières émergentes ne parviennent guère à soutenir la concurrence des produits anglais qui se vendent partout meilleur marché en raison de l'avance technologique et des bas salaires pratiqués en Angleterre. Au lendemain des guerres napoléoniennes, il se constitue des sociétés et des groupes de pression pour réclamer l'adoption de mesures protectionnistes, particulièrement dans les régions d'Allemagne où les industries ont pu tirer avantage du blocus continental, instauré par Napoléon, pour se développer à l'abri de la concurrence anglaise, et au nord des États-Unis où les industrialistes réclamaient, depuis la fin du XVIIIᵉ siècle, des mesures protectionnistes contre lesquelles s'opposaient les libre-échangistes esclavagistes du Sud dépendants du commerce avec l'Angleterre.

L'argument principal du nationalisme économique se résume en ceci : le libre-échange maintient les autres nations du monde sous la sujétion anglaise en interdisant qu'elles puissent développer une industrie manufacturière viable. On attribue généralement la paternité de cette doctrine à Alexander Hamilton, le premier secrétaire du Trésor des États-Unis dont le célèbre *Rapport* de 1791, qui fait consister la richesse nationale dans les manufactures, préconise un ensemble de mesures visant à stimuler, par l'emprunt public, le développement des industries naissantes et à les protéger de la concurrence étrangère par l'établissement de droits de douane sur les importations. Le même point de vue est défendu avec force par le plus célèbre des doctrinaires du nationalisme économique, Friedrich List (1789-1846), un actuaire d'origine allemande qui émigre aux États-Unis en 1825, acquiert la nationalité américaine avant de s'installer à Paris en 1837 où il rédige son *Système national d'économie politique* qui paraîtra en 1841, et dont le succès en Allemagne sera immense.

Pour List, le libéralisme ne constitue en rien un système neutre décrivant l'ordre « naturel » du progrès. Il correspond à la pratique gouvernementale et internationale d'une nation, l'Angleterre, qui tente de conserver la suprématie économique qu'elle a acquise. Ayant perfectionné, par des mesures de protection, son industrie manufacturière et sa marine marchande au point de ne plus craindre la concurrence, elle a désormais intérêt à « prêcher aux autres peuples les avantages de la liberté de commerce » (1998, p. 502).

Pour s'opposer à l'individualisme des classiques, List, influencé par le courant romantique allemand, recourt à la méthode organiciste consistant à étudier l'économique comme une totalité irréductible à la somme des parties. Il en découle que l'intérêt privé doit être subordonné à l'intérêt public dont l'objectif est la poursuite de l'indépendance, de la prospérité et de l'avenir de la nation. Là réside le rôle de l'État comme institution *morale*. Comme institution de *commandement*, il doit veiller à accroître, non pas les richesses matérielles, mais les *capacités* d'acquérir ces richesses que List nomme aussi forces productives. Alors que les richesses correspondent à la somme des valeurs échangeables possédées par les individus, les capacités se rapportent à l'ensemble social, matériel autant qu'immatériel, rendant possible la production, la consommation et l'échange des biens. Loin de s'harmoniser spontanément, capacités et richesses peuvent entrer en conflit. Le cas échéant, la doctrine du nationalisme économique enseigne que la mission du gouvernement consiste à augmenter les forces productives au moyen de diverses technologies politiques : financières (emprunt public), tarifaires (droits de douane plus ou moins élevés) et contractuelles (octroi de monopoles et autres privilèges).

Cela a pour corollaire le rejet de la pratique sans discrimination des principes du « laisser faire » et du « laisser passer ». Si l'État se contente de laisser faire les particuliers, jamais les forces productives ne seront développées, car jamais les intérêts des individus ne les porteront à investir leurs capitaux dans des ouvrages qui n'ont pas en soi de valeur échangeable. S'agissant toutefois du libre-échange, List souligne que le gouvernement doit prendre des mesures qui varient en fonction de la position différentielle que la nation occupe dans l'ordre économique international. Il n'adhère pas de manière absolue à la maxime mercantiliste : « Nul ne gagne qu'un autre ne perde. » Le protectionnisme, de son point de vue, doit surtout être pratiqué par les nations qu'il désigne du terme « agricoles et manufacturières » et que nous appellerions aujourd'hui « émergentes ». List est en effet persuadé que « les peuples sont d'autant plus riches et d'autant plus puissants qu'ils exportent plus d'articles fabriqués et qu'ils importent plus de denrées alimentaires et de matières brutes » (1998, p. 341). Compter sur la division internationale du travail revient, pour une nation émergente, à se mettre « dans la dépendance de l'étranger » (*ibid.*). La raison vient de ce que les coûts de production de la nation prépondérante étant plus bas qu'ailleurs, les manufactures des nations moins industrialisées ne sauraient soutenir la concurrence de leurs produits en l'absence de prohibitions ou tout au moins de droits de douane élevés. On a là, de toute évidence, les fondements des thèses « structuralistes » et de la « dépendance », mais aussi des doctrines de l'école dite « institutionnelle », cette nébuleuse d'idées qui va marquer si profondément l'esprit des premiers travaux d'économie du développement.

L'État comme institution de *puissance* occupe une place importante dans les réflexions du nationalisme économique. Parce qu'il n'existe aucune instance, sur le plan international, capable de s'opposer au recours à la force pour régler les conflits, List souligne le « péril à rester en arrière » sur le plan économique et la nécessité impérieuse des nations émergentes à « rattraper » les prépondérantes. Il admet volontiers que la « plus haute association imaginable » est représentée par le genre humain ; mais il souligne que la plus haute « actuellement réalisée » est constituée par la nation (1998, p. 94). Au demeurant, l'association universelle ne pourra être réalisée, selon List, que lorsque les peuples auront atteint un même degré de développement.

4. Les analyses marxistes

Contrairement aux mercantilistes, aux auteurs classiques et aux doctrinaires du nationalisme économique, la théorie marxiste ne s'adresse nullement au prince, dès lors qu'elle constitue, à l'époque de sa formation, un discours révolutionnaire. Pourtant, les idées de Marx seront réappropriées au siècle suivant par des dirigeants politiques qui s'en réclameront directement. Aussi convient-il d'examiner brièvement les conjectures formulées par cet auteur fondamental quant à l'évolution du capitalisme et quant à la possibilité d'ériger un système économique à ses yeux plus équitable.

Marx fonde sa théorie sur un refus de toute absolutisation du capitalisme dont l'organisation, pour lui, contrairement aux auteurs classiques, découle de lois, non pas générales et constantes, mais *spécifiques* à un système historique de mode de production et d'échange. Caractérisé par la propriété privée des moyens de production, le système capitaliste s'érige sur une double séparation : celle des producteurs (les ouvriers) et des moyens de production (le capital), mais celle aussi des producteurs et des consommateurs, dès lors que le capitalisme constitue une *économie d'échange généralisée* où la production et la consommation deviennent deux opérations disjointes, les biens étant produits pour être, non pas consommés directement, mais *vendus*, ce qui nécessite la médiation de la monnaie. Cette double séparation engendre à son tour une contradiction fondamentale. Cherchant à maximiser leurs profits tout en devant se livrer concurrence, les détenteurs des moyens de production exercent une pression constante sur les salaires des ouvriers (théorie de la plus-value) et tendent à remplacer la force de travail par une proportion croissante de capital technique, ce qui a pour double effet d'exclure une partie des ouvriers du procès de production (ils viennent grossir les rangs du lumpenprolétariat) et de provoquer une « baisse tendancielle du taux de profit » (le travail employé étant, dans l'économie marxiste, seule source de valeur). Or comme les ouvriers forment la majorité non seulement des producteurs mais aussi des consommateurs, ce système crée une disproportion de la production par rapport à la demande, disproportion qui débouche périodiquement sur des crises de surproduction (Rosier, 1993). Les conclusions de Marx sont connues de tous. Pilier du capitalisme, l'exploitation, qui se traduit par la *sous-consommation* de la majorité des producteurs, conduit à des crises de *surproduction* jusqu'au jour où cette contradiction donnera lieu à une objection massive : le renversement violent du système, l'abolition de la propriété privée et, partant, la résolution de l'antagonisme des classes.

S'agissant de l'analyse des relations internationales, Marx et Engels cherchent l'explication générale des conflits entre États dans ces contradictions inhérentes au mode de production capitaliste, c'est-à-dire comme une expression des antagonismes de classes. Les disciples de Marx proposeront vers la fin du XIXe siècle une théorie de l'impérialisme et des guerres dont la cohérence et la valeur heuristique sont évidentes. Reprenant les analyses marxistes sur la tendance à la concentration des entreprises, des auteurs comme Hilferding, Boukharine et Lénine affirment que ce processus engendre une mainmise progressive de la haute finance sur l'industrie. Le capitalisme s'est transformé ; il est passé au stade monopoliste de son développement, caractérisé par le rôle grandissant des banques sur l'organisation de la production.

Ce mouvement de concentration sous l'égide de la finance pousse les nations à se concurrencer de manière toujours plus vive pour la conquête des marchés mondiaux. Le capital financier en vient en effet à investir tous les rouages des États nationaux. Les gouvernements, prenant en charge les intérêts des grands monopoles, s'emploient à protéger leurs marchés par l'érection de barrières protectionnistes et à conquérir aussi d'autres espaces pour trouver de nouveaux marchés et assouvir leur quête de profit. Cette expansion est d'autant plus nécessaire que les progrès techniques et l'accroissement des échelles de production ont engendré une énorme accumulation de capitaux ne trouvant plus de débouchés sur les marchés intérieurs. Elle est exigée aussi par la baisse tendancielle des taux de profit évoquée plus haut.

Lénine voit dans cette compétition féroce entre les grandes puissances capitalistes la cause de la Première Guerre mondiale. Lorsqu'il rédige son *Impérialisme, stade suprême du capitalisme* (1916), qui reprend pour l'essentiel les conclusions de Hilferding et Boukharine, ou les thèses du libéral anglais J. A. Hobson, il fait œuvre de stratège dans un mouvement révolutionnaire visant à la conquête du pouvoir en Russie. Sa victoire politique va donner à ses conclusions sur l'impérialisme une influence idéologique considérable. Désormais, l'analyse marxiste des conflits internationaux et des guerres de libération nationale va se confondre avec les propositions de Lénine, figure historique de la révolution mondiale. La démarche scientifique cède le pas à la praxis militante, d'autant que les successeurs de Lénine n'auront pas ses capacités intellectuelles et seront occupés à consolider ou étendre l'Empire soviétique. La pensée marxiste sur les relations internationales va tendre à se figer dans l'ère stalinienne. Elle se résume, dans ce contexte, à quelques propositions tautologiques affirmant l'équivalence entre le capitalisme, la guerre et l'impérialisme.

Chapitre IV

L'économique dans la théorie des relations internationales

1. L'État et le marché : considérations préliminaires

L'État et le marché, celui des firmes transnationales en premier lieu, obéissent à des logiques différentes. Le premier impose sa domination sur un espace géographique dans le but d'y organiser la vie collective, le second s'emploie à réaliser des profits au moyen de la production, de l'échange, du crédit et de la spéculation. On peut à bon droit affirmer que leurs activités et leurs intérêts se recoupent à tout le moins, puisqu'il n'est pas de marché sans un minimum d'ordre public, et qu'il n'est pas d'État stable sans un développement des conditions matérielles propices à l'exercice de son rôle politique. Si les théoriciens des relations internationales peuvent s'accorder sur ce constat, ils divergent toutefois sur des questions fondamentales relatives à la nature des relations s'établissant entre les deux sphères, d'une part, et au poids relatif qu'il convient de conférer à l'une ou l'autre d'entre elles, d'autre part. Pour les uns, l'économique demeure subordonné au politique, les gouvernements exerçant une influence décisive dans la régulation de cette sphère, aussi bien au niveau national que sur le plan international ; pour les autres, l'orientation des politiques étatiques se trouve en partie dictée par des intérêts économiques qui jouissent à cet égard d'une autonomie relative, voire même d'une autorité en partie déléguée par les États.

Dans la première perspective, l'expansion des entreprises transnationales implique l'existence d'un ordre politique favorable à cette dynamique. Leur essor est impensable sans l'appui qu'elles reçoivent des États en termes de formation professionnelle, de recherche scientifique, de développement technologique. Les États encouragent en effet le développement des infrastructures et des institutions permettant les avancées scientifiques et techniques nécessaires à la croissance de l'activité économique. L'Union européenne soutient, par exemple, de nombreux programmes de coopération technologique entre les centres de recherche et les entreprises dans les domaines de l'énergie, de l'information, des télécommunications, des transports, de l'environnement, des biotechnologies. Par ailleurs, les États interviennent directement pour renforcer la position de leurs propres entreprises dans la compétition internationale : garanties de risques à l'exportation, commandes, subventions diverses, négociations d'accords de libéralisation des échanges de biens et de services dans le cadre de l'OMC, développement d'infrastructures et contrats de recherche profitant à leurs entreprises transnationales. Ces dernières créant des emplois et de la richesse, les États ont intérêt à les défendre, voire à favoriser leur processus de concentration oligopolistique. En somme, si le politique sert l'économique, c'est pour que celui-ci le serve à son tour.

Dans la seconde perspective, ces faits suffisent pour faire reconnaître que les acteurs privés ont accumulé des capacités matérielles et idéelles telles qu'ils sont en mesure de se régir, dans certains secteurs, selon leurs propres règles, et même de contraindre les gouvernements à servir prioritairement leurs intérêts sans avoir toujours mesuré au préalable le pour ou le contre. Ils disposent de leurs clubs et forums de rencontres pour formuler des stratégies cohérentes. Ils induisent des comportements mimétiques de la part des États industrialisés qui ont tendance à s'accommoder à des critères de rentabilité, d'efficacité et de performance conformes à ceux adoptés dans les entreprises. Qui plus est, leurs activités bénéficient d'un soutien politique non seulement national, mais multilatéral, en particulier celui fourni par les institutions du système de Bretton Woods. Ainsi, les grandes banques qui détiennent des créances douteuses peuvent compter sur l'appui financier du FMI pour faire obstacle à une défaillance momentanée des États surendettés et pour les contraindre ensuite à adopter des politiques macroéconomiques susceptibles de générer les devises nécessaires à honorer le service de leurs dettes. Le capital productif jouit, quant à lui, du concours financier, juridique et logistique apporté par la Banque mondiale sans lequel il ne pourrait guère étendre ses activités dans des pays du Sud désargentés. On peut en conclure que les acteurs économiques jouissent d'une forme d'autorité dans la mesure où leur volonté est souvent reconnue par les États et les institutions internationales comme la leur propre et qu'ils y conforment leur action.

En plus de la montée en puissance des multinationales, d'autres phénomènes économiques contribuent à façonner les relations internationales. Nul n'ignore aujourd'hui que l'essor des marchés financiers et des changes a affecté les modalités de la régulation publique. Ici encore, les mêmes questions se posent quant au poids relatif qu'il convient de conférer à l'économique ou au politique. Si les États semblent avoir perdu ou délégué une partie de leur souveraineté monétaire au profit d'acteurs privés, il importe cependant d'évaluer plus précisément les activités qu'ils parviennent à déployer, tout au moins les plus puissants d'entre eux, pour réduire l'instabilité ou contrôler les marchés à leur avantage. Ceci vaut également pour l'analyse du commerce international où l'articulation entre l'économique et le politique est occultée dans les représentations communes de la mondialisation qui la réduisent à une expansion du libre-échange, autrement dit du libre mouvement des capitaux, des marchandises et des personnes. Or ce processus est tout autant sinon davantage marqué par des politiques de nationalisme économique, lequel, rappelons-le, constitue une doctrine gouvernementale à double détente soutenant à la fois le libre-échange dans les secteurs compétitifs de l'économie nationale *et* le protectionnisme dans ceux qui pourraient au contraire souffrir de la concurrence étrangère. C'est bien pourquoi les relations commerciales internationales sont ponctuées par des conflits étatiques liés à l'accès aux marchés, les gouvernements ne manquant pas d'imagination pour inventer des obstacles non tarifaires qui se dénombrent par milliers. Enfin, les relations internationales manifestent un profond clivage socio-économique entre les pays à revenu élevé et les pays dits en développement que l'on a regroupés naguère sous la dénomination de « tiers-monde » mais auxquels on préfère, aujourd'hui, se référer par l'emploi du terme géographique imprécis de « Sud ». Quel est le rôle des acteurs politiques et économiques dans la structuration des rapports Nord-Sud ?

Comment tous ces phénomènes économiques ont-ils été appréhendés dans la théorie des relations internationales ? Il convient ici de distinguer les éclairages apportés par le réalisme, par le paradigme de l'interdépendance, par l'économie politique internationale, et par les études d'inspiration marxiste. Nous conclurons ce chapitre par une analyse des changements de structure induits par la fin de la guerre froide et par la mondialisation, ainsi que leurs effets sur la souveraineté étatique.

2. L'analyse réaliste

Les réalistes classiques, singulièrement Hans Morgenthau, n'ont pas complètement négligé les facteurs économiques, mais ils les ont subordonnés au politique. De leur point de vue, les ressources économiques devaient être prises en compte en tant qu'elles constituent un attribut important de la puissance. À l'exception notable de Carr, qui ne cachait pas son antipathie à l'égard de la doctrine d'Adam Smith – dans la mesure où celle-ci occultait, selon lui, la réalité des conflits pour l'appropriation des ressources rares –, la plupart des réalistes classiques ont adhéré à un cadre *normatif* d'inspiration pour l'essentiel libérale s'agissant de leur représentation du système économique ; mais leur cadre *analytique* n'en reprenait pas moins plusieurs arguments mercantilistes, notamment leur conception de l'économique comme nerf de la guerre ou du commerce international comme un jeu souvent à somme nulle.

Pareilles tensions seront affinées par Robert Gilpin dans son ouvrage *War and Change in World Politics* (1981) qui intègre les facteurs économiques dans une analyse réaliste des relations interétatiques. Le système international y est représenté comme un ensemble d'États qui tentent de maximiser leur pouvoir au moindre coût économique possible. Le système demeure stable tant qu'aucun État prépondérant n'estime profitable de le changer ; si toutefois un ou plusieurs États escomptent que les bénéfices découlant d'une politique d'expansion territoriale ou de conquête économique pourraient s'avérer supérieurs aux coûts engendrés par l'opération, le système risque de devenir instable. Dans cette analyse combinant les approches de la microéconomie et de la politique internationale, les facteurs de changement ne sont donc pas seulement militaires, mais aussi économiques et technologiques. Ils proviennent pour une part du développement socio-économique inégal des États qui lui-même découle d'une tendance aux rendements décroissants. Depuis deux cents ans, constate Gilpin, la stabilité du système économique a été assurée par une puissance libérale, la Grande-Bretagne au XIXe siècle et les États-Unis au XXe siècle. Or le pouvoir économique de l'État hégémonique a eu tendance, au fur et à mesure de son expansion, à se diffuser aux autres États. Il apparaît donc que les coûts engendrés par le maintien du système augmentent progressivement pour la puissance hégémonique en même temps que ses bénéfices diminuent. À terme, le leader court le risque de perdre une partie de son pouvoir que l'auteur définit comme la capacité d'un acteur d'imposer sa volonté face à l'opposition d'autres acteurs ; il peut aussi perdre une partie de son prestige, soit sa capacité d'obtenir le consentement des autres nations sans recourir à des mesures coercitives. Gilpin en tire pour conclusion que dans la mesure où l'État prépondérant n'est pas capable de réaligner ses engagements et ses ressources, une « guerre hégémonique » peut s'ensuivre. Celle-ci prendra la forme d'une guerre totale qui aura pour enjeu l'instauration d'un nouvel ordre économique mondial correspondant aux intérêts de la puissance victorieuse.

Gilpin élargira son champ d'analyse dans un ouvrage ultérieur, *The Political Economy of International Relations* (1987), dont il fournira une nouvelle édition révisée en 2001 sous le titre de *Global Political Economy*. Son objectif consiste désormais à étudier « l'impact du marché mondial sur les relations interétatiques et les moyens par lesquels les États tentent d'influencer les forces du marché à leur avantage » (p. 24). À cet effet, il accorde une large place à l'analyse des relations monétaires, financières et commerciales, ainsi qu'à l'expansion des entreprises transnationales et aux politiques de développement. Sa problématique, dans la première édition de l'ouvrage, consiste à évaluer la théorie de la stabilité hégémonique sur laquelle nous reviendrons dans la partie suivante. Il suffit de préciser ici que cette théorie se fonde sur une proposition centrale : pour être stable, l'ordre économique mondial doit être ouvert aux échanges, ce qui nécessite l'activisme d'une seule grande puissance, ou *hégémon*, capable de se porter garante des règles du jeu ; celles-ci ont pour finalité d'empêcher que des États puissent améliorer leur situation économique en détériorant celle des autres.

Gilpin s'attache à démontrer que les États-Unis ont assumé cette fonction durant la période des Trente Glorieuses. Cependant, les déficits commerciaux américains enregistrés au cours des années 1960, dont les causes peuvent notamment être attribuées à leur engagement dans la guerre du Vietnam et à la montée en puissance du Japon et de l'Allemagne, ont graduellement provoqué une perte de confiance dans le système monétaire international issu des accords de Bretton Woods. Ce système se fondait sur un régime de changes fixes, les monnaies nationales étant définies par rapport à l'or ou au dollar reconnu comme la seule monnaie librement convertible en or à un taux officiel. Au vu du déséquilibre croissant entre les réserves d'or des États-Unis et la quantité de billets verts (dénommés *eurodollars*) circulant hors du territoire américain, le gouvernement Nixon décide unilatéralement de supprimer la convertibilité-or en 1971, abolissant par ce geste le système de Bretton Woods. Il s'ensuivra une ère d'instabilité monétaire au cours de laquelle le dollar connaîtra de grandes fluctuations, tout en restant la monnaie de référence pour la facturation des échanges, pour l'émission des emprunts et pour les réserves de change. D'abord déprécié – l'objectif étant de rééquilibrer la balance des paiements américaine en stimulant les secteurs d'exportation –, il sera fortement revalorisé dès l'arrivée de Paul Volcker à la tête de la Banque centrale américaine en 1979. Ce dernier donne en effet la priorité à la lutte contre l'inflation. Il contracte l'offre de crédit, ce qui fait passer le taux de base bancaire moyen aux États-Unis de 6,8 % en 1977 à 18,9 % en 1981. L'administration Reagan (1981-1988) cautionnera cette politi-

que monétariste qui lui permet de poursuivre simultanément son programme de réduction des impôts et d'augmentation des dépenses
militaires. L'élévation des taux d'intérêt va en effet encourager les placements de capitaux étrangers aux États-Unis, facilités de surcroît par
la poursuite de mesures de libéralisation financière : ces flux compen-
seront largement la hausse du crédit bancaire, puisque les émissions de
titres auront tôt fait de constituer la principale source de financement
des entreprises – mais aussi du gouvernement américain qui couvrira
ses déficits par des émissions massives de bons du Trésor.

Ces évolutions auront des conséquences considérables sur les relations économiques internationales. Elles induiront une montée en puissance des marchés monétaires et financiers, comme en témoigne le
développement spectaculaire de l'encours des titres à l'échelle mondiale. Le pouvoir s'en trouvera redistribué entre les États et les marchés – phénomène dont Gilpin ne rend pas suffisamment compte. Elles
auront également des incidences sur la compétitivité des entreprises
américaines. Affaiblies par la surévaluation du dollar, celles-ci seront
amenées à poursuivre la délocalisation de leurs activités, contribuant
ainsi à la désindustrialisation relative des États-Unis et à une répartition des facteurs de production parmi les pays « suiveurs ». Elles
s'avéreront désastreuses pour certains pays du Sud qui, au cours des
années 1970, avaient emprunté à taux variable auprès des banques américaines. Les taux d'intérêt sur ces prêts passant de 7,9 % en 1977 à 12,3 %
en 1982, certains pays seront acculés au surendettement, c'est-à-dire à la
nécessité d'emprunter – à des conditions toujours plus dures – pour
honorer le service de leur dette extérieure. En 1982, le Mexique devra
faire défaut, ouvrant ainsi l'ère de la crise de la dette (Raffinot, 1993).

Gilpin en conclut que ces évolutions manifestent une érosion de
l'hégémonie américaine. Il ne voit guère d'autre possibilité de stabiliser l'ordre économique mondial que de basculer dans un système qu'il
qualifie de « mercantilisme bénin » (1987, p. 408). Le nationalisme
économique, le régionalisme et le protectionnisme sectoriel en constitueraient les principales dynamiques, mais les grandes puissances
s'emploieraient à atténuer de concert leurs effets potentiellement
conflictuels.

L'analyse de Gilpin reste donc ancrée dans la mouvance réaliste tout en
reconnaissant l'importance des facteurs économiques et des comportements hégémoniques. C'est à ce titre qu'on a qualifié sa démarche de *néoréaliste*. Son étude de la libéralisation de l'économie mondiale sous
l'égide d'un *hégémon* reprend l'argument listien selon lequel l'objectif
visé par ce dernier réside d'abord dans la conservation de sa suprématie
économique et politique ; mais il atténue cette proposition en développant

l'hypothèse de la loi des rendements décroissants qui suppose que la libéralisation, tout en servant les intérêts de la puissance prépondé-rante, permet progressivement à d'autres États de gagner en pouvoir. Ce postulat du rôle stabilisateur de la puissance hégémonique sera contesté par de nombreux auteurs comme nous le verrons dans la suite. Ils souligneront la conduite souvent déstabilisatrice ou « prédatrice » des États-Unis que Gilpin ne reconnaît qu'au détour d'arguments qui auraient mérité d'être développés (1987, pp. 345 et 365). Ils mettront également en doute l'association de l'État à un acteur rationnel dont les agissements relèvent d'un calcul coût-bénéfice, dans la mesure où cet *a priori* méthodologique occulte les comportements où le gain visé paraît dérisoire au regard des coûts collectifs impliqués. Enfin, ils insisteront bien davantage sur l'autorité dévolue aux marchés dans la détermination de la politique économique internationale.

3. Les théories de l'interdépendance et du transnationalisme

En 1977, Robert Keohane et Joseph Nye font paraître un ouvrage, *Power and Interdependance*, annonçant le déclin progressif du rôle de l'État, acteur unitaire, sur la scène internationale. Ils proposent les concepts de « politique transnationale » ou d'« interdépendance complexe » pour qualifier cette évolution. Leur modèle de l'interdépendance com-plexe s'applique à l'analyse de phénomènes internationaux satisfaisant trois hypothèses de départ : une multiplicité d'acteurs autres que les États jouent un rôle important, notamment les entreprises transnationa-les, mais aussi les institutions internationales, les ONG et les groupes de pression ; la détermination de l'« intérêt national » s'avère problé-matique, car au sein même des États, l'orientation de la politique étran-gère fait manifestement l'objet de conflits en raison de la présence simultanée de groupes dont les intérêts divergent sur la question ; la force militaire ne paraît pas constituer un instrument efficace en l'espèce. Les faits internationaux qui peuvent être éclairés par ce modèle sont nombreux, à commencer par les phénomènes économi-ques. L'ouvrage, en effet, paraît à une époque où les rapports toujours plus étroits entre les économies nationales s'imposent avec une évi-dence telle qu'il n'est guère besoin de preuve pour en reconnaître la réalité. Il va inspirer des études qui s'orienteront dans deux directions : l'analyse des régimes – ou accords internationaux régulant les relations d'interdépendance politiques, économiques, sociales et écologiques – sur laquelle nous reviendrons dans la partie suivante ; l'analyse transnationale d'inspiration libérale qui porte principalement sur les processus de coopération socio-économique.

Cette deuxième orientation connaîtra un certain succès dès les années 1980 dans le monde anglo-saxon. Elle tend à déplacer le centre de gravité de l'étude des relations internationales vers les acteurs non étatiques, vers les innombrables réseaux transnationaux et rapports de convergence entre les sociétés nationales. Cette approche est représentée notamment par James Rosenau dans *Turbulence in World Politics* (1990). La notion de turbulence empruntée à la météorologie vise à souligner d'emblée les mouvements désordonnés suscités par la juxtaposition de deux « mondes », l'interétatique avec ses logiques compétitives propres, et le « multicentrique » où prolifèrent des acteurs « hors souveraineté » dont les flux remettent en cause la conception traditionnelle de la politique internationale centrée sur la problématique de l'anarchie. L'auteur cherche à rendre compte des bouleversements de l'ordre mondial induits par cette dialectique en analysant trois « paramètres » imbriqués que constituent l'individuel, le structurel et le relationnel. Il allègue que le paramètre individuel aurait connu des changements importants, soutenus par les technologies de la communication, et se manifestant par une érosion des sentiments de loyauté à l'égard des collectivités traditionnelles, notamment l'État, une moindre soumission aux autorités, un accroissement de l'intérêt et de l'investissement émotif pour des questions relevant de la politique internationale. Le paramètre structurel aurait quant à lui été affecté par l'émergence d'une multitude d'acteurs transnationaux et par l'érosion concomitante des compétences effectives des gouvernements dans de nombreux domaines consacrés. Enfin, le paramètre relationnel aurait subi des transformations fondamentales se traduisant par une réorientation des allégeances vers des groupes plus restreints que les États.

On peut reprocher à cet ouvrage de tomber dans les chausse-trappes du libéralisme classique en adhérant à une conception irénique de la politique, qui délaisse l'analyse des rapports de pouvoir et d'hégémonie, aussi bien que des mécanismes de domination économiques et politiques à l'origine de l'avancée de l'espace transnational. Cette perspective tend à confondre dans un même plan tous les acteurs de la scène internationale, individus y compris, sans faire la distinction entre les buts qu'ils poursuivent et les capacités qu'ils peuvent mobiliser. Au demeurant, les représentations de l'individu fournies par Rosenau peuvent valoir éventuellement pour la Californie, mais certainement pas pour la grande majorité de l'humanité. On peut aussi lui objecter que les phénomènes transnationaux de nature non-gouvernementale restent sous l'emprise des États et sont influencés par les activités des grandes puissances. Les flux d'échanges de biens et de services, les mouvements de capitaux, les développements scientifiques et techniques, toutes les caractéristiques des évolutions matérielles liées à la mondialisation procèdent en effet de choix politiques déterminés, soutenus ou acceptés par les États, et par les grandes puissances en particulier. Il convient en outre de rappeler que les États ne constituent pas des instances abstraites, échappant aux oppositions entre groupes socio-économiques, à l'hétérogénéité des valeurs, aux disputes sur l'accès aux ressources. Le pouvoir en leur sein est souvent monopolisé par des élites dirigeantes défendant les avantages de classes sociales ou de groupes privilégiés. L'étude de la politique internationale doit donc aussi passer par une analyse sociologique des forces sociales influençant les rapports entre États ou entre collectivités nationales.

4. L'économie politique internationale

L'émergence d'une sous-discipline – l'économie politique internationale – doit beaucoup aux travaux pionniers de la Britannique Susan Strange. Dès les années 1970, elle fait paraître une série d'articles invoquant la nécessité d'une reconceptualisation du pouvoir international qui tienne compte de l'influence grandissante des acteurs économiques et financiers et son effet sur la souveraineté étatique et la régulation intergouvernementale. En 1988, elle publie *States and Markets*, un ouvrage qui fera date. Elle y défend une conception structurelle du pouvoir qu'elle définit comme la capacité d'un acteur de façonner l'environnement dans lequel d'autres acteurs sont contraints d'agir. Ce pouvoir s'exerce dans quatre structures imbriquées du système international que constituent la sécurité, la production, la finance et le savoir. Si l'on accepte cette hypothèse, il en découle plusieurs conséquences importantes pour l'analyse des relations internationales. En premier lieu, la puissance des États doit être évaluée moins en fonction de leurs capacités militaires, comme le propose l'analyse réaliste classique, et davantage suivant la position relative qu'ils occupent dans ces diverses structures. Ensuite, il y a lieu de constater que des acteurs non étatiques sont également actifs dans ces structures jusqu'à y occuper une place prépondérante. C'est le cas en particulier des trois domaines autres que celui de la sécurité où des agents privés ont accumulé un pouvoir tel qu'ils restreignent sensiblement la marge de manœuvre des États, notamment en matière de régulation sociale, monétaire ou fiscale. Troisièmement, il convient de tenir compte du fait que ces structures influent les unes sur les autres, ce qui complique l'analyse de la politique extérieure des États. Enfin, même la structure de la sécurité n'apparaît plus être du seul ressort des États, dans la mesure où ceux-ci doivent faire face au crime organisé.

Ainsi, cette analyse souligne que la transnationalisation de l'économie, sous l'effet de l'intégration des marchés financiers, des développements technologiques en matière de communication et de traitement de l'information, a altéré les objectifs traditionnels de la politique étrangère des États. Dans cette perspective, le champ des conflits internationaux ne concerne plus seulement l'expansion territoriale comme à l'époque impérialiste, ou la propagation idéologique comme au temps de la guerre froide ; il porte bien davantage sur le partage des ressources matérielles qui donnent aux gouvernements les moyens de soutenir l'essor économique et la cohésion sociale de leur pays. C'est la raison pour laquelle ils doivent constamment agir de concert et négocier avec les firmes transnationales dont les investissements leur sont indispensables. À ce titre, ces entreprises doivent être appréhendées comme des acteurs à part entière de la politique internationale.

L'analyse de Strange rejette la thèse du déclin de l'hégémonie américaine. Elle montre, en effet, que les États-Unis dominent la structure de sécurité, disposant ainsi d'un pouvoir de maintenir ou d'altérer l'ordre international. Ils contrôlent également la structure financière, ce qui leur confère la capacité d'infléchir la nature et l'orientation des flux de capitaux. Ils exercent une influence décisive sur la structure de production. Ils maîtrisent enfin la structure du savoir, puisque les principales avancées en matière scientifique et technique, aussi bien que les idées et les croyances dominantes, procèdent de leurs institutions de recherche et de formation, ou de leurs réseaux d'information et de communication médiatiques. Strange en conclut que le désordre économique international doit être imputé aux *abus* dont ont fait preuve les administrations américaines dans l'exercice de leur pouvoir hégémonique, lorsqu'elles ont recherché des gains unilatéraux sans se soucier des effets négatifs que leur politique pouvait engendrer à l'extérieur de leur propre juridiction.

La grande préoccupation de Strange concerne cependant la perte de pouvoir des États au profit des marchés, singulièrement monétaires et financiers, et leurs acteurs privés que constituent les banques multinationales et les investisseurs institutionnels. Elle consacre plusieurs ouvrages à l'analyse de ce phénomène, dont ses deux dernières monographies, *The Retreat of the State* (1996) et *Mad Money* (1998). Elle y examine les décisions et les non-décisions prises par les États qui ont rendu possible la montée en puissance de ces marchés, dont on notera les plus évidentes : suppression de l'encadrement du crédit, levée du contrôle des changes, libéralisation des opérations financières internationales, assouplissement de la réglementation des institutions financières. S'il subsiste des sphères où les États exercent encore leur autorité, ou la partagent tout au moins avec les acteurs privés – ainsi, les règles prudentielles qui ont été édictées dans le cadre de processus dits de reréglementation pour inciter les banques à se protéger contre les risques de crédit –, un certain nombre d'activités leur échappent en grande partie, comme les marchés de produits dérivés, ou, plus sérieusement, la finance illicite. Sachant que les institutions de crédit ont pour vocation de prendre des risques, et que ceux-ci peuvent avoir des effets systémiques, c'est-à-dire provoquer une crise généralisée du système, Strange estime que c'est pure folie – d'où le titre de son dernier ouvrage – que de permettre aux marchés financiers de se soustraire au contrôle de l'État et des institutions internationales. Or la tendance générale dans les pays industrialisés à économie de marché consiste plutôt à s'accommoder aux impératifs du marché. De là, leur ralliement à une politique macroéconomique ciblant la lutte contre l'inflation : dès lors que les États riches sont eux-mêmes les principaux émetteurs de titres sur les marchés financiers et que leurs entreprises y font également appel pour leurs besoins de financement, les pouvoirs publics cherchent avant tout à renforcer leur crédibilité en donnant des signaux clairs qu'ils ne vont pas recourir à l'artifice de l'inflation pour dévaloriser leur dette. De là aussi, l'octroi du statut d'indépendance aux banques centrales. De là enfin, l'émergence des « États compétitifs » qui se concurrencent à coups de déréglementation pour attirer les capitaux étrangers (Cerny, 1990). Ces pratiques se fondent sur le postulat selon lequel la finance internationale aurait pour fonction de « transférer le capital accumulé vers l'emplacement où son rendement marginal est le plus élevé et où il peut être employé de la façon la plus efficace » (Gilpin, 1987, p. 306). Pareille posture refuse de reconnaître que les anticipations des agents économiques ne sauraient jamais être parfaitement rationnelles par défaut d'information, et qu'elles peuvent au demeurant s'avérer irrationnelles, dès lors qu'elles sont motivées par les deux sentiments de la cupidité et de la crainte, comme nous le rappelle fort justement Strange (1998, p. 139). Ainsi, les capitaux courts peuvent entrer aussi vite et massivement dans un pays qu'ils peuvent en sortir, entraînant une valorisation ou une dévalorisation des actifs qui ne reflètent en aucune façon les « fondamentaux » de l'économie. En comptant sur les marchés des capitaux pour financer, dans une proportion croissante, l'activité économique et les déficits publics, les États industrialisés ont accepté de se placer sous la dépendance de créanciers privés dont une part importante est composée de non-résidents. La conséquence en est qu'ils doivent, dans la conduite de leur politique macroéconomique, se soucier bien davantage de la stabilité des prix plutôt que de l'emploi, et de la rémunération du capital plutôt que du travail.

La problématisation par Strange des rapports entre le politique et l'économique s'avère éclectique et foisonnante – à l'excès au dire de certains. Ses analyses du pouvoir structurel et de la diffusion de l'autorité dans les relations internationales vont susciter un intérêt croissant dans le monde anglo-saxon. Ces travaux soulignent le rôle des marchés dans les rapports de puissance structurant la scène internationale, mais ils insistent sur les fondements politiques et l'importance des dispositifs institutionnels favorisant l'expansion des acteurs économiques. L'État crée l'ordre nécessaire au fonctionnement de l'économie ; réciproquement, les marchés confèrent une bonne part des ressources dont les États ont besoin pour s'affirmer sur la scène internationale et y promouvoir leurs intérêts politiques. Suivant cette démarche dialectique, l'économique ne doit pas être appréhendé comme une sphère isolée de son environnement sociopolitique ou de tout contexte institutionnel. Ses lois de fonctionnement ne sont pas universelles, puisque les sociétés peuvent instaurer des modalités très diverses pour gérer les rapports de production et d'échange, ou pour faire face à la rareté des ressources. Les marchés constituent des institutions sociales produites d'histoires spécifiques. La sphère de l'économie capitaliste comprend avant tout de grandes entreprises transnationales, des puissantes banques d'affaires, mais aussi des forces syndicales et des associations de consommateurs, acteurs qui, à des titres et des degrés divers, font pression sur les gouvernements pour qu'ils défendent leurs intérêts au niveau national et dans le cadre des négociations multilatérales, par exemple celles qui ont lieu sous l'égide de l'OMC. Elle est en conséquence marquée par la politique des gouvernements, en particulier ceux des grandes puissances. Les institutions, comme nous le verrons dans la partie suivante, jouent à cet égard un rôle décisif. En effet, le comportement des acteurs économiques dépend des règles et des pratiques régissant le commerce international ainsi que les flux monétaires et financiers. Celles-ci sont édifiées au sein des États et dans le cadre de la politique internationale, à savoir dans un environnement complexe où les acteurs s'affrontent au nom de conceptions sociopolitiques, idéologiques et culturelles divergentes pour la défense d'intérêts également hétérogènes.

5. Les analyses néomarxistes, structuralistes et de la dépendance

Contrairement aux conceptions réalistes, les études d'inspiration marxiste invoquent le primat de l'économique et du social sur le politique dans leurs analyses des relations internationales. Ces travaux ont privilégié les relations Nord-Sud pour deux raisons principales : d'abord, ces relations résultent historiquement de politiques impérialistes où le capitalisme commercial, financier et industriel a joué un rôle indéniable ; ensuite, elles se traduisent par de grandes disparités socio-économiques qui ont perduré jusqu'à ce jour et que les perspectives marxistes s'attachent par vocation à interpréter comme une conséquence de l'exploitation du capital soutenue par des autorités politiques, au Nord comme au Sud, qui lui sont organiquement liées.

5.1. L'analyse néomarxiste

L'analyse marxiste des relations internationales connaît un renouvellement au début des années 1970 avec les études de Paul Baran et Paul Sweezy, en particulier *Le Capitalisme monopoliste* (1970). L'ouvrage, qui illustre une approche qu'on peut qualifier d'américano-marxiste, s'emploie à démontrer quatre thèses principales. En premier lieu, le capitalisme américain serait de nature oligopolistique, autrement dit il se caractériserait par la domination de grandes firmes contrôlant à elles seules une part importante de la production et des marchés. Ensuite, le prix fixé par le vendeur en situation d'oligopole étant généralement supérieur au coût marginal, il en résulte que la politique de profit maximum poursuivie par les entreprises a permis un accroissement important du « surplus économique » défini par les auteurs comme la différence entre la production totale et les coûts de production. Troisième proposition : faute de demande effective – le capital s'opposant à une hausse des investissements ou des salaires pour relancer la demande –, ce surplus ne parvient pas à être entièrement absorbé, et contribue ainsi à un sous-emploi chronique. Toutefois – et c'est la thèse principale des auteurs –, la crise de suraccumulation du capital est partiellement atténuée aux États-Unis, c'est-à-dire contenue dans les limites de la stagnation, par une politique publique de dépenses militaires au moyen de laquelle le gouvernement soutient les secteurs de l'industrie de l'armement réalisant des taux de profit élevés. Pareille politique nécessite cependant de créer une atmosphère de crise internationale justifiant l'accroissement du militarisme. La guerre froide, la course aux armements qu'elle a engendrée constituent, pour Baran et

Sweezy, une manifestation de cette stratégie impérialiste. D'autre part, la quête de matières premières dans le « tiers-monde » a également servi à absorber une partie du surplus. C'est ce qui explique pourquoi les États-Unis ont dû s'assurer le contrôle des régions disposant de ces ressources et y maintenir des sphères d'influence. L'exportation d'une partie du surplus n'engendre cependant pas une amélioration de la situation économique et sociale de ces pays. En effet, les investissements étrangers se dirigent en priorité vers des enclaves spécialisées ou vers des secteurs à faible productivité marqués par l'existence d'une force de travail excédentaire, peu qualifiée et sous-payée, ceci avec l'aval des élites locales qui n'ont pas intérêt à encourager l'émergence de travailleurs spécialisés ou d'intellectuels susceptibles d'articuler leur mécontentement et d'organiser des rébellions.

L'américano-marxisme a connu ses heures de gloire durant la guerre du Vietnam, dans un contexte marqué par la contestation dans les campus universitaires, par l'essor de la contre-culture, par des émeutes raciales. Il a fourni une explication simple du caractère néfaste du capitalisme américain, pris en otage par de grands groupes responsables non seulement de l'exploitation des masses, mais aussi du militarisme et du gaspillage. Il reste que l'analyse empirique et sociologique avancée pour étayer les principales propositions reste sommaire, et la thèse d'une tendance à la stagnation n'a pas été historiquement confirmée.

5.2. Un processus d'exploitation séculaire

La plupart des études d'inspiration marxiste, à commencer par celles ayant pour objet le sous-développement, s'appuient sur une démarche historique. Comme l'a relevé Fernand Braudel, la raison vient de ce que l'historien, qui travaille sur le temps révolu, a le privilège de pouvoir discerner, parmi les forces en jeu, celles qui l'emporteront pour former des configurations majeures. Dans *Le Développement du sous-développement : l'Amérique latine* (1970), André Gunder Frank s'emploie à souligner que l'exploitation de l'Amérique latine résulte d'un long processus débutant avec les conquêtes espagnole et portugaise. Les relations commerciales avec les métropoles ont toujours été inégales, déterminées par les besoins des bourgeoisies du centre. Il entend démontrer que les régions aujourd'hui les plus pauvres furent riches avant d'être exploitées par les métropoles coloniales qui leur ont extrait systématiquement leur surplus économique. Sa thèse se résume dans une formule célèbre : « Le développement économique et le sous-développement constituent les faces opposées d'une même pièce. » Autrement dit, le sous-développement des régions périphériques résulte directement du processus historique d'expansion du capital : les métro-poles, en se développant, ont « sous-développé » leurs satellites. L'analyse de Frank sera critiquée pour son mécanicisme réducteur. On peut en effet lui opposer les trajectoires des pays émergents d'Asie du Sud- et du Nord-Est qui, à défaut d'être parvenus à rompre tout lien de dépendance avec le Nord, méritent à tout le moins une réflexion plus sophistiquée. D'autre part, certains intellectuels de gauche lui reprocheront de rompre fondamentalement avec le matérialisme histo-rique de Marx pour qui l'édification du socialisme doit passer par le développement du capitalisme. Rappelons que dans son *Introduction générale à la critique de l'économie politique* (1857), Marx affirmait que « jamais des rapports supérieurs de production ne se mettent en place, avant que les conditions matérielles de leur existence ne soient écloses dans le sein même de la vieille société ». On retrouve le même point de vue dans un article publié en 1853 sur les conséquences de la domination britannique dans les Indes. S'il commençait par évoquer la brutalité avec laquelle l'envahisseur avait « jeté bas toutes les fonda-tions de la société indienne », il n'en concluait pas moins que l'exploi-tation coloniale constituait une œuvre salutaire dans la mesure où elle avait détruit le « despotisme oriental » et créé les conditions d'« une révolution fondamentale dans l'état social de l'Asie » dont dépendait l'avènement du socialisme.

Immanuel Wallerstein dans *Le Système du monde du XVIᵉ siècle à nos jours* (1980-1985) s'est efforcé de prolonger les travaux de Braudel sur l'espace économique méditerranéen en s'engageant dans une histoire du « système-monde ». Celui-ci a pour cadre spatial l'espace mondial, pour bornes temporelles la longue durée, et pour objet d'analyse le système de relations socio-économiques et politiques instituant une division interna-tionale du travail en l'absence d'une autorité supranationale. Selon cet auteur, le trait caractéristique de la société internationale s'exprime dans l'existence d'une économie capitaliste qui s'est progressivement étendue à l'échelle planétaire, mais dont l'histoire remonte au XVIᵉ siècle, lorsqu'à la faveur de certaines conditions sociales, géographiques, cli-matiques et démographiques, un surplus économique et manufacturier fut généré en Europe dont l'absorption nécessitait de recourir au com-merce au long cours. La fragmentation du monde en États constitue un phénomène certes important, mais qui ne peut être étudié sans l'articuler au système global de production, de consommation et d'échange. Celui-ci constitue un ensemble étroitement interdépendant, marqué par les contradictions dialectiques entre la richesse des pays capitalistes avancés qui en forment le « centre » et l'arriération économique de la « périphérie » et de la « semi-périphérie ». L'inégalité entre États tient à la position qu'ils occupent et au rôle spécifique qu'ils assument dans la division internationale du travail. Elle est inhérente au système, dès lors que sa dynamique consiste en l'appropriation du surplus. Le système, toutefois, connaît des cycles d'expansion et de régression. Wallerstein voit la reproduction de ces mouvements dans l'hégémonie de certains États, domination qui correspond à une grande concentration de monopoles économiques, mais qui est généralement suivie par une phase de déclin, où les tendances à la concentration se diffusent, et où renaît la compétition entre les pays formant le centre. S'agissant cependant des relations entre le centre et la périphérie, le système tend à les perpétuer. En l'absence d'une autorité supranationale, il paraît difficile d'imaginer que les forces du marché à elles seules puissent contrebalancer la division internationale du travail caractérisée par des dotations fortement inégales en capital et savoir-faire technique.

Dans ces analyses historiques d'obédience marxiste, les instruments de l'exploitation capitaliste sont divers, mais convergents. Parmi ceux-ci figure l'échange inégal qui, résultant de la division internationale du travail, condamne les pays de la « périphérie » à l'exportation de matières premières ou de produits semi-finis impliquant un faible degré de transformation contre des biens manufacturés à forte valeur ajoutée. Cette situation constitue un héritage de la domination coloniale, car les métropoles ont favorisé dans leur empire la monoculture ou l'extraction minière et entravé la diversification de la production.

On a reproché au projet de Wallerstein son immense ambition qui implique forcément un réductionnisme important consistant en l'espèce à rapporter les relations internationales aux seules dynamiques de l'échange, de la spécialisation et de l'extraction du surplus économique. De même qu'on a souvent imputé aux réalistes l'erreur méthodologique consistant à hypostasier l'État, de même peut-on émettre un jugement similaire sur la notion de « système monde » au regard duquel les États ne présentent guère d'autre intérêt que la position relative qu'ils y occupent. Si le tableau qui en résulte offre une interprétation éclairante, mais pour l'essentiel techno-économique, des conditions d'émergence et d'expansion du capital, il occulte pour une large part l'analyse des rapports sociaux de production au sein même des États, et les modalités spécifiques d'articulation de l'économique au politique dont il importe, si l'on veut éviter l'économicisme, d'évaluer l'autonomie relative au même titre que celle des divers régimes de régulation économique internationale.

5.3. L'analyse structuraliste du sous-développement

L'analyse structuraliste s'oppose aux conceptions classiques du sous-développement dont il convient, pour commencer, de présenter les principales thèses. Les premiers théoriciens du développement sont pour la plupart des économistes influencés par les idées de Keynes. Ils appréhendent le sous-développement comme un retard économique et culturel, inhérent aux sociétés « arriérées », qu'il faut combler en suivant la voie historique balisée par les pays industrialisés. Dans cette perspective, la pauvreté entretient un « cercle vicieux » : le faible niveau d'épargne intérieur entrave les investissements productifs, alors même que le taux de croissance démographique élevé alimente un excédent de main-d'œuvre dont la résultante est de contenir les salaires et la consommation aux niveaux de subsistance. Pour briser ce cercle vicieux, et réaliser les conditions censées favoriser une « croissance auto-entretenue », il est recommandé aux gouvernements d'ériger des infrastructures encourageant les investissements privés, d'améliorer la productivité de l'agriculture, de stimuler le processus d'industrialisation, d'édifier un secteur tertiaire, de créer des pôles de développement dont on escompte des effets d'entraînement sur les autres secteurs de l'économie. Au sein des organisations internationales, on admet cependant que les ressorts de l'économie de marché, tels que les investissements privés, le commerce, la libre entreprise, ne peuvent suffire à répondre aux besoins des pays dits en développement. L'« aide extérieure », sous forme de coopération technique et de prêts concessionnels, paraît indispensable dans cette phase initiale de la croissance.

Ces conceptions dominantes du développement seront contestées par l'analyse structuraliste promulguée par l'économiste argentin Raoul Prebisch et par le groupe d'intellectuels qu'il réunit dans le cadre de la Commission économique pour l'Amérique latine des Nations unies (CEPAL). Prebisch se situe dans la mouvance de Keynes, tout en reprenant, dans une moindre mesure, certains arguments de l'analyse marxiste et bien davantage encore ceux du nationalisme économique. Avec Hans Singer, il est à l'origine d'une formalisation de l'échange inégal qui met en cause la conception libérale du commerce international et des avantages comparatifs, formulée par Ricardo et raffinée au XXe siècle par le modèle de Hecksher-Ohlin et par Paul Samuelson. Dans l'analyse de Prebisch, la division internationale du travail entre les pays producteurs de matières premières et les pays industrialisés profite essentiellement à ces derniers. La raison vient de ce que les termes de l'échange entre produits primaires et biens manufacturés ne cessent de se dégrader. Cette détérioration induit un transfert de valeurs des pays en développement vers les pays développés, les premiers devant échanger davantage de matières premières pour obtenir des produits industrialisés. Il n'est pas difficile de discerner ici la principale thèse soutenue par List au siècle précédent. Prebisch tou-

tefois s'attache à en apporter la démonstration économique et sociologique. La structure de l'offre des produits industriels se caractérise
par une main-d'œuvre organisée en syndicats notamment qui veillent
à ce que l'amélioration de la productivité profite à l'ensemble des
salariés, exerçant à cet effet une pression permanente sur les salaires –
et donc sur les prix par répercussion. La structure de l'offre des produits agricoles se caractérise au contraire par une main-d'œuvre sura-
bondante et désorganisée qui agit en sens inverse sur les salaires et
par conséquent sur les prix. Cette situation est aggravée par la structure de la demande. Celle des produits alimentaires présente une faible élasticité aux augmentations de prix ou de revenus (le
consommateur au Nord n'achètera pas plus de café ou de sucre parce
que leur prix baisse ou que son salaire augmente) ; à l'inverse, la
demande de biens industriels, quel que soit leur prix relatif, est accé-
lérée dans les pays en développement, non seulement parce que ces
derniers doivent importer des équipements et des produits intermédiaires, mais parce que les modes de consommation des pays industrialisés se répandent, par effet de démonstration, dans l'ensemble du
monde, et que de surcroît la répartition inégale des revenus au Sud
induit des importations de biens de luxe. Ces différences dans la
structure de l'offre et de la demande, à l'origine de la dégradation des
termes de l'échange, expliquent les niveaux inégaux de développement entre le « centre » et la « périphérie ». Les pays de la « périphérie »
ont une très faible autonomie de développement, dans la mesure où
toute l'orientation de leur vie économique et politique est dépendante
de l'étranger.

Dans son fameux rapport *Vers une nouvelle politique commerciale
en vue du développement économique,* rédigé pour la Première Conférence sur le commerce et le développement des Nations unies (CNU-
CED) en 1964, Prebisch, qui a été nommé secrétaire général de cette
nouvelle institution spécialisée dont la fonction sera de véhiculer les
revendications des pays du Sud, recommande une stratégie internationale susceptible de contrer les dynamiques de périphérisation. Elle
repose sur l'instauration d'un système généralisé de préférence déro-
geant aux règles du libre-échange promues par le GATT : les pays
industrialisés sont invités à accorder aux pays en développement des
avantages tarifaires sans réciprocité. Ces derniers se voient encouragés
à poursuivre une stratégie d'industrialisation dite « par substitution des
importations » ayant pour objectif principal de remplacer les importations par une production industrielle, capable d'approvisionner les
marchés nationaux de biens de consommation courante d'abord, puis
durable.

5.4. L'école de la dépendance

Cette explication du sous-développement sera partiellement révisée par un courant de pensée disparate, dénommé « école de la dépendance », ayant pour chefs de file des économistes et des sociologues se situant davantage dans la tradition marxiste. On mentionnera, parmi les nombreuses études publiées, l'ouvrage de Fernando Cardoso et Enzo Faletto, *Dépendance et développement en Amérique latine* (1978), que l'on peut à bon droit considérer comme un classique du genre. L'école de la dépendance doit son émergence à l'insuccès des principales politiques préconisées par l'analyse structuraliste. On constate, en effet, vers le milieu des années 1970, que l'industrialisation par substitution des importations poursuivie par bon nombre de pays latino-américains n'a pas induit une amélioration de leur balance commerciale. On en vient à imputer ce phénomène à une fuite importante des capitaux, les sociétés transnationales qui ont investi dans des activités industrielles rapatriant une part importante de leurs bénéfices, alors même que les élites locales préfèrent placer leurs avoirs dans des banques américaines ou européennes. D'autre part, il apparaît que les revenus réels n'ont pas atteint des niveaux suffisants pour stimuler la demande effective. Ceci, de toute évidence, découle pour une large part de leur répartition fortement inégale, laquelle de surcroît tend à orienter la production industrielle vers des biens de consommation somptuaires satisfaisant les goûts des élites mais n'ayant guère d'effet d'entraînement sur d'autres secteurs. Partant de ce constat d'échec, les auteurs de l'école de la dépendance s'attachent à comprendre le rôle joué par l'expansion du capital, dominée par les États-Unis et leurs alliés, sur la structuration des rapports sociaux inégaux dans les pays en développement, les hiérarchies de pouvoir qui en découlent, les conflits qu'ils provoquent. Dans cette perspective, la polarisation des relations internationales découle non seulement des rapports de force, comme le suggèrent les réalistes, mais avant tout des structures d'interdépendance asymétriques entre les grandes métropoles capitalistes du « centre » et les pays se trouvant à la « périphérie » du système. Cette polarisation est complexe, car il existe dans les pays du Sud des « bourgeoisies *compradores* » qui sont de fait liées aux classes dirigeantes des pays industrialisés du « centre » et qui jouent le rôle de relais de l'impérialisme. L'école de la dépendance souligne à cet égard l'importance des facteurs internes qu'il convient d'articuler, sans les minimiser, aux facteurs externes. Johan Galtung a proposé le schéma suivant pour caractériser la dialectique du processus.

La structure de l'impérialisme

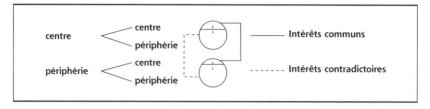

Source : A *Structural Theory of Imperialism,*
Journal of Peace Research, 1971, vol. 8, p. 84.

L'analyse des activités des entreprises transnationales constitue un objet privilégié de l'approche dépendantiste. Avec leurs centres de gestion et de production internationaux, elles sont organisées le plus souvent sous la forme de conglomérats dominant les secteurs de la production industrielle et des services. Elles reçoivent un appui considérable des pays où elles ont leur siège, les États-Unis en particulier, qui les soutiennent notamment par des politiques de dépenses publiques. En pénétrant l'économie des pays de la « périphérie » pour les intégrer au marché capitaliste, elles ruinent les assises d'un développement endogène. Elles contribuent aussi à la diffusion de modes de consommation souvent inadaptés aux conditions de vie de ces pays. Le cas du lait en poudre qui a eu des effets désastreux sur des populations ne disposant pas des conditions sanitaires adéquates pour son emploi est emblématique à cet égard. Leur avancée dans les régions de la périphérie vise à contrôler des sources d'approvisionnement en matières premières, mais aussi à prendre des positions dominantes sur de nouveaux marchés, et à utiliser une main-d'œuvre peu rémunérée. Cette progression a suivi une stratégie cohérente. Elle a commencé au temps de la colonisation par l'exploitation des matières premières. Peu à peu, des entreprises industrielles, pour maintenir leurs avantages de type monopolistique, ont exporté leurs produits vers ces régions dominées en y établissant des points de vente. Elles se sont efforcées ensuite de fabriquer sous licence leurs produits ou certains de leurs éléments. Enfin, par la création de nouvelles filiales, elles se sont employées à prendre le contrôle du producteur local et parfois de ses concurrents les plus directs. Grâce aux moyens financiers dont elles disposent et à leurs ressources techniques, elles sont parvenues à ruiner les entreprises locales concurrentielles qui résistaient à leurs politiques d'acquisition. En dénationalisant ainsi les économies de la « périphérie », elles ont accentué les polarisations sociales et contribué à la paupérisation des couches défavorisées, à l'extension d'un secteur dit « informel » qui échappe à toute protection sociale et qui comprend des activités occasionnelles et mal rémunérées, en partie assumées par des enfants. Elles ne se sont d'ailleurs pas contentées d'étendre l'hégémonie du système capitaliste par des moyens économiques et culturels. Elles n'ont pas hésité à user de leur influence à des fins manifestement politiques. On sait que le gouvernement des États-Unis a engagé la CIA dans des activités subversives en Iran, au Guatemala, au Chili, pour déstabiliser des régimes considérés comme hostiles aux intérêts d'importantes sociétés transnationales. Le rôle de la société International Telephone Company (ITT) dans le renversement d'Allende, président de la République du Chili, et les liens qu'elle a établis à cet effet avec l'administration américaine et la CIA ont été mis à jour au début des années 1970.

5.5. L'audience politique de ces théories

Les théories de l'impérialisme et de la dépendance ont suscité des débats qui ne furent pas cantonnés aux milieux académiques. Elles ont trouvé une certaine audience parmi les sphères dirigeantes de l'Amérique latine, y compris dans les milieux nationalistes de droite. Dès lors que leur contestation des structures du système mondial débouchait sur des modèles de planification nationalistes, elles ont aussi contribué au climat idéologique dont se sont nourries les dictatures du « tiers-monde ». Elles ont eu un grand retentissement aux Nations unies parmi les délégations des pays non-alignés, inspirant la revendication d'un Nouvel Ordre économique international (NOEI) par l'Assemblée générale en 1974. La Déclaration concernant l'instauration de cet ordre souligne que le monde se trouve encore « régi par un système qui remonte à une époque où la plupart des pays en voie de développement n'existaient même pas en tant qu'États indépendants et qui perpétue l'inégalité ». L'accusation de néocolonialisme contenue dans cette circonlocution n'échappera à personne. Le NOEI, lit-on, « corrigera les inégalités », « rectifiera les injustices ». Les technologies politiques préconisées par le programme d'action s'inscrivent clairement dans la mouvance de l'analyse structuraliste, laquelle, nous l'avons relevé, doit beaucoup à la doctrine du nationalisme économique.

5.6. Critiques

Ces théories ont souligné avec pertinence que les modes de production capitalistes et les rapports antagonistes qui en découlent se déploient à l'échelle planétaire. Elles ont mis à jour des relations économiques structurellement asymétriques entre les pays industrialisés et les pays dits en développement ; elles ont approfondi l'analyse non seulement économique, mais aussi sociologique du sous-développement au sein des sociétés périphériques ; elles ont éclairé l'interaction entre les structures nationales et internationales, en soulignant que la dynamique socio-économique de ces sociétés leur échappe en grande partie, dans la mesure où elle dépend de décisions prises par les sphères dirigeantes des grandes puissances industrielles et leurs milieux d'affaires. Leurs apports à cet égard ont mis en exergue l'insuffisance des analyses politiques centrées sur les seuls rapports interétatiques. En fin de compte, elles ont proposé un cadre conceptuel qui a enrichi la compréhension des rapports de domination entre le Nord et le Sud, à telle enseigne que plusieurs auteurs non marxistes vont s'en inspirer partiellement.

On leur a néanmoins reproché leur schématisme, la faiblesse de leur démarche empirique, leur rupture avec la dialectique marxiste soulignant la nature progressiste du développement capitaliste, et pour certains d'entre eux, leur romantisme révolutionnaire qui ne voyait d'autre solution que de « déconnecter » violemment avec le système capitaliste. Loin en effet d'être homogènes, ces théories furent souvent contradictoires ; elles ont baigné dans un militantisme « tiers-mondiste » qui n'a pas favorisé la rigueur de leur démarche. Dans les années 1980, elles ont perdu de leur audience, et les études visant à leur réactualisation sont rares. On peut expliquer ce phénomène par la répression qui s'est abattue en Amérique latine, notamment au Chili et en Argentine, sur les institutions et les chercheurs qui ont inspiré ce courant de pensée. Il découle aussi du discrédit dont a été affecté le marxisme après l'effondrement du bloc soviétique et l'échec économique et politique des dictatures instaurées dans certains États du Sud. Les politiques d'ajustement structurel engagées consécutivement à la crise de la dette par le FMI et la Banque mondiale avec le soutien actif des pays de l'OCDE et de leurs milieux financiers ont été assorties d'un discours vilipendant systématiquement toute politique de développement plus ou moins dirigiste. Dans ce contexte, le modèle des nouveaux pays industrialisés d'Asie, qui ont opté pour des stratégies de développement extraverties dont on a tendance à négliger le rôle fondamental assumé par l'État, a inspiré une remise en cause profonde des projets d'import-substitution promulgués par l'école de la dépendance. En 1994, Fernando Henrique Cardoso, auteur, on l'a vu, d'un des meilleurs ouvrages de cette approche, remporta les élections présidentielles au Brésil. Ce n'est certes par la moindre des ironies qu'il s'employa sans tarder à mettre sur pied un programme économique d'inspiration néolibérale.

Ce changement d'orientation illustre de façon exemplaire l'hégémonie durant cette décennie de la pensée libérale à laquelle se ralliaient, sans difficulté apparente, des intellectuels qui avaient le plus contribué à la critiquer.

Et pourtant de nombreux économistes s'emploient aujourd'hui à remettre en cause les axiomes de l'économie néoclassique dominante en montrant que la libéralisation des échanges, lorsqu'elle n'est pas endiguée par des interventions gouvernementales, aboutit à renforcer l'écart entre les riches et les pauvres, les premiers disposant d'un avantage en capital et en technologie qui ne peut pas être comblé rapidement. Ces clivages sont devenus d'autant plus importants aujourd'hui que les gouvernements des pays riches n'ont pas la volonté politique de mettre en œuvre de nouvelles politiques publiques pour changer ces structures injustes.

6. Changements de structure

Le démantèlement du mur de Berlin en novembre 1989, puis la réunification de l'Allemagne et l'effondrement de l'Empire soviétique ont modifié en profondeur les régimes politiques et les frontières de l'Europe et de l'Asie. Sur le plan socio-économique, ces événements ont eu cependant des répercussions planétaires, dans la mesure où ils ont mis un terme à l'hétérogénéité fondamentale relative aux modes de production, de consommation et d'échange qui avait structuré les relations internationales durant la guerre froide. L'élargissement de l'aire d'implantation du capital productif et financier à l'ancien bloc soviétique et ses satellites n'a fait que renforcer la tendance à l'instauration de l'« État compétitif » évoqué précédemment. Il a en effet induit une vive concurrence entre les acteurs étatiques qui se sont mis à assumer des fonctions rappelant à bien des égards celles des entreprises : maximiser leurs ventes (à savoir leurs exportations), minimiser leurs pertes (soit, leur déficit extérieur), améliorer leurs résultats (en l'occurrence, leur stabilité monétaire et budgétaire). À cet effet, ils se sont efforcés d'offrir un environnement économique susceptible d'attirer, d'une part, les investissements productifs directs, en baissant ou plafonnant le coût de l'embauche et l'impôt sur les sociétés, et, d'autre part, les capitaux courts, en érigeant un cadre institutionnel et législatif leur autorisant à se déployer sans entraves. Ces mutations structurelles ont renforcé un phénomène qui avait commencé bien avant la fin de la guerre froide et que l'on définit par les termes de « mondialisation » – ou de « globalisation » dans une acception plus économique. Elles sont inséparables de grandes innovations scientifiques et techniques, notamment dans les domaines des communications, du traitement informatique des données, et de la robotique. Pareilles innovations ont en effet modifié les rapports au temps et à l'espace, et sont à l'origine d'une imbrication toujours plus prononcée des espaces locaux, régionaux et internationaux, les grandes villes se trouvant désormais branchées sur des réseaux de communication planétaires.

La mondialisation a entraîné une intensification des échanges économiques entre les principaux pôles de croissance que sont l'Amérique du Nord, le Japon, l'Europe occidentale, les nouveaux pays industrialisés d'Asie, parmi lesquels il faut compter la Chine et l'Inde. On ne peut en effet guère dissocier les transformations de l'économie mondiale du développement de grands ensembles économiques. Ainsi, l'Union européenne s'efforce d'approfondir son processus d'intégration et d'élargir son espace d'intégration aux pays de l'Europe orientale, non sans difficulté, toutefois, comme en témoigne le rejet récent, en France et aux Pays-Bas, du projet de Constitution européenne. Les États-Unis ont établi une vaste zone de libre-échange avec le Canada et le Mexique (ALENA) ; le Brésil, l'Argentine, le Paraguay et l'Uruguay ont créé le MERCOSUR, une forme de marché commun du cône sud de l'Amérique latine ; le Japon, en compétition avec les États-Unis, continue d'étendre son influence sur une partie de l'Asie du Pacifique dans le cadre de l'APEC. Il reste à déterminer dans quelle mesure ces processus d'intégration économique ne sont pas le prélude à la création de nouveaux blocs protectionnistes.

Les entreprises transnationales occupent une position centrale dans la dynamique des changements économiques actuels. À ce titre, elles jouent un rôle croissant aussi bien dans la politique intérieure des États que dans l'évolution des relations internationales. Selon les chiffres avancés par le *World Investment Report* de la CNUCED (2005), leur nombre, en 2004, est estimé à 70 000 dans le seul secteur productif, contre à peine 7 000 une trentaine d'années plus tôt. Ces sociétés mères, dont plus de 50 000 sont originaires des pays développés, contrôleraient quelque 690 000 filiales, dont la moitié environ opérerait dans des pays en développement. Le stock global de leurs investissements directs étrangers est estimé à 9 billions de dollars, dont 63 % du stock *entrant* serait concentré dans l'Union européenne, aux États-Unis et au Japon, alors que 72 % du stock sortant proviendrait de ce même groupe de pays.

On peut en conclure que les activités de production et d'échange des firmes transnationales, bien qu'elles s'efforcent de se déployer sur l'ensemble du monde, s'inscrivent pour l'essentiel dans trois ensembles économiques constitués par l'Union européenne, le Japon et les États-Unis. Cette « triade » ne représente que 15 % de la population mondiale, mais elle se trouve à l'origine de la quasi-totalité des innovations technologiques, que la moitié à peine de l'humanité a les moyens d'acquérir. Les marchés des pays qui la composent présentent des structures homogènes en matière de production, de consommation, de formation et de recherche, de main-d'œuvre qualifiée. En dehors de cet ensemble, les investissements directs concernent principalement une dizaine de pays émergents, soit la Chine où se concentre 8 % du stock global (700 milliards de dollars), suivie du Mexique (182 milliards), de Singapour (160 milliards), du Chili (54 milliards), de la Thaïlande (48 milliards), de la Malaisie (46 milliards), de l'Afrique du Sud (46 milliards), de Taïwan (39 milliards), de l'Inde (38 milliards), et de la Turquie (35 milliards). Une chose paraît donc certaine : la mondialisation n'a pas provoqué une diffusion uniforme des capacités de production.

Ces entreprises contrôleraient le tiers environ des avoirs productifs détenus par le secteur privé dans le monde, quelques centaines d'entre elles jouant à cet égard un rôle prépondérant. Elles assumeraient près des trois quarts des échanges mondiaux des biens manufacturés, dont une bonne partie consisterait en un commerce effectué à l'intérieur de leur groupe ou dans le réseau constitué par leurs filiales. Les actifs cumulés de la plus importante d'entre elles, General Electric, sont estimés à près de 650 milliards de dollars, un chiffre qui dépasse de loin le produit national brut de toute l'Afrique subsaharienne (442 milliards). Quant aux sociétés transnationales financières, sept d'entre elles détiennent chacune des actifs supérieurs à 1 billion de dollars (Citigroup, UBS, Allianz Group, Mizuho Financial Group, Crédit Agricole, HSBC Bank, Deutsche Bank). Autrement dit, le montant cumulé de leurs actifs est supérieur au produit national brut de l'ensemble des pays en développement, Chine comprise (7,3 billions). Les autres entreprises financières transnationales qui figurent parmi les 50 premières du monde détiennent quant à elles des actifs variant entre 995 milliards et 327 milliards.

On assiste depuis le milieu des années 1980 à une croissance prodigieuse des fusions-acquisitions d'entreprises. En Europe, la perspective du marché unique a précipité le mouvement. Il concerne souvent les grandes entreprises qui veulent accroître leur taille pour assumer les frais de recherche-développement (R & D) et pour élargir leur base internationale. Racheter une entreprise devient un moyen de s'implanter à l'étranger, d'accéder à des circuits de distribution, d'acquérir de nouvelles techniques ou des droits de propriété intellectuelle. On voit aussi se dessiner des accords interentreprises, par exemple pour développer des technologies communes ou certains produits. Ils sont fréquents dans les secteurs des télécommunications, de l'électronique, de la chimie, parachimie et pharmacie, des banques et de la finance, du pétrole et du gaz naturel, de l'automobile. En 2004, 55 accords de fusions-acquisitions d'une valeur supérieure à 100 millions de dollars ont été conclus dans des pays en développement. Ils concernent principalement des sociétés transnationales américaines (22 fusions-acquisitions), espagnoles (9), britanniques (8), mais aussi des sociétés de pays émergents comme Singapour (9), la Chine et Hong Kong (6), le Brésil (5), le Mexique (4), l'Inde (3) et la Malaisie (2).

7. La fin des souverainetés ?

La mondialisation est volontiers associée à une érosion des régimes de souveraineté étatique. Dans cette perspective, l'expansion des flux d'échanges et de communications transnationaux, la porosité des frontières nationales, les mouvements d'intégration régionale, la multiplication des acteurs non-gouvernementaux, le rôle grandissant des régimes internationaux, ont ébranlé l'emprise des États, d'autant que ces phénomènes ont coïncidé avec la montée de tendances centrifuges et de conflits ethniques en plusieurs pays du monde. Les gouvernements n'ont plus la pleine maîtrise de leurs politiques publiques internes et de leurs orientations diplomatico-stratégiques. Comme nous l'avons relevé, leur capacité à gérer leurs propres économies en se fixant des priorités nationales s'est amenuisée au fur et à mesure que les activités transnationales ont progressé. De nombreux États, à commencer par les plus riches, ont abandonné au cours des dernières décennies une partie non négligeable de leur autonomie en matière monétaire et financière. Pour attirer les investissements étrangers, pour favoriser la compétitivité de leurs entreprises nationales, leurs gouvernements ont suivi des politiques analogues consistant à limiter leur taux d'inflation et à réduire leurs dépenses sociales.

D'une manière générale, la marge de manœuvre des gouvernements apparaît plus limitée que par le passé dans des domaines qui appartenaient, jusqu'il y a peu de temps, à leur sphère de compétence exclusive, tels que la politique monétaire, la fiscalité, la protection sociale, l'éducation et la formation, la science et la technologie. En outre, ils éprouvent des difficultés grandissantes à maîtriser le flux croissant des migrants et des réfugiés. Ainsi, l'environnement économique dans lequel se déploie la souveraineté des États s'est incontestablement modifié. Tel est le constat auquel aboutit le paradigme de l'interdépendance, de même que certains travaux d'économie politique internationale, notamment ceux de Susan Strange. Nous avons vu qu'elle s'emploie à démontrer que les agents économiques privés exercent aujourd'hui une « autorité parallèle » qui l'emporte, dans certains domaines, sur celle traditionnellement dévolue aux États.

L'analyse réaliste objecterait que malgré la montée en puissance des acteurs non-gouvernementaux, la plupart des États ont conservé les attributs essentiels de leur souveraineté, même s'ils délèguent des compétences au marché. Ils continuent de défendre par différents moyens leur agriculture ou les secteurs industriels touchant à des intérêts qu'ils considèrent comme d'importance stratégique, assumant à cet égard des engagements qui, nous l'avons vu, paraissent souvent plus proches des positions mercantilistes que du libre-échange. Après les attentats du 11 septembre 2001, l'administration américaine, suivie en cela par d'autres gouvernements occidentaux, a pris des mesures tendant à soutenir les secteurs les plus menacés de son économie nationale. Les situations de crises ou les décisions relatives aux affaires importantes témoignent aussi de l'existence, en chaque État, d'un pouvoir de décision relativement centralisé, incarné par un président ou un groupe d'hommes limité, détenteurs présumés légitimes de la souveraineté. Dans la sphère de la « haute politique », les gouvernements subordonnent, au demeurant, le respect de leurs engagements internationaux à la défense de ce qu'ils considèrent être leurs propres intérêts politiques. Certes, les incidences de la mondialisation diffèrent beaucoup selon la nature des États et selon les circonstances. Ceux dont l'économie est fragile sont naturellement plus sensibles à ses effets ; ils ont moins de capacité à participer aux processus de décision qui affectent sa gestion et qui conditionnent son orientation. Ainsi, les pays pauvres du Sud ont une faible autonomie économique et politique, mais cette dépendance n'est pas nouvelle, comme nous l'avons vu lorsque nous avons abordé les analyses marxistes.

La souveraineté étatique n'est jamais absolue. L'État qui en abandonne une parcelle la transfère nécessairement à d'autres pouvoirs, par exemple à une grande puissance ou à des instances supranationales auxquelles il participe. En outre, la souveraineté ne doit pas être comprise comme un simple pouvoir de commandement, mais comme une autorité assumant des finalités politiques et sociales. Un gouvernement qui prend des engagements internationaux n'aliène pas sa souveraineté s'il estime que les obligations qu'il contracte lui confèrent également des droits et des avantages.

Que retenir, en définitive, de ces diverses tentatives d'intégrer l'économique dans l'étude des relations internationales ? Pour bien juger de leurs présupposés, on peut répartir les principales écoles de pensée sur deux axes dédoublés, l'un analytique, conférant une position soit centrale, soit secondaire à l'État, et l'autre normatif, marquant une disposition favorable, ou défavorable à l'égard des agents économiques privés. On obtient, par leur croisement, quatre configurations.

La place de l'économique dans les relations internationales : quatre configurations possibles

	Position analytique *centrale* conférée à l'État	Position analytique *secondaire* conférée à l'État
Disposition normative favorable aux agents économiques privés	Réalisme Néoréalisme	Interdépendance Transnationalisme
Disposition normative défavorable aux agents économiques privés	Économie politique internationale	Néomarxisme

Réalisme et néoréalisme, de même que les paradigmes de l'interdépendance et du transnationalisme manifestent une disposition normative favorable aux agents économiques privés, tout au moins s'agissant de leur rôle dans la production des richesses ; mais tandis que les premiers confèrent aux interactions étatiques une place prépondérante dans l'organisation du système économique international, les seconds s'emploient à faire ressortir l'autonomie des acteurs non étatiques, autonomie qu'ils appréhendent d'une manière positive, dans la mesure où les flux transnationaux seraient censés générer des relations d'interdépendance entre les États tout en réduisant leur autorité tenue en suspicion par ce courant de pensée proche du libéralisme. Les analyses néomarxistes et d'économie politique internationale reposent, quant à elles, sur un jugement pour l'essentiel négatif du rôle des agents économiques privés : les unes soulignent leurs effets d'exploitation et d'oppression, les autres leur impact potentiellement néfaste sur la régulation sociale interne et la stabilité internationale. Elles se différencient toutefois par le rôle analytique qu'elles confèrent à l'État dont l'importance est partiellement réfutée par les néomarxistes au profit des détenteurs du capital, alors qu'il constitue une référence centrale dans l'économie politique internationale.

Troisième Partie

Le champ d'interaction étatique, économique, normatif et institutionnel

*P*our les réalistes, la politique internationale résulte d'actions rationnelles entreprises par des acteurs collectifs, en l'occurrence les États, qui, en l'absence d'une instance supranationale, sont contraints d'assurer leur propre sécurité face à l'opposition potentielle ou réelle d'autres acteurs collectifs. Les configurations de forces qui en découlent, ainsi que leurs dynamiques, constituent, dans cette perspective, l'objet d'analyse à privilégier. Certes, les tenants du réalisme les plus perspicaces admettent volontiers qu'on peut à tout le moins leur objecter un argument de taille. Comme l'écrit Raymond Aron, « il n'est pas interdit de tenter une définition de la société internationale à partir de l'état de paix et non à partir du risque de guerre, de considérer les épreuves de force et la compétition militaire comme les situations d'exception et non comme l'essence des rapports internationaux. [...] La société transnationale (ou transétatique) serait la véritable société internationale que les organisations supranationales réglementeraient progressivement ». Toutefois, Aron estime suffisant d'invoquer « les millénaires d'histoire » qui confirment la validité du postulat d'anarchie et sa plus grande fécondité pour l'analyse de la politique internationale (Aron, 1967, pp. 849-850). Ce raisonnement cependant paraît contestable au regard de l'évolution des relations internationales contemporaines, surtout celles qui se développent entre les pays de l'OCDE. Malgré la fréquence des guerres et des crises, en dépit des hiérarchies de pouvoir et des structures de domination mises à jour par les réalistes, nonobstant les antagonismes politiques, idéologiques et culturels qui les séparent, les États ont en commun d'innombrables projets de coopération. En outre, nous l'avons évoqué à plusieurs reprises, ils ne constituent pas les seuls acteurs de la politique internationale, puisque le nombre des organisations intergouvernementales mais aussi des organisations non-gouver-

nementales (ONG) n'a cessé de croître depuis la Seconde Guerre mondiale. Or ces deux catégories d'acteurs s'emploient à promouvoir des normes dont il importe d'évaluer dans quelle mesure elles affectent la politique étrangère des États ainsi que la conduite des agents économiques privés. Les organisations internationales, si elles ne jouissent pas d'un pouvoir de contrainte équivalent à celui des États, résultent néanmoins de la volonté des pays fondateurs d'instituer certaines règles de comportement auxquelles sont tenus d'adhérer les nouveaux membres. Cette activité instituante, les acteurs qui y contribuent, les associations qui en découlent, les normes qu'elles édictent, les fonctions qu'elles remplissent, le degré de contrainte qu'elles exercent sur les participants et leur autonomie relative constituent autant de facteurs dont la prise en compte enrichit incontestablement l'appréhension de la politique internationale. Il reste que l'addition de nouvelles variables court toujours le risque de porter atteinte à la rigueur de l'analyse. Nous avons vu, dans la partie précédente, que l'association de l'économique à l'étude des rapports interétatiques rend intelligibles des phénomènes majeurs écartés par l'analyse réaliste, mais donne lieu à des problèmes méthodologiques relatifs notamment au poids qu'il convient de conférer aux États ou aux agents économiques privés dans l'orientation de la politique économique internationale. L'articulation, par surcroît, des normes et des institutions aux interactions étatiques et aux relations économiques fait-elle perdre à la rigueur de l'analyse ce qu'elle lui fait gagner en extension ? Ou est-on parvenu, au contraire, à pallier ce risque en déterminant systématiquement les rapports qui se nouent entre ces différentes instances ? Autant de questions qu'il nous faudra aborder dans cette dernière partie. Après avoir examiné l'emprise des normes dans la politique internationale, les institutions et les acteurs qui contribuent à les promulguer (chapitre 5), nous étudierons les théories qui ont tenté d'en rendre compte (chapitre 6), et les activités spécifiques auxquelles ont donné lieu les principales normes sociales institutionnalisées (chapitre 7).

Chapitre V

Normes et institutions dans les relations internationales

1. L'emprise des normes

Dans son ouvrage, *The Anarchical Society*, Hedley Bull différencie les concepts de « système étatique » et de « société internationale ». Le premier assigne aux États leur place dans un ordre dont la cohésion découle de ce que les acteurs doivent régler leurs interactions sur la base de calculs de forces. Le second vise à rendre intelligibles les normes communes auxquelles les États reconnaissent être liés dans leurs relations mutuelles. Ces normes prennent différentes formes selon leur source, leur portée, leur degré de généralité. Elles comprennent des règles juridiques, coutumières, morales, des codes diplomatiques ou simplement des « règles du jeu ». Bull réfute l'incom-patibilité intrinsèque entre ces deux conceptions des relations internationales : l'anarchie prévaut, certes, dans les interactions étatiques, mais elle s'accorde à des tendances sociétaires dont on ne saurait faire bon marché. Comme l'indique le titre de l'ouvrage, il y a lieu de considérer que les relations internationales s'apparentent à une « société anarchique ». Quoique fragile, cette société se fonde sur deux principes – l'ordre et la justice – qui s'avèrent problématiques parce que leur réalisation reste incertaine ; mais ils expriment un dessein et prescrivent des pratiques à cet effet.

S'agissant de l'*ordre international*, la plupart des gouvernements s'accordent sur les principes et les institutions devant le régir, au premier rang desquels figure la souveraineté étatique. Leurs interactions quotidiennes manifestent l'existence d'une culture diplomatique et juridique commune. Aux pires heures de la guerre froide, les États-

Unis et l'URSS ont entretenu des relations régulières et respecté les conventions garantissant l'immunité de leurs ambassades et personnels diplomatiques. En règle générale, les États s'abstiennent de recourir à l'agression pour assouvir leurs ambitions ; ils acceptent de négocier leurs conflits par voie diplomatique ; ils se plient fréquemment à des procédures de règlement judiciaire des litiges. Ils se lient par des obligations de droit, celles découlant de la coutume ou des traités, voire des recommandations des Nations unies. À cet égard, le droit international public confère aux interactions étatiques une certaine stabilité. Les gouvernements respectent la plupart du temps leurs obligations juridiques, même lorsque cela affecte conjoncturellement leurs intérêts politiques immédiats. Ils créent des organisations internationales, supportent les charges financières qui en résultent, et assument les responsabilités politiques liées à leur fonctionnement et à la réalisation de leurs objectifs. Ils s'efforcent de justifier leurs actions en référence aux principes des Nations unies, de défendre leur interprétation des normes en vigueur, et de promouvoir des régimes de droit, manifestant ainsi l'importance qu'ils accordent aux exigences juridiques.

On a beau rétorquer que la notion d'ordre est plus que toute autre équivoque ; que ses principes font l'objet d'interprétations divergentes, parfois de contestation, et souvent d'instrumentalisation de la part des grandes puissances ; que le droit international constitue un système juridique au demeurant fragile ; que son emprise n'a pas la cohérence ni l'autorité des dispositions constitutionnelles et des lois en vigueur dans les États ; que les juristes ne cessent de débattre de son contenu effectif et de ses procédures de mise en œuvre ; que sa reconnaissance n'est ni absolue ni permanente ; que les grandes puissances peuvent toujours recourir à la politique du fait accompli ou à la violence pour satisfaire leurs ambitions et se faire justice ; que leur intérêt paraît donc aléatoire pour les mécanismes de règlement pacifique des différends et des juridictions obligatoires ; et que les États-Unis ont le pouvoir de conférer une dimension extraterritoriale à leurs lois nationales. Il n'en reste pas moins que la violation occasionnelle du droit international n'invalide pas totalement son autorité dans les rapports interétatiques. Si l'on prend l'ensemble de ses règles fondamentales, on constate qu'elles sont généralement respectées.

Dépouillée de ses connotations idéologiques, la notion d'ordre se déduit donc de l'existence même des institutions, des normes juridiques, des valeurs et des pratiques visant à conférer une certaine prévisibilité aux rapports étatiques, singulièrement aux interactions des grandes puissances. Elle rend compte du fait que les États ont manifestement intérêt à maintenir des rapports pacifiques. La guerre constitue une option cruelle dont l'issue reste incertaine, et à l'âge atomique, elle apparaît comme un moyen absurde de résoudre les disputes entre les puissances nucléaires. Pour l'éviter, les États ne se contentent pas de développer des systèmes d'alliances militaires, mais entretiennent des rapports diplomatiques permanents et soutiennent les instances favorisant des politiques de coopération. Pour certains théoriciens, dont Bull, l'analyse des relations internationales ne saurait en conséquence négliger cette dimension normative et institutionnelle.

L'objectif de *justice* s'avère plus problématique que celui d'ordre, parce que, contrairement à ce dernier, il est généralement soutenu par les États insatisfaits de la division internationale du travail et des avantages économiques qui en découlent, autrement dit par les pays en développement. Il se nourrit à deux sources, l'une juridique, l'autre morale. D'une part, il constitue une extension du principe de l'égalité souveraine d'après lequel chaque État a la même vocation aux régimes établis par le droit international ; d'autre part, il représente un idéal d'atténuation des inégalités socio-économiques que les règles et les institutions devraient tendre à réaliser progressivement. Il est à l'origine d'un antagonisme qui n'a cessé de structurer, avec des degrés d'intensité variables, les relations entre pays en développement et pays industrialisés. Les premiers ont pour visée d'instituer la justice redistributive comme principe contraignant des relations internationales, tandis que les seconds s'attachent à en réduire la portée à des actes volontaires de sympathie, de compassion ou de charité librement consentis.

Cette tension se manifeste dans le fonctionnement différencié des institutions internationales ayant pour mandat de promouvoir la coopération économique et sociale. D'une part, l'ONU, aux termes du préambule de la Charte ainsi que des articles 1 (paragraphe 3), 13 (paragraphe 1), 55 et 62, possède des attributions très larges dans ce domaine : l'Assemblée générale, qui fonctionne sur le principe de l'égalité souveraine dans la mesure où tous les États membres prennent part aux votes sur un pied d'égalité, se voit revêtue du pouvoir de créer des organes subsidiaires à cet effet. D'autre part, les institutions du système de Bretton Woods, soit la Banque mondiale et le Fonds monétaire international, disposent d'une autorité effective bien plus étendue en matière socio-économique. Contrairement, en effet, aux organes onusiens, elles sont soutenues sans équivoque par les pays riches, et se trouvent, par voie de conséquence, dotées de ressources importantes pour remplir leurs mandats. Ceci découle du fait que le pouvoir de décision dans ces instances se fonde sur la pondération des votes selon les apports des différents pays, fixés de façon à refléter leur potentiel économique et financier. Les États-Unis avec leur alliée, la Grande-Bretagne, jouis-sent en leur sein d'un droit de veto effectif et sont donc assurés de ce qu'aucune décision fondamentale n'aille à l'encontre de leurs intérêts.

Parmi les normes internationales ayant pour dessein la réalisation d'un idéal de justice figure le développement institué en objectif priori-taire. Pour les pays industrialisés, les buts visés par cette notion polysé-mique ne sauraient être réalisés qu'en accordant au secteur privé un soutien multilatéral, principalement sous l'égide de la Banque mon-diale et du FMI qu'ils contrôlent. Pour les pays en développement, il passe par une réforme des structures économiques internationales et des pratiques des pays riches. Nous l'avons brièvement évoqué dans la partie précédente, et nous y reviendrons, cette revendication fut agitée avec force dans les résolutions proclamant l'instauration d'un Nouvel Ordre économique international (NOEI), adoptées par l'Assemblée générale de l'ONU dans le contexte critique du choc pétrolier de 1974.

Il résulte de ce qui vient d'être exposé qu'on peut alléguer suffisam-ment de preuves empiriques de l'emprise des normes et des institutions dans les relations internationales. Pour éclairer davantage notre propos, il importe d'examiner la contribution des auteurs classiques sur cette question, mais aussi les fondements des normes internationales, ainsi que les institutions et les acteurs qui ont contribué à les promulguer.

2. Les contributions de la philosophie politique

La conception des relations internationales proposée par Bull doit beaucoup à l'ouvrage classique de Grotius, *Le droit de la guerre et de la paix* (1625). Celui-ci commence par prendre acte de la guerre en tant que phénomène social qu'il définit comme « l'état de ceux qui tâchent de vider leurs différends par les voies de la force » (I, 1, § 2). Il s'atta-che ensuite à rechercher les raisons qui peuvent la justifier. Il distingue à cet effet le droit naturel du droit volontaire ou positif qui comprend notamment le droit international ou le droit des gens. Le droit naturel consiste dans « certains principes de la droite raison, qui nous font connaître qu'une action est moralement honnête ou déshonnête selon la convenance ou disconvenance nécessaire qu'elle a avec [notre] nature raisonnable et sociable » (I, 1, § 10). Dans cette perspective, comman-dée par le principe de la raison et de la sociabilité, une guerre est juste dans la mesure où elle vise la conservation d'une collectivité sans por-ter atteinte à celle des autres. Au regard, cependant, du droit des gens, c'est la violation antécédente d'un droit – le fait d'avoir été dépouillé d'un bien ou d'avoir subi une injure ou une injustice – qui justifie le recours à la guerre. Le droit des gens ne tire pas son origine d'une autorité supérieure aux États, mais de « ce qui a acquis force d'obliger par un effet de la volonté de tous les peuples, ou du moins de plusieurs » (I, 1, § 14). Il n'énonce pas seulement les principes relatifs à la légitimité d'une guerre ; il règle aussi le cours que peuvent prendre les conflits armés en prohibant certains moyens jugés indignes. L'hommage, même équivoque, rendu par les États au droit prouve l'existence de dispositions communes qui autorisent à concevoir le champ des relations internationales comme une « grande société qui embrasse toutes les nations » (III, 25, § 1) ; même si les États « ne reconnaissent point de juge commun » (II, 1, § 16), ils ont des volontés convergentes, issues de la coutume et des conventions, et ils attendent les uns des autres que chacun observe la « foi jurée », faute de quoi la guerre devient une option légitime pour la partie lésée.

L'apport de Locke à une conception des relations internationales permettant de rendre compte de l'emprise de certaines normes sans pour autant réfuter le postulat de l'anarchie paraît à première vue évident, et il est curieux qu'il n'ait pas été davantage exploité par les internationalistes. Dans le chapitre II du second *Traité du gouvernement civil* (1690), Locke décrit l'état de nature comme étant, *en droit*, un état de paix et de sociabilité où les hommes se trouvent libres de disposer de leur personne et de leurs possessions ; cette condition, toutefois, entraîne, *dans les faits*, d'incessants conflits sur les modalités de jouissance nécessitant l'institution d'un gouvernement civil dont la fonction première sera de garantir aux hommes la conservation de leurs propriétés au sens large (la vie, la liberté et les biens). Il reproche à Hobbes, au chapitre suivant, d'avoir confondu l'état de nature avec l'état de guerre, lesquels constituent « deux sortes d'états aussi éloignés l'un de l'autre, que sont un état de paix, de bienveillance, d'assistance et de conservation mutuelle, et un état d'inimitié, de malice, de violence et de mutuelle destruction ». L'état de nature se caractérise seulement par la privation d'un supérieur commun ; c'est la violence injuste et soudaine qui produit l'état de guerre, « soit qu'il y ait, ou qu'il n'y ait point de juge commun » (1999, pp. 156-157). Pour Locke, les sujets à l'état de nature sont porteurs de droits et de devoirs mutuels qui découlent de la loi de la nature : assurer sa propre conservation et, par réciprocité, celle des autres, car si l'on nuit à autrui, on lui donne le droit de nous nuire à son tour. Transposée au domaine des relations internationales, cette conception fournit un premier modèle proche de la « société anarchique » décrite par Bull.

En 1713, l'abbé de Saint-Pierre fait paraître un ouvrage, *Projet de paix perpétuelle,* qui articule une série de propositions visant à pacifier les relations entre les États européens. Si l'on reprend les notions développées par les théoriciens du contrat social, on peut dire qu'il s'agit du premier texte ayant pour dessein d'instituer un supérieur commun susceptible de faire sortir les acteurs étatiques de l'état de nature, tout au moins un certain nombre d'entre eux. Saint-Pierre commence par réfuter l'idée selon laquelle la politique d'équilibre puisse à elle seule engendrer une sécurité suffisante. Il expose ensuite les « articles » qu'il estime « fondamentaux » pour rendre la paix durable. Dans l'*Abrégé* du *Projet*, publié en 1729, il en réduit le nombre à cinq. En premier lieu, les États doivent former une alliance, ou Diète européenne, ayant pour fondement « la possession actuelle et l'exécution des derniers traités » ; ensuite, chaque allié doit contribuer, à proportion de ses revenus et charges, à la sûreté et aux dépenses de l'alliance ; troisièmement, les États formant l'alliance renonceront à la voie des armes pour régler leurs différends ; quatrièmement, l'alliance peut employer la force contre un membre qui refuserait d'exécuter ses obligations ; enfin, l'alliance comportera une assemblée chargée d'édicter de nouvelles règles nécessaires à son fonctionnement (1729, pp. 21-35). L'importance historique que l'on accorde à ces propositions vient de ce qu'elles seront reprises dans la Charte des Nations unies. Les principes d'intangibilité des frontières, de non-ingérence dans les affaires intérieures des États membres, de sécurité collective constituent la substance d'un projet tout à la fois conservateur (dès lors que les alliés doivent se satisfaire du *statu quo* dans leurs rapports mutuels) et réformiste par le fait de conditionner la pacification des relations internationales à l'établissement d'une organisation associative disposant d'un pouvoir de contrainte légitime.

Rousseau critiquera ce projet dans un écrit intitulé « Jugement sur le projet de paix perpétuelle » qui ne sera pas publié de son vivant. Quoique le texte constitue une ébauche, il présente un grand intérêt pour la problématique traitée ici, parce qu'il examine les rapports qu'il convient d'établir entre les principes de l'ordre et de la justice. La thèse principale de Rousseau est qu'à défaut d'avoir réalisé l'un, on ne saurait obtenir l'autre. Pourquoi, demande-t-il, les propositions de Saint-Pierre dont l'exécution aurait des avantages « immenses, clairs, incontestables » n'ont-elles pas été réalisées ? Parce qu'il n'y a rien d'impossible dans son projet sinon qu'il soit adopté par ceux auxquels il est destiné, à savoir les princes. En effet, il fait obstacle à leur préoccupation principale qui se rapporte à deux objets, « étendre leur domination au dehors et la rendre absolue au dedans » [1964, p. 592]. La guerre constituant un moyen utile à cet effet, les princes n'ont aucun intérêt à y renoncer. Ainsi, tant que perdure le despotisme, les relations internationales resteront belliqueuses. Rousseau étaie ses arguments dans un autre texte inachevé, « Que l'état de guerre naît de l'état social ». Il y relate la « condition mixte » dans laquelle se trouve l'humanité. Rappelons que Rousseau prend le contre-pied des doctrines contractualistes en affirmant que les hommes ont perdu, sans obtenir en contrepartie de gains réels, leur liberté et leur égalité originaires en quittant l'état de nature pour établir l'état civil. En s'associant, ils ont instauré des rapports de dépendance artificiels qui ont eu deux conséquences néfastes : la création de l'inégalité, qui découle des richesses produites grâce à la division du travail et que la loi de la propriété s'est chargée d'instituer ; et la consolidation de l'oppression, qui résulte, quant à elle, de l'asservissement du plus grand nombre à une minorité capable de faire passer son usurpation politique pour un pouvoir légitime. Or si les hommes vivent, à l'intérieur des États, dans un ordre civil ayant ces caractéristiques peu réjouissantes, la situation s'inverse, sans s'améliorer pour autant, sur le plan des rapports étatiques. Ceux-ci, en effet, sont plongés dans l'état de nature : « [...] l'indépendance [naturelle] qu'on ôte aux hommes [en établissant l'état civil] se réfugie dans les sociétés, et ces grands corps, livrés à leurs propres impulsions, produisent des chocs plus terribles à proportion que leurs masses l'emportent sur celles des individus » (*ibid.*, p. 604). La conclusion que Rousseau tire de cette condition mixte est sombre : « vivant à la fois dans l'ordre social [au sein même des États] et dans l'état de nature [avec le reste du monde], nous sommes assujettis aux inconvénients de l'un et l'autre, sans trouver de sûreté dans aucun des deux » (*ibid.*, p. 610).

La démarche de Rousseau débouche donc sur une aporie, une difficulté sans issue. Il se trouvera cependant d'autres philosophes, à l'époque des Lumières, pour prolonger cette réflexion sur la paix civile entre les nations et l'orienter dans une direction moins empreinte de pessimisme. Nous avons déjà évoqué les penseurs libéraux qui ont souligné l'utilité du commerce international pour le développement de relations pacifiques entre les nations. Ces vues, il est vrai, ne se trouvent généralement guère étayées par des démonstrations rigoureuses. Leurs défenseurs se contentent d'affirmer que les relations marchandes fondent des rapports de réciprocité, lesquels constituent une source majeure de concorde ; ce faisant, ils éludent la question de l'appropriation par les États à des fins militaires d'une partie du surplus réalisé dans l'échange. On relèvera toutefois une proposition, formulée par Adam Smith dans la *Richesse des nations*, qui attribue au commerce le pouvoir d'atténuer les inégalités socio-économiques et de créer progressivement les conditions d'une plus grande stabilité dans la mesure où les États seraient capables à terme de se dissuader mutuellement.

Réfléchissant au sort tragique des Indiens d'Amérique, Smith note que
« peut-être que dans la suite des temps, les naturels de ces contrées
deviendront plus forts ou ceux de l'Europe plus faibles, de sorte que
les habitants de toutes les différentes parties du monde arriveraient à
cette égalité de forces et de courage qui, par la crainte réciproque
qu'elle inspire, peut seule contenir l'injustice des nations indépendantes,
et leur faire sentir une sorte de respect les unes des autres. Or, il n'y a
rien qui paraisse plus propre à établir une telle égalité de forces que
cette communication mutuelle des connaissances et des moyens de
perfection de tous les genres, qui est la suite naturelle ou plutôt nécessaire d'un vaste et immense commerce de tous les pays du monde avec
tous les pays du monde » (1991, II : pp. 240-241). De ce point de vue,
les principes de justice et d'ordre peuvent être réalisés grâce à la diffusion des richesses induite par le commerce international.

On ne peut conclure cette présentation des arguments développés
par la philosophie politique pour faire valoir l'emprise des normes et
des institutions dans les processus de coopération et de pacification
internationales sans revenir sur Kant auquel nous avons fait allusion
dans la première partie. À l'instar de Saint-Pierre, Kant propose, dans
son *Projet de paix perpétuelle*, des « articles définitifs » pour établir
l'état de paix, lequel, il le souligne, « ne saurait avoir lieu que dans un
état de législation » (1986, III : p. 340). Le premier article consiste,
nous l'avons vu, en ce que la constitution de chaque État doit être républicaine. Kant reprend ici, en le modérant, l'argument de Rousseau sur
la bellicosité inhérente aux régimes despotiques, contrairement à la
constitution républicaine où chaque citoyen – dont la liberté et l'égalité
devant la loi sont reconnues – « concoure, par son assentiment, à décider la question si l'on fera la guerre, ou non » (*ibid.*, p. 342). Vu les
effets funestes que les conflits armés peuvent produire sur les citoyens
qui seront les premiers appelés à combattre et à participer financière-
ment à l'effort de guerre, il y a des raisons de penser qu'ils feront
preuve de modération en la matière, dès lors qu'ils auront voix au chapitre. Le deuxième article propose l'établissement d'une « fédération
d'États libres » que Kant décrit comme un « supplément du pacte
social » dans la mesure où elle tendrait seulement à la conservation de
ses membres sans qu'ils doivent s'assujettir à la contrainte légale d'un
pouvoir public (*ibid.*, p. 348). Le troisième article préconise la promul-
gation d'un « droit cosmopolitique » qui se bornerait pour l'essentiel
au droit qu'a chaque étranger de ne pas être traité en ennemi dans le
pays où il arrive. L'objectif ici est de contribuer à renforcer les liaisons
établies entre les peuples. Il n'est pas malaisé de discerner dans le programme
libéral de Kant les fondements des politiques d'intégration, singulière-

ment européenne. Convergence des régimes politiques, fédéralisme, et, s'agissant du droit cosmopolitique, libre circulation des ressortissants européens, visite temporaire des personnes détenant une autre nationalité, octroi du traitement national aux investisseurs étrangers dans certains secteurs : autant de mesures normatives et institutionnelles qui procèdent du même esprit que le projet kantien, et qui ont eu pour effet de pacifier tout au moins les rapports entre les États européens.

Les idées des grands classiques de la pensée politique moderne sont parfois négligées dans l'étude des relations internationales, sous prétexte qu'elles ont été produites dans un contexte historique différent du nôtre, qu'elles sont d'inspiration normative, qu'elles ne répondent pas aux ambitions de la science politique. En réalité, comme nous le verrons au chapitre suivant, les théoriciens actuels de la coopération internationale fondent leur compréhension de la politique sur des postulats qui ne diffèrent pas fondamentalement de ceux de leurs illustres prédécesseurs : les hommes partagent suffisamment de raison, de valeurs semblables et de projets communs pour tendre à l'instauration d'un ordre international, sinon pacifique et juste, du moins susceptible d'atténuer le risque de guerre et certaines inégalités.

3. Les fondements de la société internationale

Une chose est donc sûre : il n'existe pas de société politique sans un minimum d'ordre – que l'on peut définir comme la liaison du multiple à des normes communes – et de justice entendue au sens large d'une détermination de la rectitude du comportement des acteurs politiques. Ordre et justice constituent les deux critères principaux de la légitimité du politique. Celui-ci, en effet, doit être perçu comme tout à la fois efficace et juste. Si l'on accepte l'idée qu'il existe une *société internationale*, il reste à caractériser ses processus de légitimation et à en comprendre leurs fondements. Ces processus ressortissent-ils aux sentiments et aux émotions, auquel cas l'interprétation à privilégier serait d'ordre psychosociologique ? Proviennent-ils de croyances et de valeurs partagées que la sociologie et l'anthropologie pourraient contribuer à éclaircir ? Ou appartiennent-ils au domaine des idéologies, si bien que l'analyse politologique paraîtrait la mieux habilitée à en rendre compte ?

3.1. La légitimité

La problématique de la légitimité, qui fut traditionnellement une grande préoccupation de la philosophie politique, se trouve, depuis Max Weber, au cœur de la réflexion sociologique sur les rapports de domination et d'autorité. Elle a pour question centrale : pourquoi les hommes obéissent-ils aux lois et respectent-ils les institutions ? La légitimité, écrit Jean-Marc Coicaud, a trait à « la reconnaissance du droit de gouverner. À cet égard, elle tente d'apporter une solution à un problème politique fondamental, qui consiste à justifier simultanément le pouvoir politique et l'obéissance » (1997, p. 13). La contrainte physique qui peut être employée pour faire respecter la loi ne suffit pas à garantir la pérennité d'un système politique. Comme l'a souligné Rousseau, le respect de la légalité, pour être durable, doit se fonder sur la reconnaissance de sa valeur.

L'autorité des institutions tient donc au fait qu'elles sont perçues comme légitimes par les membres de la société concernée, ou tout au moins par la majorité d'entre eux. La légitimité repose sur le postulat selon lequel les règles et les institutions, considérées sous le double rapport de leur organisation et de leurs effets, satisfont aux principes de l'ordre et de la justice. Les processus par lesquels cette reconnaissance s'acquiert sont complexes. Elle peut provenir de l'activation chez les individus de sentiments négatifs comme la peur ou la honte en cas de non-respect des normes sociales instituées, ou de sentiments positifs comme la satisfaction ou la fierté d'agir conformément aux injonctions du pouvoir. Elle peut procéder de croyances sur les fondements mêmes de l'autorité, lesquels, selon la typologie de Weber, sont attribués tantôt aux lois (légitimité à caractère rationnel-légal), tantôt aux coutumes perçues comme sacrées (légitimité à caractère traditionnel), tantôt au chef (légitimité à caractère charismatique). Elle peut résulter de conceptions idéologiques produites par les instances de pouvoir au motif d'orienter le comportement des individus et des groupes dans le sens d'une adhésion aux normes sociales instituées. Quoi qu'il en soit des processus par lesquels la légitimité s'acquiert, les détenteurs du pouvoir ne peuvent transgresser les principes fondamentaux d'ordre et de justice tels que les acteurs sociaux parviennent à se les représenter sans encourir le risque de voir leur autorité bafouée. L'emprise de ces principes se manifeste dans le fait que même la légitimité à caractère rationnel ne se confond pas avec la légalité : un gouvernement peut édicter, puis faire respecter ses lois en recourant à la contrainte sans pour autant paraître légitime si son action est jugée injuste par des groupes sociaux entreprenants. Il convient d'ajouter que ces principes qui guident toute action politique ne sont pas des absolus, mais comprennent des virtualités contradictoires. Leur définition peut inspirer des engagements politiques différents, voire antithétiques. C'est dire que la légitimité n'existe pas en soi : elle s'exprime dans une relation dialectique d'autorité et d'obéissance, cette dernière pouvant manquer lorsque le pouvoir politique s'avère incapable de satisfaire les attentes des gouvernés en matière d'ordre et de justice. Le charisme, pour reprendre l'exemple de Weber, n'est pas réductible aux qualités intrinsèques d'un dirigeant ; il est le produit d'une interaction entre le chef et ses adeptes. En outre, les normes et pratiques d'une collectivité changent rapidement en période de crise. L'autorité d'un gouvernement peut s'avérer éphémère, quand bien même il respecte formellement les principes qui le fondent. Il n'est pas rare en effet qu'un régime constitutionnel soit renversé parce qu'il se montre incapable de répondre aux exigences des groupes les plus militants de la société.

3.2. La légitimité dans les relations internationales

La problématique de la légitimité se pose chaque fois que les sociétés doivent faire face à des actes de commandement émanant d'une autorité politique, donc à l'alternative de l'obéissance ou de la rébellion. Il en va de même dans la sphère des relations internationales où les États sont confrontés non seulement à des rapports de puissance, mais aussi au dilemme posé par l'adhésion à des obligations qui les engagent juridiquement ou moralement. C'est ce qui explique pourquoi ils s'efforcent – ceci est valable également pour les grandes puissances – de justifier leur politique étrangère et leur stratégie en invoquant la Charte des Nations unies ou des résolutions émanant du Conseil de sécurité et d'autres instances de l'ONU.

Les normes internationales demeurent incertaines quant à leurs exigences légales. Dans la perspective du droit positif, soutenue notamment par l'internationaliste américain Thomas Franck dans son ouvrage *The Power of Legitimacy among Nations* (1990), la légitimité se définit en termes essentiellement juridiques : une règle de droit international s'impose comme légitime si elle a été créée par une procédure juridique incontestable, et si elle manifeste certaines qualités de clarté, de cohérence et d'utilité, tout en s'intégrant dans une hiérarchie de normes reconnues. En réalité, comme nous l'avons vu, la société internationale manifeste une trop grande hétérogénéité pour qu'une telle perspective paraisse pertinente. Les forces politiques qui s'y exercent se caractérisent par une diversité plus grande que celles représentées par les gouvernements des États constitués. Les centres de pouvoir se trouvent fractionnés en une pluralité de hiérarchies de commandement, et les rapports de domination faiblement institutionnalisés. Il s'ensuit que les débats sur la légitimité du comportement des États dans leurs rapports mutuels y sont d'ordinaire plus conflictuels qu'au sein des juridictions nationales.

Il n'en demeure pas moins que les critères fondamentaux de la légitimité internationale sont semblables à ceux sur lesquels reposent les États. Comme nous l'avons souligné au début de ce chapitre, la réalisation de l'ordre et de la justice en forme les principaux éléments constitutifs. Quant aux modalités par lesquelles la légitimité internationale s'acquiert, elles peuvent également provenir de l'activation d'éléments affectifs ; de l'énoncé de conceptions culturelles comportant non seulement des valeurs spirituelles et morales, mais aussi des fragments de mythes, de rites et de symboles ; ou de l'élaboration d'archétypes idéologiques par les acteurs dominants dans le but de donner autorité aux comportements qui les avantagent.

3.2.1. Les dimensions affectives de la légitimité

Théodule Ribot a écrit, dans *La psychologie des sentiments*, paru en 1895 : « Supposer qu'une idée toute nue, toute sèche, qu'une conception abstraite sans accompagnement affectif, semblable à une notion géométrique, ait la moindre influence sur la conduite humaine, est une absurdité psychologique » (p. 285). Les passions ou les *émotions*, dont on range, parmi les « primaires », la peur, la colère ou la joie, constituent en effet de fortes motivations de conduite. Il en va de même des *sentiments*, comme l'envie ou la gratitude, le mépris ou l'admiration, la honte ou la fierté, le ressentiment ou le contentement, la culpabilité ou la quiétude. Ceux-ci s'avèrent plus complexes que les émotions, parce qu'ils impliquent une élaboration cognitive. Mais un certain nombre d'entre eux peuvent, au même titre que les émotions, susciter des comportements excessifs, si bien que toute société se doit d'instituer un ensemble de normes ayant pour fonction de les canaliser ou les transmuer. Ainsi, la colère et la peur sont régulées, dans les sociétés à économie de marché, par le système pénal, qui représente une forme de colère légitime, ses sanctions visant à exciter une crainte suffisante chez les citoyens pour les inciter à ne pas attenter à l'intégrité physique ou morale d'autrui. L'envie et la jalousie se trouvent inhibées par l'institution du marché, qui les transmue en émulation ou compétition. En revanche, les sentiments plus calmes peuvent être exploités pour socialiser les sujets. La honte constitue un auxiliaire utile à cet effet, puisque, ayant pour caractéristique de fonder l'estime de soi sur le jugement d'autrui, elle conduit à l'adoption de comportements conformistes. Les sujets peuvent aussi être amenés à reporter des sentiments de fierté ou d'admiration sur des constructions imaginaires telles que la « nation » ou la « patrie ». Parce que ce genre de transfert affectif a potentiellement pour effet de renforcer leur adhésion au pouvoir ou de susciter un plaisir narcissique susceptible de les relever dans leurs découragements ou leur misère, il constitue un des mécanismes majeurs que vise à activer toute idéologie nationaliste (Ariffin, 2004).

L'apport de la psychanalyse doit être souligné dans ce contexte. Freud a consacré toute son œuvre aux productions de l'imaginaire, jetant les bases d'une psychosociologie qui éclaire notre intelligence de l'univers politique. Il a notamment enrichi l'interprétation des fondements de l'autorité et des processus de légitimation en montrant que les sociétés étaient fondées sur des illusions – à la fois nécessaires et néfastes – dérivées des désirs dont les origines se situent dans les étapes infantiles du développement de chaque être humain.

L'activation des affects paraît donc indissociable des processus de légitimation. Au fond, si l'État parvient à revendiquer avec succès le monopole de la violence légitime, c'est en partie grâce à la crainte que peuvent ressentir les sujets lorsqu'ils sont conduits à s'imaginer ce qu'il adviendrait de la conservation de leur personne et de leurs biens en l'absence d'une telle autorité. Qu'en est-il dans les relations internationales ? Une lecture de la Charte des Nations unies suffit à confirmer que la légitimité même de l'ordre qu'elle vise à instituer est intimement liée à l'inquiétude procurée par la menace d'un mal – la guerre – qui adviendrait à défaut d'association. Ainsi, le préambule de la Charte des Nations unies s'ouvre sur ces mots : « Nous, peuples des Nations unies, résolus à préserver les générations futures du fléau de la guerre qui deux fois en l'espace d'une vie humaine a infligé à l'humanité d'indicibles souffrances [...], avons décidé d'associer nos efforts pour réaliser ces desseins ». Or, contrairement à ce qui se produit au sein des États, l'ONU peut compter dans une bien moindre mesure sur les processus de socialisation induits par des réactions émotives conditionnées, c'est-à-dire des réactions, comme la crainte de la guerre, dont l'objet se rapporte à des situations qui ne se sont pas encore réalisées. Si l'inquiétude d'avoir à subir une sanction suffit la plupart du temps à inciter les citoyens à se conformer aux règles de droit, en revanche, la crainte des « indicibles souffrances » causées par la guerre peut échapper à des générations qui n'ont pas été directement affectées par des conflits armés. D'autre part, cette crainte peut toujours être atténuée, voire annulée, par une activation des émotions violentes de la part des gouvernements au motif de légitimer leur recours aux armes. On sait avec quel succès l'administration Bush a manipulé les deux émotions de la peur et de la colère pour justifier l'invasion de l'Irak en 2003, accusant à tort le régime de Saddam Hussein de posséder des armes de destruction massive et d'entretenir des liens étroits avec le réseau Al-Qaida responsable des attentats du 11 septembre.

Aussi les secrétaires généraux des Nations unies prennent-ils fréquemment le parti d'aviver, *a posteriori,* les réactions émotives provoquées par une situation d'une gravité exceptionnelle pour faire valoir l'utilité et la légitimité de l'organisation. Pareilles circonstances leur donnent parfois l'occasion de faire ressortir, avec l'aide des médias, le décalage existant entre les sentiments de sympathie exprimés par la « société civile » et les réponses concrètes apportées par les États. On peut citer ici l'exemple du désastre causé en Asie par le tsunami du 26 décembre 2004, qui a permis aux Nations unies de chiffrer l'aide d'urgence nécessaire, d'inviter les pays donateurs à réaliser rapidement leurs promesses faramineuses de dons – en profitant de l'occasion pour rappeler que cela n'a pas toujours été le cas –, et d'affirmer la primauté de leurs propres organes dans la conduite des efforts humanitaires.

3.2.2. Les dimensions culturelles de la légitimité

La culture marque de son empreinte la production des normes, par conséquent la définition de ce qui est licite et ce qui ne l'est pas. S'il existe quelques interdits transculturels, comme le tabou de l'inceste, cependant, les normes et les valeurs s'avèrent extraordinairement composites et mouvantes sur le plan international, en raison de la pluralité des cultures. Les modèles d'autorité varient selon les contextes socioculturels, le pouvoir politique ne s'exerçant pas de la même manière dans une société de nature féodale ou dans une société capitaliste avancée. Cela dit, il y a lieu de penser que les processus de légitimation trouvent partout leur origine dans la manipulation d'un savoir initiatique d'essence religieuse – ce dernier terme devant être compris dans son sens étymologique de système de croyances visant à *relier,* en l'occurrence les hommes entre eux et aux détenteurs de l'autorité. On constate ce phénomène dès la plus haute Antiquité, en Égypte notamment, dans la concomitance établie entre la puissance divine et celle des rois à l'égard desquels les sujets devaient se soumettre par crainte révérencielle. À l'époque contemporaine, on retrouve des avatars de l'origine religieuse des processus de légitimation dans les efforts déployés par les dirigeants politiques pour fonder leur autorité sur le mystère, sur la manipulation des symboles et des croyances spirituelles, sur les rituels et les fastes dont ils entourent leurs faits et gestes. Marc Abélès l'a bien analysé dans son *Anthropologie de l'État* (1990).

Depuis la Seconde Guerre mondiale, la Charte des Nations unies constitue le principal document définissant les critères de légitimité de la politique internationale. Aux termes de ses deux premiers articles, elle détermine les buts de l'Organisation dans lesquels apparaissent les principes au fondement même des processus de légitimation, à savoir le maintien de l'ordre (préserver la paix et la sécurité internationales) et la réalisation de la justice (résoudre les problèmes internationaux de nature économique, sociale, intellectuelle ou humanitaire). Sans doute n'a-t-on pas assez remarqué que son préambule ressemble à bien des égards à une incantation. La Charte manifeste ainsi sa parenté avec les textes sacrés, sources de légitimité à caractère traditionnel. Elle comporte également une représentation du pouvoir qui s'apparente au modèle de la légitimité à caractère charismatique par le fait de conférer des fonctions exceptionnelles, à commencer par le droit de veto, aux cinq membres permanents du Conseil de Sécurité. En engageant les États à respecter le droit international public, elle adhère aussi à une conception rationnelle-légale de la légitimité. La Charte combine donc les trois formes de justification du pouvoir démêlées par Weber.

Cela précisé, il est manifeste que ce document exprime, pour l'essentiel, une conception de la légitimité internationale qui tire sa source de la culture politique des puissances alliées, en particulier des Anglo-Saxons. Cette représentation est fondée notamment sur le respect des droits de l'homme et des libertés fondamentales, ainsi que sur la réalisation d'un grand projet de coopération dans les domaines économiques et sociaux. La Charte vise ainsi à universaliser les normes et les valeurs propres à une aire civilisationnelle en se fondant sur une interprétation spécifique des principes d'ordre et de justice. L'homogénéisation poursuivie est d'abord politique. Elle consiste à étendre le modèle de l'acteur étatique juridiquement souverain. La reconnaissance, dans la Charte, du principe de l'égalité souveraine des États a en effet pour corollaire tacite d'assortir la réalisation d'un ordre international juste à l'étatisation progressive des territoires soumis à une puissance étrangère. C'est bien pourquoi la Charte proclame le droit des peuples à disposer d'eux-mêmes, principe qui va donner toute sa justification au processus de décolonisation, avant même qu'il ne trouve sa pleine consécration juridique. Les fondements de la décolonisation sont certes multiples et complexes, mais le fait que les gouvernements américains et soviétiques aient été hostiles à la préservation des empires européens et qu'ils aient fait inscrire ce principe dans un document constitutif du système international contemporain a incontestablement accéléré le processus historique.

L'homogénéisation visée par la Charte a également trait à l'économique et au social. Les États sont en effet appelés à coopérer dans ces domaines en adhérant à des règles communes. On escompte que leurs interactions socio-économiques, par le fait de respecter certaines formes conventionnelles, favoriseront les processus de socialisation et

réduiront par voie de conséquence les causes de conflits. Il en résulte-
rait davantage d'ordre. Dans quelle mesure celui-ci pourrait s'avérer
également juste ne cessera toutefois de faire l'objet de disputes, dès
lors que l'URSS d'abord, puis les pays décolonisés, l'interpréteront
dans le sens d'une atténuation des inégalités, alors que les États-Unis,
et, plus généralement, les pays industrialisés à économie de marché
l'associeront à la libéralisation des échanges.

Charte des Nations unies

Nous, peuples des Nations unies, résolus
à préserver les générations futures du fléau de la guerre qui deux fois en l'espace
d'une vie humaine a infligé à l'humanité d'indicibles souffrances, à proclamer à
nouveau notre foi dans les droits fondamentaux de l'homme, dans la dignité et la
valeur de la personne humaine, dans l'égalité de droits des hommes et des femmes,
ainsi que des nations, grandes et petites, à créer les conditions nécessaires au maintien de la justice et du respect des obligations nées des traités et autres sources du
droit international, à favoriser le progrès social et instaurer de meilleures conditions de vie dans une liberté plus grande,

et à ces fins
à pratiquer la tolérance, à vivre en paix l'un avec l'autre dans un esprit de bon voi-
sinage, à unir nos forces pour maintenir la paix et la sécurité internationales, à
accepter des principes et instituer des méthodes garantissant qu'il ne sera pas fait
usage de la force des armes, sauf dans l'intérêt commun à recourir aux institutions
internationales pour favoriser le progrès économique et social de tous les peuples,

avons décidé d'associer nos efforts pour réaliser ces desseins
En conséquence, nos gouvernements respectifs, par l'intermédiaire de leurs représentants, réunis en la ville de San Francisco, et munis de pleins pouvoirs reconnus
en bonne et due forme, ont adopté la présente Charte des Nations unies et établissent par les présentes une organisation internationale qui prendra le nom de
Nations unies.

CHAPITRE 1

BUTS ET PRINCIPE
Article 1
Les buts des Nations unies sont les suivants :
1. Maintenir la paix et la sécurité internationales et à cette fin : prendre des mesures
collectives efficaces en vue de prévenir et d'écarter les menaces à la paix et de
réprimer tout acte d'agression ou autre rupture de la paix, et réaliser, par ces
moyens pacifiques, conformément aux principes de la justice et du droit international, l'ajustement ou le règlement de différends ou de situations, de caractère international, susceptibles de mener à une rupture de la paix ;
2. Développer entre les nations des relations amicales fondées sur le respect du
principe de l'égalité de droits des peuples et de leur droit à disposer d'eux-mêmes,
et prendre toutes autres mesures propres à consolider la paix du monde ;

3. Réaliser la coopération internationale en résolvant les problèmes internationaux d'ordre économique, social, intellectuel ou humanitaire, en développant et en encourageant le respect des Droits de l'homme et des libertés fondamentales pour tous, sans distinction de race, de sexe, de langue ou de religion ;
4. Être un centre où s'harmonisent les efforts des nations vers ces fins communes.

3.2.3. Les dimensions idéologiques de la légitimité

Dans la période contemporaine, les idéologies exercent une grande influence sur les processus de légitimation. Elles constituent des discours à prétention scientifique sur le mouvement de l'histoire dont la fonction pratico-sociale est de justifier l'action politique, la conquête ou la consolidation du pouvoir. Depuis la fin du XVIIIe siècle, elles ont progressivement comblé le vide laissé en Occident par le déclin des religions ; elles se sont imposées comme des systèmes de représentation, organiquement liés au fonctionnement des institutions, qui énoncent l'accomplissement d'une promesse. C'est la raison pour laquelle les détenteurs du pouvoir doivent entretenir un rapport étroit avec les intellectuels ou les experts, ces « clercs » du monde contemporain qui s'arrogent un savoir initiatique en produisant et manipulant les idées ayant pour objet le rapport des hommes à l'autorité politique, au réel social et au devenir historique. Dans l'analyse marxiste, l'idéologie est entretenue par les classes dominantes pour maintenir une double illusion dans la conscience des sujets : celle consistant à masquer la réalité de leur exploitation et leur oppression en la faisant passer pour nécessaire ou naturelle ; et celle consistant à leur faire croire qu'ils sont maîtres de leur conscience alors même qu'ils la subissent passivement. Dans l'analyse d'inspiration freudienne, l'idéologie est une représentation illusoire de la société et de son histoire visant aussi bien à voiler ce qui relève des passions, fondées notamment sur des pulsions d'origine sexuelle, qu'à endiguer ces dernières par un discours de civilisation qui s'attache à les rendre tolérables.

Qu'en est-il de l'emprise des idéologies en politique internationale ? C'est un fait hors de doute que les grandes puissances s'efforcent de faire prévaloir leur propre conception de l'ordre international, ainsi que leur représentation du sens de l'histoire et de l'action collective. Elles tentent d'utiliser à cet effet les institutions internationales qui produisent des normes, des analyses, des données statistiques pouvant justifier leur modèle de société et leur vision du progrès. La guerre froide, par-delà ses dimensions diplomatiques, stratégiques et militaires, a constitué un affrontement idéologique portant sur la définition d'un ordre international juste. Les deux camps se sont attachés à diffuser des dogmes conférant une dignité scientifique aux modes d'organisation sociale qu'ils tentaient d'étendre au reste du monde. De part et d'autre, des maximes tirées des écrits de Marx et Lénine, de Smith et Ricardo furent agitées pour rallier les masses. Dans chaque bloc, on se parait de bonnes intentions scientifiques tout en imputant à la pensée de l'autre d'être dans l'idéologie. Depuis la fin de cet antagonisme, les conceptions libérales des pays de l'OCDE ne rencontrent plus d'opposition structurée, hormis celle articulée par les fondamentalistes religieux, même si d'importants clivages idéologiques subsistent au sein des Nations unies sur la nature du bien commun, sur l'organisation interne des États et surtout sur les enjeux économiques et sociaux de la libéralisation des échanges.

On peut opérer une distinction entre les idéologies universalistes et celles de nature particulariste, légitimant un ordre étatique ou un mouvement politique spécifique. Les premières intéressent la politique internationale. Elles sont généralement véhiculées par les grandes puissances et s'énoncent comme un discours totalisant sur les modalités selon lesquelles l'humanité entière devrait s'ajuster au monde physique, s'accommoder aux relations sociales, se soumettre à l'autorité politique. Elles se présentent habituellement sous une forme manichéenne, l'enfer étant constitué par les autres, c'est-à-dire par les acteurs collectifs qui s'opposent à la réalisation de leur programmatique. De Woodrow Wilson à George Bush, les présidents américains ont défini leur engagement sur la scène internationale comme un combat visant à terrasser les forces du mal et défendre le « monde libre ». Les dirigeants soviétiques se sont également crus porteurs d'un mouvement historique révélé par Marx et Lénine et qui était appelé à s'universaliser parce qu'il reflétait l'accomplissement d'une mission : la libération des masses opprimées et la résolution de l'antagonisme des classes. Plus récemment, les islamistes défendent, eux aussi, une idéologie à vocation universaliste. Ils divisent le monde entre le royaume où s'applique la loi de Dieu, le *dar al-islam* (demeure de l'islam), et le *dar al-harb* (demeure de la guerre) qu'il importe, selon certains, de convertir par le *jihad* ou guerre sainte. L'avènement de la République islamique d'Iran, en 1979, a donné une impulsion considérable à cette idéologie contestant les structures du système international. Affirmant que l'islam constitue l'origine et la finalité de toute politique, le gouvernement iranien, de même que les mouvements fondamentalistes au Moyen-Orient et en Afrique du Nord, rejettent les prémisses séculières de l'ordre international existant, à commencer par le principe de l'État-nation, mais aussi les dispositions du droit international public, et les conceptions dominantes en matière de développement économique.

Comme l'a bien montré Mohammad-Reza Djalili dans *Diplomatie islamique. Stratégie internationale du khomeynisme* (1989), cette position a été défendue avec plus ou moins de cohérence par les représentants de l'Iran dans les diverses instances des Nations unies, notamment dans les délibérations sur les droits de l'homme. En réalité, les discours inspirés par des idéologies universalistes sont toujours au service du projet hégémonique des États qui les propagent.

4. Le rôle des acteurs non étatiques dans la promotion des normes

Les gouvernements constituent les principaux acteurs capables de manipuler les instruments de légitimation, de faire appel aux émotions, aux valeurs ou à leur propre autorité rationnelle pour entraîner une adhésion, par-delà leurs frontières, aux objectifs qu'ils poursuivent. Leurs dirigeants jouent à cet égard un rôle important. Il importe toutefois de souligner qu'il ne s'agit pas seulement de chefs des grandes puissances. Ainsi, le président égyptien Nasser s'est assuré une large audience dans les années cinquante en nationalisant le canal de Suez. Ce geste, soutenu par le bloc soviétique, lui a assuré une incontestable autorité charismatique sur la scène internationale. Il a contribué à engendrer l'imaginaire « tiers-mondiste » qui se fondait sur la croyance dans les capacités des chefs des États nouvellement indépendants à délégitimer le système international hérité du colonialisme et à instaurer un ordre mondial plus juste. Le maréchal Tito, président de la Yougoslavie, et le Premier ministre de l'Inde, Nehru, ont également marqué de leur empreinte la création et le développement du mouvement des non-alignés dont les revendications se situaient dans la même mouvance.

Cependant, pour être le plus largement reconnues comme légitimes, les normes doivent être instituées. À cet égard, les acteurs non étatiques remplissent des fonctions dont on ne saurait nier l'importance. En aval, les organisations intergouvernementales découlent de la volonté ou tout au moins d'une résignation de la part des États membres à encadrer juridiquement leurs conduites en vue de réaliser certaines finalités politiques ou sociales. Elles peuvent en outre être dotées du pouvoir de créer des organes subsidiaires dans ce but. En amont, les organisations non-gouvernementales (ONG) font pression sur les gouvernements pour réaliser les projets de société qu'elles ont pour mission de défendre. Elles sont souvent étroitement associées aux organisations internationales, soit parce que celles-ci leur donnent la possibilité d'être consultées, soit parce que leur statut ne s'en distingue guère, à l'instar de l'Union mondiale pour la nature (IUCN), créée en 1956, qui regroupe aujourd'hui 73 États, 107 agences gouvernementales et 755 ONG.

4.1. Les organisations internationales

Les organisations intergouvernementales ont des mandats et des structures différents. Elles assument des fonctions politiques, sectorielles ou techniques et entretiennent une grande diversité de régimes ou de liens de coopération interétatiques. Elles ont une longue histoire. La première organisation intergouvernementale de l'époque contemporaine remonte au congrès de Vienne qui établit en 1815 la Commission permanente pour la navigation sur le Rhin, une institution ayant pour mandat d'assurer la liberté de navigation et de commerce sur ce fleuve. Vers la fin du XIXᵉ siècle, on voit naître d'autres organisations à vocation technique, telles que l'Union télégraphique internationale en 1865, le Bureau international des poids et mesures (1875), puis l'Union postale universelle (1878), et l'Union pour la protection de la propriété industrielle (1883). C'est toutefois à l'issue de la Première Guerre mondiale que sont établies, avec la SDN et le Bureau international du travail, des institutions manifestant la volonté des États d'instaurer de nouveaux mécanismes pour garantir leur sécurité collective et pour étendre leur coopération dans les domaines politique, économique et social. Ces développements institutionnels connaîtront ensuite un grand essor au cours de la Seconde Guerre mondiale, avec la création à Bretton Woods en 1944 du Fonds monétaire international (FMI) et de la Banque internationale de reconstruction et de développement (« la Banque mondiale »), avec l'élargissement du mandat de l'Organisation internationale du travail (OIT), avec la mise sur pied de l'Organisation de l'alimentation et de l'agriculture (FAO), et surtout avec la constitution de l'ONU à San Francisco en 1945.

Des organisations de coopération régionale sont également édifiées en marge des Nations unies. La réalisation du plan Marshall oblige les pays européens à se regrouper au sein de l'Organisation européenne de coopération économique (OECE), qui est devenue en 1961 l'Organisation de coopération et développement économique (OCDE). Pour assurer leur sécurité, les gouvernements britannique et français établissent en 1948, avec d'autres États européens, l'Union de l'Europe occidentale (UEO). Peu après, ils fondent, avec les États-Unis et le Canada, l'Alliance atlantique (1949), dont l'Organisation du traité de l'Atlantique Nord (OTAN) deviendra peu après le bras militaire. Le mouvement de construction européenne institue le Conseil de l'Europe en 1949, puis, aux termes du traité de Paris de 1951, la Communauté européenne du charbon et de l'acier (CECA), et à la suite du traité de Rome de 1957, la Communauté économique européenne (CEE ou Marché commun) et la Communauté européenne de l'énergie atomique (Euratom). Les pays du Sud instaurent également des structures de coopération, telles l'Organisation de la Ligue arabe en 1945, l'Organisation des États américains (OEA) en 1948, ou l'Organisation de l'unité africaine (OUA) en 1963.

C'est dire que le nombre des instances internationales n'a cessé de croître depuis la Seconde Guerre mondiale, au sein des Nations unies ou dans le cadre régional. Elles forment aujourd'hui un ensemble d'une grande complexité, comprenant plusieurs dizaines de milliers de fonctionnaires internationaux. La plupart d'entre elles ont leur siège dans les pays occidentaux, à New York, à Genève, à Washington, à Bruxelles, à Paris, à Rome et à Vienne. Pareille évolution traduit l'élargissement et le renforcement des rapports de coopération entre les pays industrialisés, ainsi que leurs liens d'interdépendance toujours plus étroits. Culturellement, socialement et économiquement homogènes, pacifiés dans leurs rapports diplomatico-stratégiques, disposant de ressources importantes, ces États peuvent tirer profit d'une adhésion à des organisations intergouvernementales pour assurer leur défense, pour négocier leurs différends, pour harmoniser leur conduite en définissant des principes convergents, pour promouvoir la production et l'échange de biens, pour étendre leurs réseaux de communication ou pour gérer des projets techniques.

Les représentations communes relatives aux organisations internationales ignorent généralement les dimensions sociopolitiques de leur fonctionnement interne et de leur engagement extérieur. Le langage courant à leur sujet est souvent trompeur, car il assimile la conduite des États qui les composent à celle des secrétariats. Les médias reproduisent volontiers cette confusion, lorsqu'ils dénoncent l'impuissance ou l'échec de l'ONU dans la gestion de telle crise, sans faire la part entre les décisions prises par les membres permanents du Conseil de Sécurité et le rôle du Secrétariat de l'ONU qui n'est pas responsable des résolutions passées dans le cadre de ses enceintes. Il faut reconnaître aussi que la complexité de leur administration, la diversité de leurs mandats, leur nature souvent technique, le langage parfois ésotérique de leurs documents, leurs procédures de fonctionnement chargées de rites, rendent leur accès difficile pour les non-initiés. En outre, leurs missions idéalistes au service de la paix, des droits de l'homme, du développement, de la coopération internationale, peuvent entraver les efforts d'analyse rigoureuse. Trop souvent, les travaux sur les organisations internationales ont tendance à reproduire leur discours normatif et à manquer ainsi de distance analytique. Toutefois, comme nous le verrons au chapitre suivant, il existe des études de qualité sur le rôle et le fonctionnement des institutions de Bretton Woods, notamment en raison de l'influence économique et politique qu'elles exercent sur les pays pauvres et des controverses que suscitent leurs programmes.

4.1.1. Une typologie aléatoire

Il est impossible de proposer une classification précise des organisations internationales, car elles diffèrent sensiblement par leurs objectifs, leurs structures institutionnelles, leur mode de fonctionnement, la nature de leurs programmes, leurs capacités politiques. Comme nous l'avons vu, on opère couramment une distinction entre les organisations à vocation universelle – les Nations unies et leurs institutions spécialisées, qui rassemblent la quasi-totalité des États – et celles poursuivant des objectifs régionaux. Ce principe de classification s'avère cependant peu éclairant, car la géopolitique de ces institutions reste souvent imprécise. Les Nations unies ont des commissions régionales ayant pour mandat de développer la coopération économique en Europe, en Amérique latine, en Afrique, au Moyen-Orient et en Asie. Certaines organisations considérées comme « régionales » poursuivent des activités de coopération multilatérale et des programmes dont la portée s'avère très large. Ainsi, l'OCDE rassemble aujourd'hui une trentaine d'États membres appartenant au groupe des principaux pays industrialisés, dont le Mexique et la Corée. Les États parties à cette organisation fournissent 95 % de l'« aide bilatérale au développement », autrement dit des prêts à caractère concessionnel. Leur économie compte pour environ 70 % du produit brut mondial et est à l'origine des trois quarts des échanges internationaux. Il n'y a donc pas lieu de s'étonner que les questions économiques et sociales dont cette organisation s'occupe aient des effets à l'échelle mondiale. Par ailleurs, les processus d'intégration régionale ne sont pas comparables : les institutions créées à cet effet diffèrent trop, comme le montre la disproportion entre l'Union européenne et les organisations régionales existant en Afrique, en Asie ou en Amérique latine, dont les capacités politiques sont faibles.

4.1.2. La disparité des structures

Il convient d'ajouter que les organisations diffèrent beaucoup selon la nature de leurs organes constitutifs, les compétences attribuées à leur secrétariat, leurs modes de recrutement, notamment l'importance du facteur géographique dans la répartition des postes, leur degré d'autonomie par rapport aux directives des gouvernements, l'importance de leur bureaucratie. Certaines d'entre elles, par exemple le Conseil de l'Europe ou la plupart des institutions spécialisées des Nations unies, reposent sur une structure administrative relativement importante, mais sont dotées de moyens d'action insignifiants. D'autres, l'OMC notamment, ont un secrétariat de faible dimension, mais jouent un rôle de premier plan dans les relations internationales. Il faut aussi mentionner le fait que certains mécanismes de coopération ne sont pas fondés sur une organisation internationale. Ainsi, les chefs d'État et de gouvernement des principaux pays industrialisés ont pris l'habitude, depuis les années 1970, de se réunir régulièrement dans le cadre du « Groupe des 7 », appelé plus couramment « G7 » ou « G8 » depuis l'admission en son sein de la Russie en 1997. Or cette instance ne possède pas de secrétariat permanent, ses délibérations étant préparées par des hauts responsables des pays concernés que l'on désigne du nom de *sherpas*.

4.1.3. L'autonomie institutionnelle

La question de l'autonomie relative des institutions internationales a fait l'objet de débats théoriques sur lesquels nous reviendrons dans le chapitre suivant. À ce stade, il convient toutefois d'aborder cette question sur un plan formel, en examinant les attributions conférées aux organismes internationaux en termes de droits, de fonctions et de pouvoir. Les analyses de Max Weber sur la domination politique soulignent la nécessité d'une continuité administrative reposant sur l'« intérêt » et l'« honneur ». Le déplacement du pouvoir vers la sphère internationale a imposé la constitution de bureaucraties internationales stables, formées de fonctionnaires dont le statut et les privilèges diplomatiques se trouvent garantis par des dispositions de droit international. Les secrétariats internationaux sont en principe indépendants des pouvoirs étatiques. Dans la tradition issue des pratiques de la SDN, la Charte des Nations unies a défini les règles de la fonction publique internationale en prévoyant que : « Dans l'accomplissement de leurs devoirs, le secrétaire général et le personnel ne solliciteront ni n'accepteront d'instructions d'aucun gouvernement ni d'aucune autorité extérieure à l'organisation » (art. 100). Elle détermine également les modalités du recrutement : « La considération dominante dans le recrutement et la fixation des conditions d'emploi du personnel doit être la nécessité d'assurer à l'Organisation les services de personnes possédant les plus hautes qualités de travail, de compétence et d'intégrité. Sera dûment prise en considération l'importance d'un recrutement effectué sur une base géographique aussi large que possible » (art. 101, § 3).

En réalité, ces principes n'ont pas été suivis, surtout dans le climat de la guerre froide, le gouvernement américain poursuivant, à l'époque du maccarthysme, les fonctionnaires susceptibles de sympathie communiste, alors que les Soviétiques insistaient pour garder un contrôle politique sur leurs ressortissants qui assumaient des fonctions au sein des Nations unies. La composition des secrétariats a été dominée par les représentants des pays occidentaux jusque dans les années 1970. À la suite du processus de décolonisation, elle est devenue plus composite, et les fonctionnaires issus des nouveaux États y ont exercé une influence croissante. Pourtant, les considérations de répartition géographique ne sont pas toujours respectées, les grandes puissances s'arrogeant des prérogatives particulières pour les postes de haute responsabilité. D'une manière générale, les gouvernements interviennent constamment dans le recrutement des fonctionnaires des Nations unies, en faisant pression sur le secrétaire général ou les chefs d'agence pour pousser des ressortissants de leur pays au sein des administrations de ces organismes. Dans la pratique actuelle, nombreux sont les fonctionnaires internationaux qui gardent des relations suivies avec le gouvernement de leur pays d'origine. Les institutions de Bretton Woods exigent de leur personnel un haut degré d'expertise ; aussi leurs secrétariats sont-ils recrutés parmi des personnes issues des mêmes centres de formation académique, essentiellement des universités anglo-saxonnes. Peu importe donc qu'ils soient d'origine indienne ou américaine s'ils partagent des représentations du monde similaires. De même qu'il est impossible de gravir la hiérarchie du Vatican en doutant de l'Immaculée Conception, de même les sphères dirigeantes de ces organisations doivent manifester une foi inébranlable dans les bienfaits du marché.

D'autre part, on ne saurait sous-estimer l'influence prépondérante des pays riches en matière budgétaire, ce qui leur permet d'exercer une emprise sur les fonds et programmes qu'ils financent, tel que le PNUD ou l'UNICEF. Les États-Unis et leurs alliés définissent l'orientation des institutions de Bretton Woods, puisque, nous l'avons évoqué, les statuts de ces institutions prévoient un système de vote pondéré conférant la majorité du pouvoir de décision aux États contribuant le plus à leurs ressources financières. Il paraît donc inconcevable qu'elles prennent des décisions que le gouvernement américain jugerait contraire à ses intérêts nationaux.

Si les organisations internationales ne jouissent donc pas d'une indépendance complète des pouvoirs étatiques leur permettant de prendre des décisions à l'abri de toutes instructions ou pressions, elles possèdent cependant une autonomie relative. Leurs secrétariats sont dépositaires de savoir-faire et d'une mémoire institutionnelle, et peuvent à ce titre influer sur l'agenda des questions débattues en leur sein. Ils préparent, parfois avec l'aide d'experts de leur choix, les textes normatifs – résolutions ou les conventions – qui orienteront les opinions publiques et la position des gouvernements. Ils disposent d'une capacité de mobiliser des symboles, de produire des idées, de concevoir et de mettre en œuvre des programmes, ce qui leur confère un rôle politique incontestable. Ceci est particulièrement manifeste dans les institutions de Bretton Woods. La Banque mondiale cumule les fonctions d'argentier et de producteur de dogmes, dans la mesure où elle confère la position de vice-président à son économiste en chef et qu'elle dispose de moyens formidables pour rassembler les données et les analyses susceptibles d'orienter le choix des politiques économiques poursuivies par les États emprunteurs. Or en cas d'alternance de pouvoir aux États-Unis, il faut un certain temps à la nouvelle administration pour réorganiser les services de cette institution, et remplacer l'équipe dont les conceptions ne cadrent plus avec celles défendues à la Maison-Blanche par un personnel capable de traduire les nouveaux intérêts en objectifs de développement.

On peut en conclure que les organisations internationales constituent des pôles d'autorité pouvant échapper partiellement à l'action des gouvernements. Leur influence dépend non seulement de leur mandat et des ressources dont elles disposent, mais de la qualité de leur direction et du niveau général d'expertise de leur secrétariat. Une organisation dont le Directeur général est défaillant du point de vue de la gestion et de l'autorité intellectuelle perd de sa crédibilité, comme le montrent les exemples de plusieurs institutions spécialisées des Nations unies au cours des dernières décennies.

4.2. Les ONG

Les mouvements associatifs exerçant une activité dans la sphère internationale se comptent par milliers et sont de nature diverse. On peut mentionner le rôle historique joué à cet égard par les communautés religieuses. Quoique leur mission soit en principe spirituelle, leurs prises de position éthiques sur les affaires du monde peuvent produire des effets politiques. Le Saint-Siège est reconnu comme sujet de droit international, et se fait représenter au sein des Nations unies. Quand bien même il ne dispose plus du pouvoir temporel qu'il avait hérité du haut Moyen Âge jusqu'à l'unité italienne, il peut, par sa seule autorité spirituelle, exercer une influence politique, par exemple en s'abstenant de prendre position, comme ce fut le cas vis-à-vis du fascisme dans les années 1930 et pendant la Seconde Guerre mondiale, ou encore à l'égard des dictatures de droite en Amérique latine durant les années 1970. De son côté, le Conseil œcuménique des Églises, dont le siège est à Genève, rassemble les communautés protestantes et orthodoxes ; il s'exprime régulièrement sur les grandes questions de politique internationale, notamment sur les problématiques de la paix, du développement et du désarmement. Il n'existe pas d'autorité centralisée dans les mondes de l'Islam ou du judaïsme, ce qui peut aussi favoriser des mouvements et des réseaux de diverse nature entretenant des liens étroits avec la chose politique.

Les partis et les syndicats s'organisent également de manière à peser sur les mécanismes de régulation sociopolitique. L'exemple des internationales socialistes est connu. En se proposant de coordonner les revendications et l'action des travailleurs contre toute forme d'exploitation capitaliste, leur incidence politique en Europe a été grande depuis la fin du XIXᵉ siècle. La première Internationale fut créée en 1864, sous le nom d'Association internationale des Travailleurs. La deuxième, formée en 1889, s'est notamment fixée comme objectif de poursuivre une action internationale contre la guerre qui échoua en 1914. La IIIᵉ Internationale, née en 1919 de la séparation entre socialistes et communistes, devint un instrument de la politique stalinienne jusqu'à sa dissolution en 1943. Depuis la Seconde Guerre mondiale, la plupart des partis politiques traditionnels européens ont développé des activités et des structures internationales. Les mouvements syndicaux internationaux ont maintenu une tradition militante à l'échelle internationale et influencent le développement des normes et des programmes de l'OIT. La Confédération internationale des syndicats libres (CISL) revendique 70 millions d'adhérents dans 95 pays et joue à cet égard un rôle privilégié. La Confédération mondiale du travail, d'obédience chrétienne, comprend aujourd'hui 13 millions d'adhérents répartis dans 75 pays.

Il faut ajouter à ces forces transnationales traditionnelles les innombrables ONG qui poursuivent des objectifs économiques, sociaux et culturels d'une grande diversité dans la sphère des relations internationales. Elles occupent un rôle éminent dans les domaines des droits de l'homme, de l'amélioration du statut des femmes, des affaires humanitaires, de l'environnement et du développement. Leurs activités peuvent aussi concerner des secteurs plus circonscrits ou modestes comme le sport ou la recherche bibliographique. Elles se comptent aujourd'hui par milliers. Certaines ont une longue histoire. Ainsi la *British and Foreign Anti-Slavery Society* fut fondée en Grande-Bretagne en 1823 ; elle continue d'être active dans sa lutte contre toute forme moderne d'exploitation de type esclavagiste. Au début du XXᵉ siècle, les organisations bénévoles de secours aux populations victimes des guerres, notamment aux réfugiés, se sont multipliées, souvent dans la mouvance des institutions religieuses. Avec la création de l'ONU, les ONG ont connu un nouvel essor. Le développement des réseaux de communication a accéléré leur déploiement dans l'ensemble du monde. Les Nations unies et leurs institutions spécialisées reconnaissent un statut consultatif à celles qui agissent dans leur domaine de compétence. L'article 71 de la Charte prévoit que « le Conseil économique et social peut prendre toutes les dispositions pour consulter les Organisations non-gouvernementales qui s'occupent des questions relevant de sa compétence ». Ces dispositions s'appliquent « à des organisations internationales et, s'il y a lieu, à des organisations nationales après consultation du membre intéressé de l'organisation ». Des articles similaires figurent dans les dispositions constitutives des organisations intergouvernementales spécialisées, qui réservent aux ONG différents statuts en fonction de leurs finalités et de leur composition, modulant ainsi leur capacité d'intervenir dans les débats.

La plupart des ONG, en particulier celles qui ont d'importantes ressources financières et administratives, sont établies dans les pays occidentaux, singulièrement dans le monde anglo-saxon. Elles ont contribué au cours de ces dernières années à la propagation des conceptions politiques libérales ou progressistes en vigueur dans les pays occidentaux. À cet égard, leur action s'inscrit dans une tradition politique marquée par les courants rationalistes, individualistes et égalitaires des Lumières. Elles concourent à un mouvement d'intégration sociale et politique reflétant les intérêts des pays à économie de marché, même si elles se situent parfois en opposition avec les tendances politiques dominantes. Or elles ne peuvent assumer leur mission sans un minimum d'accord des gouvernements, raison pour laquelle elles sont moins nombreuses en Afrique, et qu'elles n'ont pas droit de cité en certains pays d'Asie, comme la Chine, ayant des régimes répressifs.

La comparaison entre ces acteurs et les partis politiques au sein des États ne semble pas adéquate, car l'objectif des ONG ne consiste pas à conquérir le pouvoir en utilisant un espace public transnational, mais bien plutôt à faire pression sur les gouvernements et les institutions internationales, afin qu'ils assurent la promotion de certaines normes et mettent en œuvre des programmes à cet effet. Elles se différencient également des partis par la nature sectorielle de leur champ d'intervention. Il paraît donc plus pertinent de les assimiler à des groupes de pression dont le champ d'action se situe dans la sphère des relations internationales.

Certaines ONG sont indépendantes des gouvernements et développent à leur égard une action politique autonome. C'est le cas d'organisations comme Amnesty International ou Greenpeace. En revanche, le Comité international de la Croix-Rouge (CICR), qui a reçu mandat d'agir sur la scène internationale pour la protection des victimes des conflits armés, entretient des liens étroits avec le gouvernement suisse. Toutefois, dans un monde où les lignes de partage entre les sphères étatiques et internationales ont tendance à se brouiller, une ONG peut être ancrée dans un seul pays tout en poursuivant des objectifs internationaux. Ainsi, il existe de nombreuses organisations agissant dans le domaine des droits de l'homme qui conservent une base essentiellement nationale. Bien qu'elles soient dotées de peu de ressources matérielles, elles peuvent cependant compter sur un appui considérable en s'intégrant dans des réseaux internationaux. C'est le cas de l'Organisation mondiale contre la torture (OMCT), qui a son siège à Genève, mais constitue un réseau réunissant quelque 200 ONG luttant contre la torture.

Lorsqu'elles interviennent dans le champ de l'humanitaire, leur action peut avoir des effets politiques majeurs. Amnesty International a contribué en 1979 au renversement du gouvernement de Bokassa en République centrafricaine, en lançant des informations accablantes sur ce régime. À l'inverse, le CICR, afin de s'assurer une large présence dans le monde, évite d'adopter des positions susceptibles de heurter les gouvernements, mais cette réserve lui a valu des critiques, surtout lorsqu'il a été le principal témoin de tragédies. Ce fut le cas sous le IIIe Reich, et, plus récemment, dans les situations de répression ou d'occupation portant atteinte aux obligations des conventions de Genève. Les gouvernements utilisent volontiers des ONG pour faire face aux catastrophes humanitaires, ou pour la mise en œuvre de projets de développement, plutôt que de confier ces interventions à des organisations intergouvernementales dont les mécanismes manquent de souplesse et s'avèrent difficiles à contrôler. En 1976, la Communauté européenne décide d'officialiser ses liens avec les ONG, en prévoyant un budget destiné à financer des activités de développement ou des entreprises humanitaires. Modeste au départ, ce budget n'a cessé d'augmenter. De nos jours, une partie importante de l'assistance au développement se trouve canalisée par les ONG. Leurs contributions vont généralement à des projets de petite ou moyenne envergure dans les secteurs de l'agriculture, de l'éducation, de la formation, de la santé publique. Depuis les années 1990, elles sont intervenues massivement dans les grandes conférences organisées par les Nations unies.

Il reste à évaluer dans quelle mesure la prolifération des ONG et leur mobilisation permanente manifesteraient l'émergence d'un espace public international prenant en charge des secteurs de plus en plus étendus de la reproduction sociale et participant à une intégration croissante de la société internationale. Il se peut que l'on assiste plus simplement à une interpénétration des espaces publics nationaux des grandes puissances dont une des manifestations serait le développement de réseaux d'organisations locales, nationales ou transnationales s'employant à influencer la vie politique des États et les programmes des institutions internationales.

Chapitre VI

Normes et institutions dans la théorie des relations internationales

L a théorie des relations internationales a intégré les variables normatives et institutionnelles dans le cadre de réflexions portant principalement sur l'intégration, sur les régimes, sur l'hégémonie et sur
la gouvernance. En raison de leur complexité, la plupart de ces objets
offrent une multiplicité de points d'appui sur lesquels poser des leviers
interprétatifs ou explicatifs. Comme nous le verrons, plusieurs courants,
dont le fonctionnalisme, l'intergouvernementalisme, le néoréalisme, le
néo-institutionnalisme, le cognitivisme, le gramscisme, le transnationalisme se sont attachés à en rendre compte, en articulant de façon distincte
les normes et les institutions aux variables étatiques et économiques.

1. Les théories de l'intégration

L'intégration désigne un processus régional par lequel les États, prenant acte de leur interdépendance dans certains domaines économiques
et sociaux, instituent ou adhèrent à des mécanismes politiques qui ont
pour mandat de fixer des règles de conduite communes, susceptibles
de consolider leurs relations mutuelles dans les domaines visés, et de
leur permettre éventuellement d'exercer une influence collective à
l'extérieur. L'étendue des secteurs concernés, l'importance du transfert
de compétences étatiques, de même que le degré d'institutionnalisation, d'autorité et de légitimité conféré aux organes communautaires
varient sensiblement de cas en cas, et peuvent être renforcés ou au
contraire affaiblis selon le succès que rencontre le processus.

Les processus d'intégration régionale ont connu, au cours des vingt dernières années, un développement prodigieux, comme si les États n'avaient d'autres choix, pour répondre à la transnationalisation des marchés, à l'expansion des réseaux d'échange et de communication, que de participer à la création de nouveaux espaces économiques. Parmi ces derniers, le plus important, outre l'Union européenne sur laquelle nous reviendrons, est constitué par l'accord de libre-échange instauré en 1988 entre les États-Unis et le Canada qui a été élargi avec l'adhésion du Mexique en 1994 et l'entrée en vigueur de l'ALENA, l'accord de libre-échange nord-américain (en anglais NAFTA). L'Argentine, le Brésil, le Paraguay et l'Uruguay ont de leur côté constitué le MERCOSUR (Marché commun du cône sud). En Asie, les gouvernements ont eu plus de difficultés à mettre en place des régimes de coopération régionale, en raison de l'hétérogénéité politique et culturelle de cet immense continent. L'Association des nations du Sud-Est asiatique (ASEAN ou ANASE en français) a été créée en 1967 sous l'égide des États-Unis, alors engagés dans la guerre du Vietnam, et regroupe six États (l'Indonésie, la Malaisie, la Thaïlande, les Philippines, Singapour et Brunei). Elle a été élargie en 1987 avec l'adhésion du Cambodge, de la République démocratique populaire lao, du Myanmar et du Vietnam, et s'est progressivement engagée dans un programme de coopération économique. En 1992, le sommet de l'ASEAN a pris la décision de créer au terme d'une quinzaine d'années une zone de libre-échange. Elle s'emploie à étendre ses rapports diplomatiques avec de nouveaux États, dont la Chine et le Japon, et à devenir un forum de concertation politique. L'APEC (Asia Pacific Economic Cooperation) a été créée en 1989 sur proposition de l'Australie à des fins de coopération économique entre pays riverains du Pacifique. Elle rassemble 18 États, dont la Chine ; elle devrait également tendre à créer une zone de libre-échange d'ici 2010 pour les pays industriels, et 2020 au plus tard pour les autres membres. Cette organisation d'intégration régionale, de nature essentiellement économique, peut être interprétée comme une réponse aux avancées de l'Union européenne, à l'instauration de l'ALENA et à l'aboutissement des négociations de l'Uruguay Round en 1994.

Le mouvement d'intégration tel qu'il s'est développé en Europe après la Seconde Guerre mondiale constitue un phénomène singulier. Il a pris dès ses origines une orientation politique marquée, impliquant l'établissement d'institutions disposant de pouvoirs supranationaux dans le but de mettre un terme à un enchaînement séculaire de confrontations et de guerres. Ce processus fournit la manifestation la plus saisissante des innovations institutionnelles marquant l'érosion partielle des souverainetés étatiques dans certains secteurs de la vie économique et sociale. L'Union européenne se distingue en effet de toute autre organisation internationale par l'importance de ses finalités et par l'ampleur des moyens dont elle dispose pour que les décisions de ses organes, en particulier celles de la Commission et de la Cour, soient directement applicables dans les États. L'Acte unique de 1986, puis le traité sur l'Union européenne, entré en vigueur le 1er novembre 1993, ont donné au Conseil européen et au Conseil des ministres la capacité de prendre des décisions à la majorité qualifiée en de nombreux domaines économiques, sociaux et même politiques. Les quinze États membres de l'Union ont ainsi accepté de modifier les conditions d'exercice de leur souveraineté. Ils ont formé un vaste espace économique qui autorise la libre circulation des marchandises, des services, des capitaux et des personnes et qui instaure un tarif extérieur commun. Ils ont créé l'euro afin d'intensifier leurs échanges commerciaux en les mettant à l'abri du risque de change, mais aussi dans le but de disposer d'une monnaie internationale dont l'importance pourrait augmenter dans les réserves de change des autres banques centrales. Depuis le sommet franco-britannique de Saint-Malo en 1998, un consensus a progressivement émergé sur la nécessité de doter l'Union d'une force militaire capable, lorsque l'OTAN n'est pas engagée, de mener des opérations autonomes qui reposeraient sur la « clause de défense commune » ainsi que sur la création de « coopérations structurées » entre la France, la Grande-Bretagne et l'Allemagne notamment.

Ce processus d'intégration se heurte périodiquement à des obstacles politiques, sociaux et institutionnels. L'adhésion, le 1er mai 2004, des dix nouveaux membres que viendront rejoindre, en 2007, la Roumanie et la Bulgarie, a éveillé dans la plupart des pays de l'Union la crainte de délocalisations en cascade et d'une érosion des garanties collectives contre la sous-rémunération avec l'arrivée d'une main-d'œuvre bon marché. Le rejet du projet de Constitution européenne par les électeurs français et néerlandais au printemps 2005, suivi de la décision britannique de suspendre l'organisation d'un référendum, a démontré que l'intégration européenne reste une construction pour le moins fragile. Le « non » français et hollandais apparaît certes ambigu, puisqu'il cumule des protestations sociales, souverainistes ou xénophobes face aux pratiques que le traité constitutionnel vise à consacrer. Quoi qu'il en soit de la diversité des motivations, ce rejet exprime un désaveu massif qui ne porte pas seulement sur l'élargissement. Il s'applique au modèle européen, perçu par bon nombre de citoyens comme dominé à l'excès par la loi de la compétitivité économique au détriment des droits sociaux et des services publics, ces derniers étant réduits dans le projet à des fonctions minimalistes. Il touche aussi à la légitimité même des institutions communautaires, à commencer par la Commission, devenue pour les opposants le symbole d'une Europe pilotée par des technocrates non élus qui confondent l'intérêt collectif des populations avec ceux des agents économiques privés organisés en lobbies efficaces à Bruxelles. Il se rapporte enfin à l'indépendance de la Banque centrale européenne et à sa mission première consistant à garantir la stabilité des prix et non à soutenir l'activité productive, ce qui la conduit à relever systématiquement ses taux directeurs lorsqu'elle estime qu'il y a un risque inflationniste : on impute à cette politique – qui se fonde sur le postulat selon lequel seule une monnaie forte peut stimuler la croissance – de favoriser les investissements financiers, et, par voie de conséquence, les exigences des actionnaires sur celles des salariés, et de faire obstacle aux politiques budgétaires de redistribution sociale ou de relance par les dépenses publiques. En somme, les débats sur le projet de Constitution européenne montrent qu'un processus d'intégration doit également satisfaire au principe fondamental de la légitimité que constitue la réalisation d'un ordre perçu comme juste par la majorité des citoyens, dès lors que ceux-ci sont appelés à se prononcer sur sa poursuite.

Quelles conceptions ont été développées dans la théorie des relations internationales pour rendre compte des politiques d'intégration ? Comment expliquent-elles le processus par lequel des institutions communautaires sont créées ou modifiées ? Dans quelle mesure parviennent-elles à éclairer la relation entre ces institutions et le comportement des acteurs étatiques ainsi que des groupes sociaux qui les composent ? L'Europe a constitué le terrain privilégié des études sur le processus d'intégration que l'on peut regrouper dans trois écoles de pensée dominantes : le fonctionnalisme, le néofonctionnalisme et le courant intergouvernementaliste.

1.1. Le fonctionnalisme

La première perspective visant à appréhender le processus d'intégration, mais aussi à y contribuer directement, relève du fonctionnalisme, théorie qui a exercé une forte influence en sociologie et en anthropologie. Inspirée par la biologie, elle part de l'hypothèse que les sociétés peuvent être comparées aux organismes vivants dans la mesure où elles doivent, elles aussi, satisfaire certaines exigences fonctionnelles. De ce point de vue, les institutions, tout au moins celles dotées d'une certaine efficace, sont conçues comme des mécanismes instaurés pour répondre à des besoins sociaux spécifiques. Si l'on transpose cette conception aux relations internationales contemporaines, on peut en inférer que les sociétés modernes ont développé un certain nombre de fonctions complexes qui ne peuvent plus être satisfaites par les gouvernements de façon autarcique ; elles nécessitent une coordination interétatique qui s'effectuera au mieux dans le cadre d'organisations internationales instaurées à cet effet. David Mitrany, un politologue britannique, a éclairé l'étude des processus d'intégration en s'appuyant sur cette démarche fonctionnaliste. En 1943, il publie un ouvrage intitulé *A Working Peace System*. Il commence par analyser les causes de l'échec de la SDN qu'il attribue à la tentative de codifier et universaliser des règles formelles devant régir les relations des États membres. Trop idéaliste, ce projet juridico-institutionnel avait peu de chance de parvenir aux résultats visés. Selon Mitrany, pour assurer le maintien de la paix au terme de la Seconde Guerre mondiale, il ne sert à rien de mettre sur pied des institutions élaborées sur la base de projets constitutionnels ambitieux et dotées de pouvoirs supranationaux. En lieu et place, il avance l'hypothèse qu'il convient de porter l'effort de coopération dans des sphères d'activités économiques et sociales orientées vers la réalisation de biens communs qui ne sont pas mis en question par les acteurs étatiques. La création d'« agences fonctionnelles » internationales dans ces domaines serait facilitée par leur objectif utilitaire : réaliser des tâches concrètes répondant à ces besoins communs aux États. Ceux-ci abandonneraient ainsi une part de leur souveraineté en déléguant à un réseau d'organisations intergouvernementales les fonctions qu'ils ne peuvent manifestement plus assumer seuls. Une telle démarche pragmatique aurait l'avantage de susciter progressivement les conditions d'une coopération plus large. En effet, les diverses agences d'un même groupe d'activités (par exemple, le transport) gérées, selon leurs exigences fonctionnelles, à une échelle internationale plus ou moins étendue (région, continent, planète) pourraient requérir davantage de coordination entre elles (rail, route, air et navigation), et cette collaboration serait susceptible de s'étendre à d'autres groupes d'activités (la production, notamment de fer), engendrant ainsi le besoin d'une planification internationale accrue. Ainsi, par effet de spirale, les sociétés tendraient vers une intégration croissante, et l'on assisterait à un transfert des systèmes d'allégeance nationaux vers une communauté élargie. L'institutionnalisation politique suivrait l'élargissement de ces activités techniques, sans qu'il faille nécessairement instaurer un régime politique dominant l'ensemble.

Les idées fonctionnalistes de Mitrany vont exercer une forte influence sur le développement du système des Nations unies ; les diplomates et les hommes politiques qui contribuent à sa création s'imaginent volontiers que la coopération internationale peut se poursuivre à l'abri de la politique et des querelles idéologiques, et cette perspective trouve son expression institutionnelle après la guerre dans la prolifération d'organisations spécialisées. Elles vont surtout inspirer les fondateurs de l'Europe communautaire. La fameuse déclaration de Robert Schuman du 9 mai 1950 proposant de placer l'ensemble de la production franco-allemande de charbon et d'acier sous une haute autorité commune reflète la conception fonctionnaliste : « L'Europe ne se fera pas d'un coup, ni dans une construction d'ensemble : elle se fera par des réalisations concrètes créant d'abord une solidarité de fait. » La vision de Jean Monnet sur la construction européenne ira dans le même sens. Il pense que les administrateurs, les planificateurs, les industriels et les syndicalistes peuvent créer ensemble les conditions d'un mouvement d'intégration politique dès lors qu'ils se trouvent confrontés à la nécessité de résoudre des problèmes communs. Dans cette perspective, il convient d'avancer pas à pas, de manière pragmatique. De fait, avec la création de la Communauté européenne du charbon et de l'acier (CECA), la gestion supranationale de ce secteur clef des industries européennes va induire une intégration recouvrant de vastes pans de la vie économique de ses membres. Monnet œuvrera, peu après le traité de la CECA, à favoriser l'instauration d'une Communauté européenne de défense (CED). Ce projet toutefois sera tenu en échec. On peut en tirer pour conclusion que Monnet a brûlé les étapes de la logique fonctionnaliste, ou que cette approche fondamentalement technocratique bute sur d'importantes limites lorsqu'elle concerne des questions de haute politique.

La seconde interprétation de la faillite de la CED procède d'une critique plus générale adressée au fonctionnalisme. On lui reproche, en effet, de formuler une conception dépolitisée à l'excès de l'industrie et de la technologie. Sur ce point, Mitrany semble rejoindre la doctrine de Saint-Simon qui recommandait une délégation d'autorité aux savants et aux industriels : dans la mesure où leur activité s'applique aux sphères de la production, de la santé et de l'éducation, ils lui paraissaient les mieux à même d'organiser la société « de la manière la plus avantageuse pour le plus grand nombre ». Or, s'il est bien vrai que la régulation sociétale dans les pays industrialisés à économie de marché a eu tendance, depuis la grande crise, à être assujettie à des impératifs techno-économiques, cette dynamique n'a pas pour autant supplanté l'exercice du pouvoir étatique. Contrairement à ce qu'avance Mitrany, la technique n'a pas de « faculté d'autodétermination » propre. C'est le politique qui lui confère éventuellement un *droit* à l'autodétermination pour répondre à des besoins de légitimation de plus en plus liés à des critères d'efficacité et de performance. Les États peuvent tout aussi bien révoquer ce droit ou le restreindre si les intérêts de groupes sociaux actifs au sein de leurs juridictions s'avèrent négativement affectés. D'autre part, il est bon de rappeler ici une évidence : pas plus qu'elle ne constitue un système complètement autonome, la technique n'est jamais neutre. Elle incorpore des rapports de production, potentiellement conflictuels, et peut engendrer des effets de pouvoir.

1.2. Le néofonctionnalisme

Une nouvelle vigueur sera donnée aux idées de Mitrany dès la fin des années 1950 avec la parution de deux ouvrages analysant le processus d'intégration européenne, *The Uniting of Europe* d'Ernst Haas (1958), et *The Political Dynamics of European Economic Integration* de Leon Lindberg (1963). Ces auteurs avancent l'hypothèse que le mouvement d'intégration européenne procéderait d'une dynamique combinant des déterminants fonctionnels *et* sociopolitiques. Rejetant l'analyse purement technocratique du fonctionnalisme classique, ils confèrent le rôle d'acteurs, dans le processus d'intégration, aux groupes d'intérêts, aux partis politiques nationaux et aux élites dirigeantes. Ils s'accordent avec Mitrany sur le mouvement cumulatif que peuvent engendrer les organes fonctionnels créés pour résoudre des tâches communes, mais ils s'attachent à en rendre compte de manière plus rigoureuse en recourant au concept de *spill-over* (effet d'entraînement, de débordement ou d'engrenage). Celui-ci leur sert à éclairer trois dynamiques distinctes (Tranholm-Mikkelsen, 1991). Le *spill-over fonctionnel* reprend la thèse principale de Mitrany : la coopération dans un secteur d'activité (par exemple, le charbon et l'acier) est susceptible d'induire des effets d'entraînement techniques dans d'autres secteurs (l'énergie), ce qui, à terme, pourrait mener à des transferts de compétence additionnels. Le *spill-over politique* vise à conceptualiser la relation entre les élites nationales et les institutions communautaires. Il se fonde sur la proposition théorique selon laquelle le processus d'intégration engendre une interpénétration organisationnelle conduisant les élites nationales à se rencontrer fréquemment et à échanger leurs vues ; ce faisant, elles assimilent des schémas, des catégories et des modèles cognitifs communs qui orientent leurs préférences vers le niveau collectif et les amènent à adopter des lignes d'action favorables à la poursuite de l'intégration. Lindberg accorde une importance particulière aux élites gouvernementales dans cette dynamique, tandis que Haas souligne le rôle crucial joué par les dirigeants des partis politiques, des unions patronales et des syndicats. Enfin, le *spill-over entretenu* (*cultivated spill-over*) rend compte de l'influence des institutions communautaires dans la structuration du comportement des acteurs étatiques. Ce concept a pour objet d'éclairer comment la Commission en particulier s'évertue à faire obstacle aux conduites des États qui visent à maximiser la satisfaction de leurs intérêts, dans la mesure où le résultat pourrait s'avérer sous-optimal pour la poursuite du processus d'intégration. Exerçant une fonction médiatrice, la Commission s'emploie à concilier les positions extrêmes au-delà du plus petit dénominateur commun qui s'imposerait en l'absence d'arrangements institutionnels capables de valoriser la réalisation de certains objectifs collectifs.

Les néofonctionnalistes cherchent ainsi à corriger la dimension apolitique des premières études sur l'intégration européenne. Ils font le départ entre les domaines relativement peu politisés – ceux impliquant l'abaissement des barrières douanières et l'harmonisation des conditions nécessaires au Marché commun – et les questions relevant de la « haute politique ». Toutefois, ils partagent, d'une façon générale, l'optimisme de Mitrany sur les effets d'entraînement du processus. On peut leur rétorquer que c'est une chose d'offrir des réponses techniques à certains problèmes où les conflits d'intérêts paraissent de faible importance, mais que cela en est une autre de parvenir à réduire les divergences sur la politique agricole commune, à définir des programmes industriels et des projets sociaux convergents, ou à harmoniser les fiscalités. Sans doute l'avis des « experts » et l'activisme des milieux d'affaires ont-ils souvent exercé une grande influence sur le mouvement d'intégration, notamment lors de l'établissement des premières institutions européennes et plus récemment de l'Union monétaire. Cependant, les déterminants politiques ont toujours pesé sur l'intégration européenne, dès lors que celle-ci met en cause des domaines sensibles de la souveraineté étatique. À plusieurs reprises, elle a été contrée par des initiatives politiques. Le général de Gaulle, dès son retour au pouvoir en 1958, ou le Premier ministre britannique, Margaret Thatcher, dans les années 1980, ont donné des coups de frein importants à l'orientation fédéraliste qui se trouve au fondement du traité de Rome. La dynamique technocratique inspirée par les fonctionnaires et les dirigeants de la Commission a dès lors été entravée par les divergences entre les gouvernements sur les orientations à donner à la construction européenne. Ses limites se sont manifestées de manière encore plus spectaculaire dans le rejet récent du projet de Constitution par les électeurs français et néerlandais. Ce désaveu n'exprime pas seulement un décalage profond entre les exigences fonctionnelles formulées à Bruxelles et les attentes des citoyens ; il démontre que le peuple, dès lors qu'on lui permet d'exercer son pouvoir constituant, est capable de s'instaurer en juge de la légitimité du pouvoir technocratique face auquel il ne reste ni soumis ni impuissant.

1.3. L'interprétation intergouvernementaliste

Dans les années 1980, il apparaît clairement que le processus d'intégration, au fur et à mesure qu'il se rapporte à des objets relevant de la « haute politique », se heurte à des résistances politiques croissantes. Ces évolutions vont susciter l'attention de chercheurs dont la pensée s'inscrit dans la mouvance réaliste. La construction européenne, de leur point de vue, ne procède pas d'exigences fonctionnelles impulsées par la Commission et des élites administratives ou économiques, mais de compromis laborieux négociés par des chefs d'États et de gouvernement. L'adoption de l'Acte unique, la création de l'euro, l'élaboration d'une politique de défense commune s'avèrent difficiles, parce que ces domaines sont traversés par des conflits d'intérêts importants. Dans une contribution qui fera date, Andrew Moravcsik s'emploie à démontrer que les gouvernements n'ont cessé de contrôler le processus d'intégration (Robert O. Keohane et S. Hoffmann, *The New European Community*, 1991). Il défend l'idée que l'Acte unique n'a pas résulté d'« engrenages » fonctionnels, mais de décisions politiques, même si ces dernières procédaient de pressions économiques émanant de groupes de pression actifs au sein de leurs juridictions. Ainsi, la proposition, défendue par la France, d'abandonner la décision consensuelle au profit de la majorité qualifiée visait à éviter un blocage de la Communauté et à réaliser la libre circulation des biens et des services. Le gouvernement britannique l'accepta, malgré ses réticences à l'égard d'une intégration supranationale, mais il obtenait en contrepartie l'accord de la France et de l'Allemagne sur un allégement du budget communautaire. Moravcsik systématisera ses idées dans un ouvrage ambitieux publié en 1999, *The Choice for Europe: Social Purpose and State Power form Messina to Maastricht*. Il aborde le processus d'intégration à partir d'un cadre conceptuel intégrant trois facteurs déterminants : la défense d'intérêts économiques ; la position de force relative des États prépondérants dans les négociations, à savoir la France, l'Allemagne et le Royaume-Uni ; et leur adhésion aux arrangements institutionnels européens pour des raisons stratégiques consistant pour l'essentiel à consolider les engagements pris par les autres membres. Le premier facteur déterminant met en cause le postulat fonctionnaliste selon lequel les États se trouvent confrontés à certaines tâches communes de nature apolitique qu'ils ne parviennent à gérer de façon optimale qu'en transférant leurs compétences régulatrices à des organes supranationaux. Selon Moravcsik, la construction européenne procède bien davantage de la volonté des gouvernements de défendre les intérêts sectoriels de groupes économiques suffisamment puissants pour obtenir un soutien politique à leur quête de profit. Le deuxième déterminant s'emploie à invalider le poids conféré par les néofonctionnalistes aux organes communautaires dans la structuration du comportement des États membres. Moravcsik estime que le processus d'intégration découle pour l'essentiel d'un marchandage politique donnant lieu à des accords qui la plupart du temps se réalisent sur la base du plus petit dénominateur commun. Enfin, le troisième déterminant réfute la thèse selon laquelle l'orientation fédéraliste répondrait à une quête d'efficience régulatrice. Elle provient bien plutôt de l'avantage que retirent les États à participer à des mécanismes qui réduisent leur incertitude concernant le comportement des autres.

Donnant à son approche la dénomination d'«intergouvernementalisme libéral», Moravcsik s'attache à montrer que l'intégration résulte de choix rationnels effectués par des dirigeants nationaux pour soutenir principalement les intérêts commerciaux de grands producteurs nationaux et subsidiairement les préférences macroéconomiques définies par les coalitions au pouvoir. Si les gouvernements se plient aux contraintes des négociations européennes, aux résultats qui en découlent, au processus d'intégration qu'elles entraînent, c'est parce qu'ils en retirent des bénéfices économiques et politiques. En fin de compte, l'intégration peut être comprise comme l'expression de choix politiques visant à la défense d'intérêts nationaux spécifiques dans un contexte de globalisation économique.

2. Les théories des régimes

Une réflexion plus large sur les dimensions normatives et institutionnelles des relations internationales s'est organisée dans le monde anglo-saxon à partir du concept de « régime » qui a suscité une importante littérature diffusée notamment par la revue *International Organization*. Dans un ouvrage collectif qui fera école, Stephen Krasner définit les régimes internationaux comme « un ensemble de principes, de normes, de règles et de procédures de prise de décision autour desquels convergent les attentes des acteurs dans un domaine spécifique des relations internationales » (1983, p. 2). Les principes et les normes forment, dans cette conception, le noyau dur d'un régime et ne sauraient évoluer sans l'affecter fondamentalement, alors que les règles et les procédures de prise de décision constituent des éléments subsidiaires susceptibles d'être amendés sans porter atteinte à la structure d'ensemble.

La définition de Krasner doit son extraordinaire succès à sa généralité même qui consiste à faire abstraction de toute axiomatique concernant les processus par lesquels les régimes sont constitués ou leur capacité à influer sur le comportement des acteurs. Pourquoi et comment ceux-ci sont-ils amenés à converger autour de pareils dispositifs ? Et dès lors que cette convergence s'effectue, quel type de relation s'instaure entre le dispositif et les acteurs ? Autant de questions laissées en suspens par cette définition, mais que les théoriciens des relations internationales vont s'employer à élucider en s'appuyant sur des cadres conceptuels distincts. Le point de vue créant l'objet, on ne s'étonnera pas qu'ils dépeignent le phénomène sous des couleurs différentes. On peut distinguer trois courants principaux : le néoréalisme, le néo-institutionnalisme, et le cognitivisme ou constructivisme (Hasenclaver *et al.*, 1996, 2000 ; Chavagneux, 2004).

Pour les néoréalistes, parmi lesquels figure Gilpin, les régimes doivent forcément être établis et maintenus par des acteurs disposant de suffisamment de pouvoir militaire et de capacités matérielles dans un monde caractérisé par une distribution inégale des ressources. Comme nous l'avons vu dans la partie précédente, leur lecture de l'histoire les conduit à affirmer que cette fonction instituante et régulatrice a été exercée, depuis plus de deux siècles, par une puissance hégémonique, la Grande-Bretagne d'abord, puis les États-Unis. L'analyse néoréaliste des régimes porte principalement sur l'instauration et le fonctionnement du système économique international depuis la Seconde Guerre mondiale. Elle s'appuie sur les travaux pionniers de Charles Kindleberger (1973) qui s'attachent à démontrer que la stabilité de l'économie mondiale dépend avant tout de l'activisme d'une seule grande puissance capable d'imposer un ensemble de règles produisant des « biens collectifs internationaux », principalement un ordre monétaire stable, un système commercial ouvert, un prêteur international en dernier ressort. Par le fait d'assumer seul, au besoin, le coût d'entretien de ces régimes, l'*hégémon* incite les puissances moyennes à y adhérer, et à ne pas adopter des lignes de comportement perturbatrices. Il peut aussi recourir à des mesures coercitives pour discipliner les réfractaires à cet effet. Dans cette perspective, la grande dépression consécutive au krach boursier de 1929 découle pour l'essentiel de l'incapacité de la Grande-Bretagne, mais aussi de la réticence des États-Unis, à assumer de telles fonctions. Gilpin (1987) prolongera cette réflexion pour la période d'après Seconde Guerre mondiale. Il expose comment les États-Unis, prenant désormais le relais de la Grande-Bretagne, vont s'employer à instaurer un nouvel ordre international. Sans le plan Marshall et l'Alliance atlantique, sans l'activité instituante des États-Unis pour gérer les relations commerciales, financières et monétaires, la dynamique du système capitaliste aurait été entravée. En encourageant des activités susceptibles de réaliser des « biens collectifs internationaux » relatifs au commerce, au change et au crédit, en établissant à cette fin des régimes soutenus par des institutions internationales comme le GATT, le FMI et la Banque mondiale, le gouvernement américain créera les assises d'un ordre destiné à rester relativement stable durant un quart de siècle. Il contribuera ainsi à favoriser l'expansion de ses secteurs productif et financier, tout en générant un réseau de clients étatiques insérés dans une économie-monde fonctionnant sur la base de principes et de règles homogènes.

Pour les néoréalistes, les régimes constituent donc autant d'exceptions à la règle de l'anarchie, ou tout au moins de cas limites. Celle-ci, en effet, se fonde sur un postulat remarquablement résumé par Rousseau dans son « Jugement sur le projet de paix perpétuelle » : les avantages communs ne sauraient être durablement poursuivis dans la sphère des relations internationales où « pour augmenter sa puissance *relative*, [chaque État] ne doit chercher que des avantages *exclusifs* » (1964, p. 594). Or les circonstances qui président à l'instauration des régimes apparaissent tout autres : l'acteur hégémonique mise sur le fait qu'il parviendra à augmenter ou à maintenir sa puissance *relativement* à celle des autres États en établissant des règles de conduite dont ces derniers peuvent également tirer profit. Toutefois, pour que le régime perdure, il importe que les gains des uns et des autres soient équilibrés, en sorte que l'État hégémonique, mais aussi les puissances moyennes, ne subissent pas une érosion de leur puissance relative. C'est d'ailleurs bien pourquoi les néoréalistes, nous l'avons vu, s'intéressent tout autant, sinon davantage, aux chutes ou aux risques de chute des régimes qu'à leur ascension.

Dans la perspective néo-institutionnaliste, défendue notamment par Keohane (1984), l'édification et la participation à des régimes résultent d'un calcul stratégique effectué par les acteurs étatiques sur la base d'une recherche de gains non pas relatifs, mais absolus. En définissant des règles du jeu, en délimitant les comportements légitimes dans des domaines d'activités spécifiques, les régimes stabilisent les échanges entre les États. Ils confèrent aux relations interétatiques une certaine régularité, diminuant ainsi leur part d'incertitude et d'insécurité. Ils favorisent aussi la production et la circulation de l'information, ce qui facilite les choix rationnels en donnant aux États les moyens d'anticiper leurs positions respectives. Ils comprennent des procédures de prise de décision qui encouragent la recherche de compromis, diminuant ainsi le coût des sacrifices des parties en négociation. En somme, les régimes contribuent à *réduire* les externalités de l'action collective induites par le « dilemme du prisonnier » ou la « tragédie des biens communs » (Harding, 1968), c'est-à-dire les situations où les États, en cherchant à maximiser la satisfaction de leurs propres préférences, créent un résultat sous-optimal pour chacun d'entre eux. Tant que les dispositifs normatifs et institutionnels de coopération produisent de tels avantages, perçus, dans cette perspective, comme des « gains absolus », les États ont intérêt à y adhérer. C'est pourquoi Keohane soutient, contrairement à Gilpin, que les régimes peuvent se maintenir en l'absence d'une puissance hégémonique. La coopération constitue un choix intéressé effectué par les États face à l'alternative potentiellement plus coûteuse de la discorde.

Le courant cognitiviste ou constructiviste, minoritaire dans la théorie des relations internationales, associe les régimes non seulement à des principes, normes, règles et procédures de prise de décision, mais plus généralement à des systèmes symboliques, des schémas cognitifs et des attitudes affectives qui fournissent des modèles de conduite stables. Dans cette conception, la relation entre les États et les régimes s'avère interactive. Si les dispositifs normatifs et institutionnels sont certes conclus et édifiés par les États, ils exercent en retour une influence sur ces derniers en définissant des modes socialement appropriés de comportement, en leur procurant des schémas cognitifs communs, en faisant dépendre leur légitimité du respect des principes et des normes édictés. Dans cette perspective, les attributs de la puissance et les calculs utilitaires s'avèrent des déterminants moins importants dans l'efficace des régimes que les facteurs culturels, en particulier les systèmes homogènes de représentation du monde diffusés par ces dispositifs et les processus de socialisation qu'ils induisent (Onuf, 1992).

Malgré tout ce qui sépare les méthodes d'analyse proposées par ces trois courants de pensée et leurs résultats, ils s'accordent à reconnaître une valeur heuristique à la notion même de régime. Or toute notion a pour attribut d'ordonner la réflexion sous une représentation commune ; elle ne se rapporte pas immédiatement à un objet, mais à une *idée* générale de l'objet qui a encore besoin d'être développée. Par exemple, on peut faire entrer beaucoup de choses dans la notion d'homme (un individu, le genre masculin, l'humanité), mais une cerise ne saurait en faire partie. Une notion constitue donc une abstraction au sens qu'elle isole certains éléments de la réalité, mais elle en exclut d'autres corollairement. Il en découle qu'on peut juger de sa pertinence à un double titre. Permet-elle de reconnaître clairement les éléments qui la caractérisent ? Et l'exclusion qu'elle entraîne d'autres éléments de la réalité paraît-elle pertinente ?

À la première question, certains auteurs, dont Susan Strange, apportent une réponse, pour l'essentiel, négative. Ils reprochent à la notion de régime sa trop grande imprécision. Dès lors que les éléments susceptibles d'y entrer ne sont pas distinctement caractérisés, elle permet de confondre des accords de nature et de portée très diverses. Attendu que les principes, normes, règles et procédures de décision établis entre des sujets de droit international sont innombrables et qu'ils diffèrent par leur substance, leur importance et leur pérennité, il y a lieu de se demander si l'on peut les rapporter tous à un même terme générique. Ce dernier ne risque-t-il pas de se trouver si chargé qu'il en devient obscur ? Ainsi, une convention sur la protection des baleines diffère tant dans son domaine d'application que dans ses effets des accords concluant les négociations de l'Uruguay Round et portant création de l'OMC. De même, est-il pertinent de regrouper sous la même dénomination de régime les accords du FMI, dont on connaît les répercussions importantes sur les pays du Sud, et les conventions sur les droits de l'homme dont le respect est hasardeux ou limité à des espaces géopolitiques spécifiques ? Comment différencier les dispositifs robustes et contraignants de ceux qui manifestent au contraire une grande fragilité et inefficacité – les États se montrant peu attentifs aux droits et obligations qu'ils comprennent, ou leurs mécanismes de mise en œuvre et de surveillance s'avérant inefficaces ? Ces problèmes se posent même en ce qui concerne les dispositifs se rapportant à un domaine d'activités apparentées. Ainsi, il existe un grand nombre de traités environnementaux internationaux, mais leur objet, leur efficacité et leurs incidences varient du tout au tout. Parler de régime de conservation des cétacés en Méditerranée au même titre que du régime international des changements climatiques revient à assimiler la politique d'une petite commune à celle d'un État. Tant que le terme générique de régime ne se distingue guère, dans ses attributs, de celui d'« accord » entre sujets de droit international, sa valeur heuristique restera douteuse. À ce stade, la notion paraît défaillante dans la mesure où elle manque de critères spécifiques relatifs à la portée et l'efficacité des dispositifs de coopération qui peuvent à bon droit entrer dans son champ d'application.

En dépit de sa généralité, cette notion n'en exclut pas moins certains éléments de la réalité, à commencer par les conflits réels ou latents. Par le fait de postuler que leur objet d'étude remplit des fonctions nécessaires ou utiles, les théoriciens des régimes le valorisent d'emblée. Ainsi, néoréalistes et néo-institutionnalistes partagent le même présupposé selon lequel les acteurs étatiques instaurent des dispositifs de coopération ou y adhèrent, simplement parce que ceux-ci ont pour finalité de produire des « biens collectifs internationaux », ou à tout le moins de réduire les externalités négatives de l'action collective. Ils ne se soucient guère d'examiner dans quelle mesure certains intérêts peuvent être négativement affectés, non seulement dans les interactions des

États participant à des régimes internationaux, mais au sein même de leurs juridictions. Ceci découle de deux *a priori* contestables auxquels souscrivent tacitement les théoriciens des régimes – même les cognitivistes, quoique dans une moindre mesure. L'un, analytique, consiste à assimiler l'État à un agent neutre arbitrant au mieux entre les intérêts de groupes sociaux et politiques concurrents. L'autre, normatif, se fonde sur une tendance à privilégier les critères de l'ordre sur ceux de la justice, à l'aune de laquelle il conviendrait pourtant d'évaluer également les incidences positives des régimes étudiés. Les deux présupposés se manifestent clairement dans la conception de « leadership bienveillant » développée par Kindleberger, de même que dans l'institutionnalisme des choix rationnels proposé par Keohane.

Or il peut arriver que des accords soient conclus par les élites dirigeantes d'un pays aux dépens de la majorité de leur population. Comme nous le verrons dans la suite, les plans d'ajustement structurel pilotés par le FMI – qui ont pour finalité de redresser les comptes extérieurs d'un État « sinistré » au moyen de politiques de stimulation des exportations, de libéralisation du marché des capitaux, de réduction des dépenses publiques, d'élargissement des taxes sur la consommation – soutiennent en définitive *certains* secteurs de l'économie nationale, notamment les banques et les grands exportateurs, mais ont des incidences négatives sur les couches sociales défavorisées : celles-ci sont en effet les premières et les plus durement touchées par les baisses de salaires et de transferts sociaux, ou par l'augmentation des impôts indirects que ces plans comportent la plupart du temps. Dans le même ordre d'idées, nous avons déjà évoqué le fait qu'un régime monétaire, tel celui de l'Union européenne, qui impose aux gouvernements de contrôler leur déficit budgétaire et de stabiliser leurs prix au motif de soutenir une monnaie forte, source de « confiance », favorise à n'en pas douter les placements financiers ainsi que leurs agents ; mais il court le risque de ralentir l'activité économique et d'augmenter le chômage, soit parce que le coût de l'emprunt s'avère trop élevé pour les entreprises, soit parce que les actionnaires, placés en position de force dès lors que l'on compte sur eux pour financer en grande partie la production, exigent une réduction des coûts salariaux, laquelle peut en définitive affecter les niveaux de consommation, et donc l'activité. Enfin, rien ne permet de soutenir que la libéralisation des échanges sous l'égide de l'OMC a représenté jusqu'à présent un « bien collectif international ». Les secteurs des pays du Sud, comme l'agriculture et le textile, qui bénéficieraient d'un plus large accès aux marchés, se heurtent toujours à des dispositifs autorisant les pays industrialisés à prendre des mesures de protection. Tel n'est pas le cas en revanche pour ce

qui concerne les domaines qui avantagent ces derniers, comme celui
des droits de propriété intellectuelle. Bref, ni les États, ni les groupes
sociaux qui les composent ne profitent de la même manière des
accords internationaux régissant des champs d'activités importants des
relations internationales. Les théoriciens des régimes, au même titre
que les auteurs qui valorisent les réseaux transnationaux, ne tiennent
guère compte de ces conflits réels ou latents, et encore moins du fait
que les appareils d'État peuvent être contrôlés par des groupes sociaux
minoritaires capables de traduire leurs intérêts spécifiques en intérêts
généraux.

3. Les théories critiques de l'hégémonie

C'est ce que les théories critiques prendront à tâche d'intégrer. Elles
s'accordent avec les néoréalistes pour reconnaître que les sphères dirigeantes des grandes puissances, celles des États-Unis en particulier,
contrôlent ou influencent de manière décisive, au niveau international,
les modes de production et de consommation, les relations commerciales, monétaires et financières, tout en disposant des moyens militaires
et institutionnels nécessaires à la défense de leur conception de l'ordre
mondial. Elles rejettent toutefois les deux *a priori* sur lesquels se fondent les théories des régimes, l'un consistant, nous l'avons vu, à
hypostasier l'État, l'autre à privilégier les critères d'ordre sur ceux de
justice. Dans son ouvrage pionnier, *Production, Power and World
Order* (1987), Robert Cox, articulant l'analyse réaliste au gramscisme
et à la sociologie historique, souligne l'importance pour la compréhension des relations internationales de trois types de structures : a) les
relations sociales de production ; b) les formes de l'État, qui découlent
d'un rapport dialectique entre les sphères de la production et du pouvoir politique, la production générant les capacités matérielles nécessaires à l'exercice du pouvoir, et le pouvoir influant à son tour sur
l'organisation de la production ; c) l'ordre mondial qui résulte des rapports de forces sur la scène internationale et détermine les conditions
de la guerre ou la paix. Ces différentes structures sont étroitement
imbriquées. Des changements importants dans l'organisation de la production engendreront de nouvelles forces sociales, qui modifieront les
régimes étatiques, et susciteront l'émergence de nouvelles configurations de l'ordre mondial.

Cox rappelle qu'au cours du XIXᵉ siècle, la suprématie de la Grande-
Bretagne s'appuyait sur une puissance maritime sans égale. Ses sphères dirigeantes poursuivaient en Europe une politique d'équilibre, tout

en assurant les conditions nécessaires au fonctionnement d'une économie libérale, notamment le respect des règles de l'étalon-or. Il n'existait pas d'institution formelle, mais les principaux États reconnaissaient à la cité de Londres son rôle de gestionnaire de l'ordre économique mondial. Progressivement, la puissance maritime de la Grande-Bretagne s'est vue contestée par l'Allemagne et par les États-Unis notamment. L'intégration politique des travailleurs vers la fin du XIXe siècle a accentué le développement du nationalisme, ce qui a contribué à la fragmentation de l'économie mondiale et engendré une phase plus conflictuelle des relations internationales. Le libéralisme économique a cédé la place au protectionnisme et à l'impérialisme.

La *pax britannica* n'a pas survécu à l'épreuve de la Première Guerre mondiale. Après 1945, l'hégémonie américaine fut établie de manière plus rigide, avec des systèmes d'alliances visant à contenir l'URSS. Si la *pax americana* s'apparentait à l'ordre précédent dans ses orientations idéologiques libérales, elle s'édifiait toutefois sur un réseau d'institutions internationales ayant pour fonction principale de soutenir l'expansion planétaire des modes de production capitaliste, en accommodant les revendications sociales articulées au sein des juridictions nationales aux exigences d'une économie mondiale dominée par les entreprises transnationales. Ceci a eu pour conséquence d'« internationaliser » l'État, dans le sens où des secteurs importants des politiques publiques ont commencé à être élaborés et négociés dans le cadre d'organisations ou de mécanismes de coopération intergouvernementaux.

3.1. Les dimensions idéologiques de l'hégémonie

Dans *The Global Political Economy* (1988), Stephen Gill et David Law ont souligné les dimensions idéologiques de l'hégémonie dans l'analyse qu'ils ont consacrée à la Commission trilatérale, créée en 1972 par le financier David Rockefeller, organisme qui rassemble quelque 350 personnalités – dirigeants politiques, professeurs d'universités et hommes d'affaires issus des grandes sociétés transnationales –, en vue de produire des réseaux d'influence légitimant la domination des classes dirigeantes des pays industrialisés. Dans cette analyse, qui s'inspire également des travaux de Gramsci, le pouvoir politique s'établit et se maintient par la coercition, mais ne devient hégémonique que dans la mesure où il s'appuie sur un processus de socialisation idéologique ayant pour finalité de faire passer le système de représentation des classes sociales dominantes pour seul légitime. La notion gramscienne de « bloc historique » désigne une convergence au niveau de l'État entre les rapports de forces matérielles, les institutions et les productions idéologiques. La domination devient totale lorsque les détenteurs du pouvoir parviennent à faire valoir l'idée qu'il n'y a pas d'alternative possible, limitant ainsi l'imaginaire social et les affrontements politiques. Transposant cette problématique sur la scène internationale, les études gramsciennes contemporaines s'attachent à démontrer que l'hégémonie d'une grande puissance repose en grande partie sur sa capacité à produire et diffuser un système idéologique qui, par le fait de disqualifier les normes et les valeurs rivales, contribue à créer un large consensus. Ce processus est soutenu par des clubs d'élites transnationales, mais également par des institutions internationales à vocation universelle. Bien que les projets qu'ils poursuivent profitent principalement aux classes sociales dominantes, ils sont présentés comme servant une large communauté d'intérêts.

L'histoire des empires montre en effet que l'hégémonie des grandes puissances ne tient pas tant dans leur capacité à imposer leur volonté par la force, ou dans le contrôle qu'elles exercent sur les ressources matérielles, mais bien davantage dans les moyens qu'elles mettent en œuvre pour propager leur vision du monde. Lorsque les sociétés dominées ou dépendantes sont amenées à assimiler les idées des vainqueurs, la tutelle de ces derniers peut se relâcher, et perdre sa dimension purement coercitive. Il y a peu de doute que l'homogénéisation socio-économique et culturelle promue par les institutions internationales après la Seconde Guerre mondiale a permis de minimiser l'utilité de la force. L'effondrement du bloc soviétique a marqué un net infléchissement des débats idéologiques qui pouvaient avoir lieu dans ces enceintes. Depuis lors, leurs prescriptions se sont avérées singulièrement uniformes, comme en témoigne le ralliement progressif de la CNUCED à l'agenda de l'OMC. On a également assisté à l'établissement d'un large consensus entre les partis traditionnels au sein des pays riches sur les principales orientations à donner à la politique nationale. La tâche des gouvernements consiste pour l'essentiel à assurer la croissance dans un contexte de mondialisation qui limite la gamme des instruments à leur disposition pour lutter contre l'inflation ou le chômage. Les classes dominantes transnationalisées participent directement à cette réduction du champ du pensable. Un bon exemple en est fourni par les réunions du *World Economic Forum*, qui se tiennent chaque année à Davos. Des dirigeants d'entreprises transnationales et des hauts responsables de l'économie et de la politique internationales viennent y communier dans un même culte de la globalisation. Ils la présentent comme une opportunité d'améliorer le bien-être du plus grand nombre, et réaffirment leur engagement d'y contribuer à travers des pratiques d'entente cordiale, de convergence ou de « bonne gouvernance ».

3.2. Les dimensions culturelles de l'hégémonie

L'hégémonie passe également par le contrôle des ressources scientifiques et intellectuelles les plus performantes au regard du modèle idéologique dominant. Les principaux pays industrialisés, les États-Unis en tête, exercent une influence déterminante sur l'évolution de l'économie et de la politique internationales grâce à leurs centres d'enseignement et de recherche académiques qui forment la très grande majorité du personnel recruté par des organisations actives dans le domaine du développement comme la Banque mondiale, le FMI ou le Comité d'aide au développement de l'OCDE, ou par des gouvernements d'Amérique latine ou de l'Europe orientale à titre de conseillers ou d'experts. En réalité, la plupart des pays en développement ne disposent pas de ressources suffisantes pour participer pleinement aux grandes négociations multilatérales. Celles-ci, pourtant, peuvent porter sur des objets d'une importance cruciale pour leur devenir socio-économique tels que la libéralisation du commerce international. Or pour y participer, les États doivent s'assurer le concours de nombreux diplomates et experts, à Genève, à New York, ou dans leur propre capitale. Aussi la majeure partie des négociations de l'Uruguay Round ont-elles mobilisé un petit nombre d'acteurs, notamment les représentants du gouvernement américain, de l'Union européenne, de quelques pays émergents du Sud, en particulier le Brésil, l'Argentine et l'Inde, la plupart des autres pays d'Asie, d'Amérique latine ou d'Afrique ne disposant pas des capacités nécessaires pour défendre leurs intérêts.

En outre, il convient de souligner dans ce contexte que les entreprises ont beaucoup investi pour accroître leur influence dans les sphères idéologique et culturelle. Armand Mattelart a mis à jour ce phénomène dans son ouvrage *Multinationales et systèmes de communication* (1976). Soutenues par les gouvernements, elles ont assuré leur prépondérance dans les domaines de l'électronique et des réseaux de communication les plus modernes. Elles ont parallèlement développé des stratégies de prise de contrôle des médias – groupes de presse, maisons d'édition, chaînes de télévision – pour orienter les préférences, susciter des attitudes favorisant la conformité au modèle politique dominant, ou infléchir les modes de consommation. Ces investissements montrent l'importance qu'elles accordent aux processus de socialisation. L'effet recherché n'a pas manqué de se produire, si l'on en juge par la convergence des « opinions publiques » en matière économique et sociale dans les pays industrialisés à économie de marché. Le phénomène est encore plus manifeste dans les pays pauvres, envahis d'informations, de séries télévisées et d'annonces publicitaires véhiculant des modes de pensée et des besoins de consommation souvent aliénants.

En incorporant à l'étude de l'hégémonie des variables politiques, socio-économiques, culturelles et idéologiques, les conceptions gramsciennes élargissent sensiblement le champ légitime d'investigation. Elles s'efforcent ainsi d'amender les analyses néoréalistes et néo-institutionnalistes dans ce qu'elles ont de plus discutable, à savoir leur adhésion à l'individualisme méthodologique et leur sous-estimation des intérêts socio-économiques négativement affectés par les pratiques de coopération internationale. À cet égard, elles ont bénéficié de l'apport théorique de Robert Cox, dont l'ouvrage majeur, *Production, Power and World Order,* représente l'aboutissement de quinze ans de recherche. Pareille démonstration peut-elle être répliquée ? Cela se peut bien, mais non sans difficulté. À additionner les variables, on court le risque de rendre la problématique trop complexe pour être validée de façon satisfaisante. Il en coûte en effet de rendre compte tout à la fois des relations dialectiques entre les forces productives et les idées, les idées et les institutions, les institutions et les forces productives. Une telle démarche réclame d'associer les enseignements et les méthodes de l'économie, de la sociologie politique et historique, de l'analyse institutionnelle et des relations internationales. Sans doute produit-elle les meilleurs résultats lorsqu'elle est circonscrite à un objet restreint, comme la Commission trilatérale, dont les activités se situent stratégiquement à l'intersection de toutes ces variables.

4. La gouvernance

La notion de *gouvernance* est apparue dans le lexique de la politique internationale vers la fin des années 1980. Auparavant, ce mot, créé à partir du grec *kybernan* et du latin *guvernare*, qui signifient « naviguer ou piloter un navire », était d'usage peu courant. On le retrouve en français, dès le XIIIe siècle, mais il sera éclipsé par le vocable « gouvernement ». En langue anglaise, on l'a parfois employé dans le discours colonial, au cours de la première moitié du XXe siècle, pour désigner le système d'administration indirecte consistant à gouverner les populations indigènes à travers leurs institutions propres, maintenues à des fins pragmatiques. Aux États-Unis, il référait à la gestion d'organes dotés d'une certaine autonomie, en particulier les universités. Le terme a ensuite surgi dans le vocabulaire de la sociologie du droit avec la parution de l'ouvrage de Philip Selznick, *Law, Society, and Industrial Justice* (1969). Il renvoyait aux modalités par lesquelles certaines procédures légales, confinées au domaine public, pouvaient être étendues au secteur privé, notamment au droit du travail dans le but de protéger davantage les employés. Une vingtaine d'années plus tard, les entreprises américaines, puis européennes, se sont emparées de la notion pour désigner l'ensemble des principes définissant les compétences des actionnaires au regard des tâches de direction. L'objectif visé était tout le contraire de celui poursuivi par Selznick, dès lors qu'il s'agissait d'éviter que les entreprises puissent être enfermées dans un « carcan réglementaire », et d'octroyer aux actionnaires (*shareholders*) une prééminence sur les employés (*stakeholders*).

Ces différents usages montrent que la dérivation suffixale -*ance* présente l'avantage de référer à des *processus* consistant à gouverner en l'absence même d'une autorité assurant la direction des affaires publiques, que précisément la notion de gouverne*ment* subsume la plupart du temps. C'est à ce titre qu'elle a retenu l'attention de la Banque mondiale dans les années 1980, qui l'a acclimatée à son lexique relatif aux politiques de développement. Au départ, le terme constituait une expression atténuée de « réforme de l'État », recouvrant pour l'essentiel les restructurations institutionnelles, comme la privatisation, la déréglementation ou la mise en place d'un système juridique favorable aux investissements étrangers, que la Banque imposait aux pays surendettés dans le but de dégager les ressources nécessaires à honorer le service de leur dette. Il avait l'avantage de déguiser sous un euphémisme lénifiant la dimension éminemment politique des programmes d'ajustement structurel dont on peut, à tout le moins, questionner la licéité des conditions de mise en œuvre, attendu qu'ils sont soumis à la confidentialité et échappent ainsi aux procédures constitutionnelles des États, notamment au débat parlementaire. La notion de gouvernance a joué un rôle d'autant plus utile à cet égard que les statuts des institutions de Bretton Woods leur interdisent formellement de se mêler de questions politiques. Dès 1995, sous la présidence Wolfensohn, la Banque mondiale a élargi son interprétation de la « bonne gouvernance » pour inclure, dans ses programmes de développement, la lutte contre la corruption et une délégation accrue de compétences et de tâches aux ONG. Elle incorporait, à sa façon, les recommandations de la Commission on Global Governance instaurée en 1992 qui visaient à encourager la coopération entre les institutions officielles, étatiques ou intergouvernementales, et les acteurs privés, économiques ou civiques, dans la gestion des « affaires communes ».

Certains internationalistes, ne se souciant guère de ce que le mot soit aussi chargé idéologiquement, vont s'en emparer à leur tour, et tenter de l'auréoler du prestige du concept. En 1992, James Rosenau fait paraître, avec Ernst-Otto Czempiel, un ouvrage collectif au titre révélateur : *Governance without Government*. Dans ces premiers efforts de conceptualisation de la gouvernance, on peut aisément discerner une tentative de renouveler le courant de l'interdépendance, marginalisé par l'exubérante réflexion sur les régimes. À l'unisson, les auteurs tentés par cette approche réaffirment que les gouvernements n'ont pas le monopole des activités traversant les frontières, qu'il existe d'autres institutions et acteurs contribuant au maintien de l'ordre international et participant à la régulation économique et sociale. Ils soulignent le fait que les mécanismes de contrôle des affaires publiques impliquent, au niveau local, national, régional et international, un ensemble complexe de structures bureaucratiques, de pouvoirs politiques plus ou moins hiérarchisés, d'entreprises, de groupes de pression privés, de mouvements sociaux. Les États ont multiplié leurs engagements internationaux en participant à des régimes toujours plus nombreux, qui constituent, dans leur ensemble, une forme de gouvernance mondiale.

Cette perspective s'avère elle-même fortement normative, puisqu'elle aborde son objet comme un idéal à poursuivre. La gouvernance, de ce point de vue, devrait faciliter la coopération, réduire les conflits, multiplier la production de « biens collectifs internationaux ». Alors que les actions des gouvernements seraient soutenues par des appareils de répression et visent souvent des avantages exclusifs, celles relevant de la gouvernance surgiraient d'initiatives intersubjectives favorables à la concrétisation de projets collectifs. Suivant cette posture normative, la dynamique des relations internationales contemporaines aurait tendance à se confondre avec les activités de la société civile, lesquelles résulteraient de choix rationnels ou de sentiments de sympathie ayant pour fondement des valeurs universelles. Grâce à la mobilisation d'associations privées et leur capacité à utiliser les médias, un certain nombre de problèmes – l'environnement, le développement durable, le droit des femmes, la santé publique, les conditions de travail dans le monde – parviennent à être portés sur l'espace public international et donnent lieu à une activité instituante qui peut déboucher sur la formulation de nouvelles règles auxquelles les États et les entreprises devront s'accommoder. La « gouvernance sans gouvernement » manifesterait cette évolution : les administrations publiques s'avérant incapables d'assumer efficacement certaines fonctions, celles-ci sont prises en charge dans le cadre d'arrangements divers où les États doivent composer avec une multiplicité d'acteurs économiques et sociaux.

Les travaux sur la gouvernance ont le mérite de rappeler que les États et les organisations intergouvernementales ne constituent pas les seuls promoteurs ou supports de l'ordre international. Les sociétés comportent des sources de solidarité et de cohésion qui échappent à l'emprise des gouvernements et qui peuvent s'étendre au-delà des frontières pour former des réseaux transnationaux actifs. Ainsi, les pays de l'OCDE ont tissé des liens d'interdépendance tels qu'il paraît souvent difficile de mesurer l'autorité exercée par leur gouvernement dans la conduite des innombrables affaires qui font l'objet de négociations bilatérales ou multilatérales. L'agenda, les résultats, ainsi que les effets subséquents des négociations ne peuvent souvent plus être rapportés aux seules décisions gouvernementales, mais à un ensemble dense et complexe de réseaux, de régimes formels et informels de coopération dans lesquels les entreprises transnationales, de même que des acteurs civiques, peuvent parfois jouer un rôle déterminant.

Pour juger de la pertinence de la notion de gouvernance, on peut, en définitive, appliquer les mêmes critères que ceux employés pour évaluer la valeur heuristique de la notion de régime. S'agissant des variables que cet instrument vise à intégrer, elles paraissent potentiellement trop nombreuses pour pouvoir être ordonnées en un ensemble cohérent. Telle qu'elle est employée par le courant interdépendantiste, la gouvernance induit un effet de surérogation, autrement dit une tendance à bourgeonner au-delà de ce qui est dû si l'on veut appréhender les faits sociaux d'une façon un tant soit peu systématique. C'est une chose d'affirmer que la politique internationale implique une multiplicité d'acteurs et que l'exercice de l'autorité s'en trouve partagé. C'en est une autre d'en rendre compte rigoureusement, en s'assurant de ce que les faits ne soient pas préorganisés en fonction de l'hypothèse de départ qu'ils sont censés valider.

Cependant, les travaux sur la gouvernance apparaissent plus contestables encore dans ce qu'ils minorent, à commencer par le conflit qui constitue pourtant une dimension inhérente du politique. À l'instar des courants fonctionnaliste et néo-institutionnaliste, ils assimilent les relations internationales à la gestion des interdépendances économiques, des problèmes techniques à résoudre, des externalités environnementales à réduire. Ils en viennent à perdre de vue que ces activités découlent d'abord de la production de richesses et sont elles-mêmes dispendieuses – un luxe hors de portée pour la majorité des États. Autre réductionnisme abusif, corollaire du précédent : ils restreignent leur champ d'analyse aux pays de l'OCDE dont les économies sont étroitement imbriquées, les sociétés traversées par un tissu associatif aussi dense qu'actif, et les gouvernements pacifiés dans leurs relations diplomatico-stratégiques. Leur hypothèse de départ paraît donc confirmée, mais elle ne l'est que par l'artifice du choix de leur « terrain » qui ne représente qu'une minorité, certes puissante, riche et agissante, de cet espace mondial qu'ils ont pourtant pour ambition d'étudier. Enfin, leur discours ne se différencie guère, sur le plan normatif, de celui des acteurs internationaux qu'ils étudient, comme la Banque mondiale ou l'OCDE dont la fonction principale consiste à favoriser l'expansion du marché capitaliste, en limitant les entraves aux activités des entreprises transnationales et aux flux d'investissement. À cet égard, leur effort intellectuel se réduit à donner à la logique marchande et aux pratiques qui en découlent le vernis d'une réflexion sur les avancées irrépressibles de la modernité – avancées qu'ils jugent prometteuses pour l'essentiel, mais non sans risques.

Chapitre VII

Les activités des organisations internationales

1. Les principales fonctions des organisations internationales

Dans *The Anatomy of Influence* (1974), R. Cox et H. Jacobson ont distingué les organisations établissant un « forum » pour la négociation, comme le GATT et la CNUCED, de celles offrant des « services » dans des domaines spécifiques, comme le FMI, l'OMS, l'UNESCO, le BIT – certaines organisations comme l'UIT et l'AIEA effectuant les deux fonctions à la fois. Cette typologie célèbre manque toutefois de précision. La plupart des organisations du système des Nations unies exercent à la fois des fonctions politiques et des tâches spécialisées. En outre, même si les auteurs s'en défendent, la notion de service suggère une entreprise neutre du point de vue idéologique et politique, ce qui est loin d'être le cas la plupart du temps. Certes, les fonctions de l'Organisation internationale de l'aviation civile ou de l'Union postale universelle apparaissent essentiellement techniques. En revanche, la gestion et la maîtrise de bien des activités, à première vue pragmatiques, peuvent comprendre des enjeux politiques importants. Nous avons vu que les programmes engagés par des institutions internationales comme la Banque mondiale ou le FMI constituent le relais de processus socio-économiques à forte charge idéologique et politique. Le mandat de l'Union internationale des télécommunications, malgré son caractère de neutralité instrumentale, n'en concerne pas moins des questions d'ordre politique, économique et social d'une importance considérable, puisqu'il touche notamment au développement des communications par satellite. Pour ces raisons, les organes constitutifs (Conférence générale ou Assemblée, et Conseil) de bon nombre d'institutions spécialisées – telles que l'OMS, l'UNESCO, l'OIT ou la FAO – sont le théâtre de disputes et de négociations diplomatiques compliquées. Il n'est pas rare que les décisions sur la nature de leurs services ou l'orientation générale de leurs programmes divisent les gouvernements. À cela s'ajoute le fait évident – relevé par Cox et Jacobson – que la capacité même des organisations internationales à produire les services pour lesquels elles ont été instaurées dépend du climat politique présidant à leur gestion. Réciproquement, leurs défaillances administratives reflètent souvent des oppositions entre les États membres sur les missions qu'elles doivent accomplir ; ces carences peuvent aussi traduire le faible intérêt que les gouvernements accordent aux programmes de ces organisations.

Différencier les organisations internationales selon qu'elles assument des activités de forum ou de service ne satisfait donc pas à la condition minimale de toute construction typologique valable qui doit parvenir à distribuer les objets examinés dans des classes combinant une grande homogénéité interne à une hétérogénéité externe équivalente. D'autre part, la difficulté d'établir une classification rigoureuse des organisations internationales est accrue par le fait qu'elles n'ont pas des attributions immuables, leurs mandats pouvant évoluer sensiblement au fil du temps. Ainsi, l'OMC, qui remplace le GATT depuis 1995, remplit depuis lors une importante fonction de « service » que constitue le règlement des différends commerciaux ; la Banque mondiale, instaurée principalement pour financer la reconstruction des économies européennes dévastées par la Seconde Guerre mondiale, a été supplantée à cet effet par le plan Marshall, ce qui l'a conduit à orienter l'essentiel de ses activités vers les pays du Sud dès les années 1950 ; le FMI, qui avait pour mission initiale de stabiliser les déficits temporaires de la balance des paiements des pays industrialisés, a assumé, depuis les années 1980, le rôle d'ajusteur de structures dans les pays en développement endettés, puis celui de prêteur en dernier ressort pour les pays émergents ou en transition affectés par une crise financière grave à partir de la seconde moitié de la décennie 1990.

Cela précisé, on peut néanmoins départager les activités des organisations internationales en trois grands domaines, attendu qu'une institution peut, à des degrés divers, assumer des fonctions transversales. L'un concerne les *activités normatives et cognitives*. Nous avons évoqué – mais il s'agit maintenant d'en rendre compte – comment les organisations internationales participent à la création des normes et des valeurs fondant l'ordre international et orientant la politique des États ou des autres acteurs internationaux. À ce titre, elles constituent des instances de légitimation. Elles produisent aussi des connaissances, autrement dit des jugements raisonnés et les matériaux, notamment statistiques, pour les formuler, et contribuent à en assurer la diffusion. Un deuxième domaine a trait aux *activités diplomatico-stratégiques*. Les Nations unies ont pour mandat explicite de contribuer à la défense de la paix et de la sécurité internationales. Offrant un espace pour le déploiement de la diplomatie publique, elles constituent un lieu d'affrontements et de négociations politiques marquant la dynamique des relations intergouvernementales. À cela s'ajoutent des compétences stratégiques, le chapitre VII de la Charte donnant au Conseil de sécurité le pouvoir d'entreprendre des actions militaires coercitives. Un troisième domaine regroupe les *activités socio-économiques*.

2. Activités normatives et cognitives

Nous avons vu que les structures de la société internationale n'étaient pas compréhensibles sans référence aux principes politiques et juridiques déterminant leur légitimité. Les organisations internationales jouent un rôle important à cet égard. Elles sont créées par les États, mais leurs constitutions, une fois adoptées, définissent des objectifs éthiques, idéologiques et politiques auxquels les gouvernements sont censés se conformer. Nous avons également souligné que le pouvoir des institutions internationales ne tient pas seulement aux principes qu'elles défendent et aux normes politiques qu'elles produisent. Il repose aussi sur la compétence qu'elles font valoir dans la propagation des informations et des analyses nécessaires à l'orientation des choix politiques.

2.1. Instances de légitimation

Les institutions des Nations unies sont les dépositaires des principes et des normes qui devraient inspirer l'action de leurs États membres, et elles offrent un cadre pour la mobilisation des symboles susceptibles de légitimer l'exercice du pouvoir politique. Ainsi, l'admission des nouveaux États à l'ONU par décision de l'Assemblée générale et sur recommandation du Conseil de sécurité constitue une étape incontournable de leur reconnaissance internationale. À l'ère des décolonisations, les instances des Nations unies ont donné une légitimité politique aux États nouvellement indépendants en les accueillant au sein de l'Assemblée générale. On sait combien fut crucial le rôle de cette dernière lorsqu'elle adopta, le 29 novembre 1947, la résolution 181 décidant le partage de la Palestine et autorisant ainsi la création de l'État d'Israël. Plus tard, l'Assemblée générale a souvent adopté des résolutions affirmant cette fois « le droit inaliénable du peuple palestinien à l'autodétermination, y compris le droit d'établir son propre État indépendant ». En 1988 enfin, elle passa une résolution reconnaissant l'existence d'un État palestinien indépendant.

Les circonstances historiques qui ont présidé au développement de l'ONU ont souvent miné son autorité et son influence politique. Pourtant, la plupart des chefs d'État ou de gouvernement ont utilisé ses instances pour propager leurs conceptions de l'ordre international, pour justifier leur politique étrangère et surtout pour conforter leur autorité et leur pouvoir dans leur propre pays. L'Assemblée générale a toujours été le lieu d'une gesticulation politique et de discours idéologiques au service des processus de légitimation. Les dirigeants des pays nouvellement indépendants ont, plus que d'autres, recouru à ses enceintes dans les années 1960, aussi bien qu'à d'autres instances des Nations unies, pour donner une audience internationale à leurs revendications d'indépendance nationale, pour miner les fondements idéologiques de l'impérialisme, pour appuyer leurs exigences d'aide économique, pour justifier leurs politiques nationales. C'est également au sein des Nations unies que les représentants des États assument leur rôle politique sur la scène internationale, en participant aux crises et conflits qui s'y déroulent, en se conformant aux rituels qui symbolisent la pérennité de l'ordre international et la légitimité de ses acteurs.

Ainsi les Nations unies et le réseau d'institutions qui leur est associé s'affirment dans le champ idéologique. Elles exercent une autorité par les normes et les modèles politiques qu'elles entretiennent, par les valeurs qu'elles produisent. À ce titre, elles influencent les structures des relations internationales et marquent l'action collective des États et des groupes sociaux qui les composent. Les disputes idéologiques et politiques dont les institutions du système des Nations unies sont le théâtre expriment des représentations antagonistes des régimes politiques et des frontières étatiques de l'ordre international. C'est pourquoi les représentants des gouvernements et des ONG se livrent en son sein à une compétition incessante pour faire triompher leurs conceptions normatives.

Les ordres du jour des organes constitutifs de ces institutions déterminent en partie les questions qui font l'objet de délibérations, puis les résolutions qui seront adoptées par les États. Leur établissement devient un enjeu politique important. On comprend dès lors les ressources humaines et matérielles qui sont dépensées par les gouvernements pour influencer par exemple les délibérations de l'Assemblée générale, pour infléchir le sens et la portée de ses résolutions, pour définir l'orientation des programmes qui en résultent. Les textes des résolutions des Nations unies ont souvent des consonances irréalistes, mais ils finissent par produire une nébuleuse de valeurs convergentes dont les acteurs de la scène internationale peuvent se servir pour justifier et promouvoir leur politique. En fait, toute prise de position des Nations unies s'inscrit dans une chaîne de légitimation remontant aux principes de la Charte et aux résolutions antérieures de l'Assemblée, de l'ECOSOC ou d'un autre organe des Nations unies.

2.2. La diffusion des connaissances

Le pouvoir de ces institutions internationales ne tient pas seulement aux principes qu'elles défendent et normes politiques qu'elles produisent, aux ressources économiques qu'elles contrôlent, à celles qu'elles sont en mesure de mobiliser ou d'engager par leur influence directe ou indirecte. Il repose aussi sur la compétence qu'elles font valoir dans la propagation des informations et des analyses nécessaires à l'orientation des choix politiques.

Depuis les premières années de leur existence, l'ONU et ses institutions spécialisées ont rassemblé des sommes considérables de matériaux sur l'évolution économique et sociale de l'humanité et ont lancé des publications périodiques sur ces différentes questions. Mentionnons à titre d'exemple, les rapports des Nations unies sur l'économie mondiale, ou les rapports annuels de l'UNICEF sur la situation des enfants dans le monde. La CNUCED produit de nombreux travaux touchant aux questions économiques et publie régulièrement un *Rapport sur le commerce et le développement*. Elle suit de près l'évolution des entreprises transnationales et les tendances de leurs stratégies. Le PNUD, sur lequel nous reviendrons, publie chaque année depuis 1990 un *Rapport sur le développement humain* qui combine les statistiques sur les revenus nationaux par habitant et des indicateurs sociaux tels que l'alphabétisation des adultes et l'espérance de vie. Il rompt ainsi avec une conception du bien-être mesuré par les seules valeurs monétaires, et s'efforce de diffuser par ce biais de nouveaux modèles de développement. L'ONU, ses institutions spécialisées, les organes qui lui sont affiliés éditent environ 1 800 publications périodiques, dont l'audience réelle est difficile à évaluer, mais qui ne peuvent manquer d'exercer une influence sur les médias et les responsables gouvernementaux. Il n'est pas rare d'ailleurs que les institutions du système attirent l'attention sur certaines tragédies humanitaires. Elles sont bien placées pour recueillir des informations sur la réalité politique et sociale des différentes régions du monde.

Les rapports du FMI et de la Banque mondiale, de l'OMC ou de l'OCDE font également autorité par leur capacité à mobiliser des données statistiques. Dotées d'équipes de chercheurs, dont les ressources feraient pâlir d'envie bien des instituts universitaires, affiliant une multiplicité de réseaux d'experts, ces organisations disposent de capacités formidables pour diffuser leurs modèles, leurs systèmes de classification, leurs démonstrations et leurs prescriptions. Ainsi, la quasi-totalité des statistiques produites sur les pays en développement proviennent aujourd'hui de ces institutions. Elles orientent par ce biais la définition des stratégies de développement. Leurs outils d'analyse peuvent s'avérer inadéquats pour comprendre certaines situations économiques et sociales. Ils s'imposent toutefois sans concurrence, parce que les pays pauvres n'ont généralement pas les moyens – en termes de chercheurs, de documentations, de moyens de communication – de produire des analyses alternatives. La Banque mondiale peut ainsi s'offrir le luxe de condamner périodiquement ses stratégies de développement antérieures, sans être remise en cause par les gouvernements qui la soutiennent.

3. Activités diplomatico-stratégiques

L'ONU a pour mandat principal le maintien de l'ordre international. À ce titre, elle est impliquée dans diverses activités diplomatico-stratégiques. Celles-ci concernent les opérations de maintien de la paix, les négociations multilatérales, et plus récemment l'ingérence humanitaire.

3.1. Le maintien de la paix

L'article 2 § 4 de la Charte prévoit que : « Les membres de l'Organisation s'abstiennent, dans leurs relations internationales, de recourir à la menace ou à l'emploi de la force, soit contre l'intégrité territoriale ou l'indépendance politique de tout État, soit de toute autre manière incompatible avec les buts des Nations unies. » La légitime défense prévue par l'article 51 constitue la seule exception au principe interdisant la guerre. La Charte autorise aussi l'emploi de la force en application des sanctions contre un État agresseur prévues au titre de son chapitre VII. Elle donne à cet effet une large compétence au Conseil de sécurité pour empêcher le recours à l'agression et, le cas échéant, pour la repousser. Cet organe est composé de quinze membres de l'Organisation, dont les cinq membres permanents – la République de Chine, les États-Unis, la France, le Royaume-Uni et la Russie – qui disposent d'un droit de veto sur ses décisions. Le Conseil de sécurité s'efforce d'arbitrer les conflits entre États, définit les conditions acceptables pour le changement du *statu quo,* fonde l'autorité des coalitions militaires qui sont mobilisées contre les États agresseurs ou les fauteurs de guerre civile. Le mécanisme s'avère toutefois très imparfait, puisque son fonctionnement dépend de l'accord des grandes puissances. Les résolutions du Conseil de sécurité découlent d'un compromis souvent laborieusement négocié entre les États qui le composent, en particulier ses membres permanents. Cependant, les activités diplomatiques qui s'y déroulent obéissent à une dynamique institutionnelle propre, qui varie selon les circonstances politiques et les qualités personnelles des représentants qui le composent.

Au cours de la guerre froide, le Conseil de sécurité fut le plus souvent inopérant. Dès ses premières sessions en 1946, l'URSS bloque son fonctionnement par l'usage répété de son droit de veto. Les autres membres permanents agissent bientôt dans le même sens. Cependant en 1950, lorsque la Corée du Nord attaque la Corée du Sud, l'URSS est absente du Conseil de sécurité, en signe de protestation contre le refus des États-Unis d'accepter la Chine communiste au sein des Nations unies. Le Conseil de sécurité passe alors plusieurs résolutions condamnant l'agression nord-coréenne, et invite les membres des Nations unies à porter assistance à la Corée du Sud. Les forces des États-Unis et de leurs alliés vont pouvoir combattre sous le drapeau des Nations unies. Le Conseil de sécurité devient ainsi, momentanément, un instrument de la politique occidentale.

En revanche, il s'avère incapable de jouer le moindre rôle lors de la guerre du Vietnam. Il n'est pas en mesure de condamner les agressions soviétiques en Hongrie (1956), en Tchécoslovaquie (1968) ou en Afghanistan (1979), l'attaque de l'Irak contre l'Iran (1980), ou pour mettre un terme à la guerre qui s'ensuit et qui va durer plus de huit ans. Malgré cette paralysie, les États l'ont régulièrement saisi pour condamner des agressions, pour mobiliser la « communauté internationale » en leur faveur, pour dénoncer la politique de leurs ennemis, pour dramatiser les menaces inhérentes à des conflits régionaux. En d'innombrables situations, le Conseil de sécurité a permis aux États de jouer leurs conflits sur le mode symbolique. À ce titre, il a exercé un rôle politique équivoque. Il a souvent exacerbé certaines crises internationales en donnant aux États une tribune leur permettant de propager leurs passions nationalistes. Ainsi en va-t-il du rôle néfaste qu'il a joué dans les semaines qui ont précédé et suivi la guerre de 1967 au Moyen-Orient. Il est parvenu néanmoins à s'entendre en novembre 1967 sur la fameuse résolution 242 qui définit les principes devant guider le retrait des territoires occupés par Israël et la restauration de la paix dans cette région.

Cela dit, le Conseil de sécurité a aussi contribué au dénouement ou à l'apaisement de certains conflits, en recommandant au secrétaire général de prendre contact avec les belligérants ou d'offrir ses bons offices, en envoyant des missions d'enquête. Le mécanisme des opérations de maintien de la paix, qui consiste à déployer entre les belligérants des soldats faiblement armés sous le drapeau des Nations unies, instauré lors de la crise de Suez en 1956, a été depuis lors fréquemment utilisé au Proche-Orient, au Congo ou à Chypre. En 1965, le Conseil de sécurité assume une nouvelle fois son mandat dans le domaine de la sécurité collective, lorsque la minorité européenne proclame unilatéralement l'indépendance de la colonie britannique de Rhodésie du Sud. À la requête de la Grande-Bretagne, il décrète des sanctions économiques et financières contre un État dont la quasi-totalité des pays membres de l'ONU conteste la légitimité et le projet politique.

Avec la fin de la guerre froide, et le changement de la politique soviétique, le Conseil de sécurité se trouve à nouveau investi par les grandes puissances qui l'utilisent pour défendre leur conception de l'ordre international et, le cas échéant, pour donner à leur orientation de politique étrangère l'autorité que confère le soutien des Nations unies. Ainsi, lorsque l'Irak envahit le Koweït en août 1990, les sphères dirigeantes américaines sont déterminées à repousser cette agression. Le Conseil de sécurité se voit alors utilisé essentiellement comme instance de légitimation. Son appui s'avère nécessaire. L'agresseur est puissant. Les États-Unis ne peuvent vaincre l'armée irakienne sans le concours économique et militaire d'autres États, qui ont à des titres divers également besoin d'inscrire leur engagement dans le cadre des Nations unies. En agissant par l'intermédiaire de l'ONU, la Maison-Blanche peut obtenir la mobilisation de l'opinion américaine en faveur de l'intervention armée. Le Conseil de sécurité adopte dans ce contexte une douzaine de résolutions pour légitimer l'intervention de la coalition dirigée par les États-Unis contre l'Irak. À l'issue de la guerre, il autorise la destruction du programme d'armements nucléaires, chimiques et biologiques de l'Irak, sous la supervision d'experts onusiens. Une telle entente entre les membres du Conseil de sécurité pour légitimer le recours aux armes est toutefois exceptionnelle. En 1999, les pays de l'OTAN attaquent la Serbie – lorsqu'il s'avère que son gouvernement soutient une politique de « purification ethnique » au Kosovo – sans autorisation du Conseil de sécurité, sachant bien que la Russie et la Chine auraient imposé un veto à cette action. En 2003, le gouvernement américain s'est également passé de l'autorisation du Conseil de sécurité pour attaquer l'Irak après un débat épique dominé par le gouvernement français.

Depuis la fin de la guerre froide, le Conseil de sécurité a autorisé la mise sur pied de nombreuses opérations dites de « maintien de la paix », engageant l'ONU dans un éventail d'interventions disparates, avec des moyens souvent insuffisants. On dénombre en 2004 quelque 17 opérations en cours, totalisant 78 000 personnes en uniforme et plus de 15 000 membres du personnel civil. L'ONU s'est ainsi impliquée dans la reconstruction de certains États déchirés par des guerres civiles, notamment au Cambodge, en Angola, au Salvador et au Mozambique. Elle s'est également engagée dans des opérations hybrides, à la fois humanitaires et de sécurité collective, qui ont abouti à des fiascos du point de vue de sa crédibilité. Le gouvernement américain, après avoir essuyé des pertes de soldats dans l'opération de maintien de la paix qu'il a engagée en Somalie au motif de mettre un terme à la famine créée par la guerre civile, décide d'interrompre cette intervention humanitaire. Il annonce en mai 1994 son intention de restreindre considérablement le soutien qu'il apportera désormais à de nouvelles opérations de ce type et de les appuyer seulement dans la mesure où elles concernent directement les intérêts nationaux des États-Unis. Ainsi, l'ONU n'a rien pu faire pour empêcher le génocide du Rwanda. Dans la guerre de l'ex-Yougoslavie, les États-Unis, la Grande-Bretagne et la France utilisent le Conseil de sécurité pour masquer leur refus d'intervenir sérieusement dans ce conflit. Lorsque le gouvernement américain décide finalement de faire cesser les hostilités, il mobilise l'OTAN, contribuant une nouvelle fois à déconsidérer le rôle des Nations unies. La très grave crise financière de l'Organisation dans les années 1990, suscitée par le refus ou l'incapacité des États de payer leurs contributions, a également amenuisé ses capacités dans le domaine des opérations de maintien de la paix.

3.2. La diplomatie multilatérale

Les organisations internationales offrent de surcroît un cadre institutionnel pour les négociations diplomatiques multilatérales. Les principaux organes de l'ONU et des institutions spécialisées assument cette fonction. Les représentants des gouvernements y siègent régulièrement pour débattre publiquement, souvent sous le regard de la presse, des questions qui entrent dans les compétences de ces organisations. Il s'agit d'une forme politique particulière où les activités de la diplomatie se mêlent parfois à celles de la propagande, où les discours publics peuvent prendre des formes agressives et cristalliser des positions antagonistes ou au contraire faciliter la négociation par l'affirmation d'attitudes conciliantes.

La plupart des États entretiennent à cet effet des « missions permanentes » au siège des principales organisations internationales, auprès des Nations unies à New York et à Genève, ou à Vienne, auprès de l'UNESCO et de l'OCDE à Paris, auprès de l'Union européenne à Bruxelles. Leurs diplomates travaillent en étroit contact avec le secrétariat de ces organisations. Grâce à l'Assemblée générale des Nations unies, au Conseil de sécurité et à l'ECOSOC, les hommes politiques et les diplomates se retrouvent fréquemment. Les discours qu'ils prononcent ont souvent moins d'importance que les délibérations qu'ils poursuivent en marge des réunions officielles, au siège de ces institutions ou dans les réceptions diplomatiques. Le concept de « diplomatie parlementaire » a été proposé pour définir les conférences tenues dans le cadre ou sous les auspices des organisations internationales. Johan Kaufmann, dans un ouvrage intitulé *Conference Diplomacy* (1988), préfère ce terme de « diplomatie de conférence » qui permet d'intégrer aux réunions officielles celles qui se déroulent en marge des séances publiques. Leur nombre a augmenté considérablement, puisqu'il s'en tient des milliers chaque année impliquant notamment les institutions des Nations unies.

Les objectifs et fonctions de ces conférences sont divers. Elles permettent parfois de faire avancer des négociations en appuyant les démarches poursuivies par les canaux de la diplomatie bilatérale. Elles ont une utilité spéciale pour les pays dont les ressources en personnel diplomatique sont limitées. Comme le rappelle Kaufmann, elles peuvent constituer un forum de délibération sur un objet précis ou porter au contraire sur une question de nature générale. Elles débouchent sur des résolutions, acceptées soit à la majorité, qualifiée ou non, soit en règle générale par consensus. Ces textes constituent en fait des recommandations aux gouvernements, aux organisations internationales, aux mouvements associatifs, aux médias. Tel est le cas des sessions annuelles de l'Assemblée générale des Nations unies, du Conseil économique et social, ou des réunions périodiques des conseils ou comités exécutifs de l'UNESCO, de la FAO, de l'OIT, de l'UIT, des assemblées des gouverneurs de la Banque mondiale et du FMI. Ces conférences peuvent avoir pour objectif de superviser ou d'orienter le secrétariat d'une organisation, de négocier un traité ou de créer une institution internationale. C'est ainsi que les conférences sur le droit de la mer ont siégé en 1958, en 1960 et de 1973 à 1982, pour aboutir finalement à l'adoption d'un traité. De même, l'Assemblée générale des Nations unies a mis plus de vingt ans pour rédiger et approuver les deux Pactes sur les droits de l'homme, tandis que la conférence annuelle de l'OIT a examiné et approuvé un très grand nombre de conventions internationales portant sur la protection des travailleurs. Certaines réunions internationales ont simplement pour objectif de promouvoir l'analyse d'une question spécifique, en favorisant par ce biais l'échange d'informations entre experts, diplomates et hommes politiques. L'ONU a multiplié au cours de la dernière décennie les grandes

conférences mondiales sur la nutrition (Rome, 1992), sur l'environnement (Rio, 1992), sur les droits de l'homme (Vienne, 1993), sur la population (Le Caire, 1994), sur les affaires sociales (Copenhague, 1995), sur
les femmes (Beijing, 1995), sur l'habitat (Istanbul, 1996).

Ces conférences se sont déroulées dans un climat plus serein que
par le passé, en raison de la fin des antagonismes Est-Ouest et de
l'acceptation quasi générale des exigences de l'économie de marché. Leurs recommandations finales apparaissent néanmoins
comme une longue liste de prescriptions incantatoires que les gouvernements n'entendent pas ou ne peuvent pas respecter, d'autant
que les ressources financières de l'ONU et des agences spécialisées
restent dérisoires au regard des objectifs que les diplomates et les
experts proclament vouloir réaliser. Mais on peut aussi analyser le
résultat de ces manifestations de manière positive en soulignant
leur contribution à l'énoncé de problèmes pesant sur le devenir des
sociétés. Elles orientent à ce titre les opinions publiques et l'action
des gouvernements.

L'exemple de l'OCDE mérite une attention particulière, car les
29 États qui la composent l'ont transformée en une « conférence internationale en session permanente ». Tout au long de l'année, l'Organisation, établie au château de la Muette à Paris, est le siège de réunions
entre ministres, diplomates et experts au cours desquelles se discutent
les politiques publiques de ses membres dans les domaines économiques, sociaux et culturels. Ainsi, le Comité d'examen des situations
économiques et des problèmes de développement organise des
« confrontations », au cours desquelles les politiques des différents
États membres font l'objet d'échanges de vues et de critiques.

L'organe suprême de l'OCDE est le Conseil composé d'un représentant de chaque pays ayant le rang d'ambassadeur. Le Conseil tient ses
sessions sous la présidence du secrétaire général, en principe une fois
par semaine. Chaque année, il se réunit au niveau ministériel. Il fonctionne selon la règle du consensus, et peut prendre des décisions juridiquement contraignantes ou faire des recommandations. C'est le
Conseil qui détermine le programme de travail des quelque 150 comités spécialisés, et qui s'occupe de domaines tels que la politique économique, l'aide au développement, les échanges, les mouvements des
capitaux et transactions invisibles, les assurances, les affaires fiscales,
le tourisme, les transports maritimes, les investissements internationaux et les entreprises multinationales, l'éducation, la politique scientifique et technologique, l'agriculture, les pêcheries, les produits de
base, ou l'environnement. Plusieurs organes autonomes et semi-auto-
nomes, ayant chacun son propre comité de direction, ont été créés dans

le cadre de l'OCDE, tels que l'Agence internationale de l'énergie,
l'Agence pour l'énergie nucléaire, le Centre de développement, le
Club du Sahel, le Centre pour la recherche et l'innovation dans l'enseignement. Ainsi, l'OCDE reflète, par son fonctionnement et les services
qu'elle offre, le haut degré d'intégration économique et politique de
ses États membres.

3.3. La problématique de l'ingérence

Le 29 juin 1991, le Conseil des ministres de la Communauté européenne a adopté une résolution affirmant que le respect des droits de
l'homme, de l'État de droit ainsi que l'existence d'institutions réelle-
ment démocratiques représentent la base du développement. Il prévoit
que désormais la promotion et la défense des droits de l'homme consti-
tueront l'un des fondements de la coopération européenne et des relations entre la Communauté et les autres États. C'est à ce titre que le
gouvernement français, reprenant à son compte la revendication de
certaines organisations non-gouvernementales, a défendu le droit
d'intervenir dans les affaires intérieures des États violant massivement
certains principes humanitaires. À l'issue de la guerre du Golfe, le
Conseil de sécurité des Nations unies, dans sa résolution 688 du 5 avril
1991, a exigé de l'Irak qu'il mette fin sans délai à la répression engagée
contre ses minorités kurdes et a insisté pour qu'il permette un accès
immédiat des organisations humanitaires internationales sur son territoire pour porter assistance à ces populations. Le Conseil de sécurité a
lancé un appel à tous les États et à toutes les organisations humanitaires pour qu'ils participent à ces efforts. À la suite de cette résolution,
les États-Unis sont intervenus avec 13 000 hommes en Irak pour assis-
ter les populations kurdes.

Cette ingérence pour des raisons humanitaires met parfois en cause
le principe de la souveraineté nationale ; ceux qui l'invoquent au sein
du gouvernement français, mobilisant à cet effet un registre émotionnel et nationaliste, renouent en quelque manière avec les justifications
que les puissances occidentales donnaient au XIXe siècle à leurs « interventions d'humanité » contre les États « barbaresques ». Le secrétaire
général, Kofi Annan, a tenté d'introduire une certaine clarification
dans ce débat sur la souveraineté. Il a rappelé, lors de l'ouverture de la
session de l'Assemblée générale de 1999, que « l'État devait servir le
peuple et non le contraire ». Il existe, ajouta-t-il en se référant au cas
du Rwanda, un impératif à mettre un terme à des violations massives et
systématiques des droits de l'homme, dont les effets humanitaires sont
lamentables. Il rappela également les situations critiques en Sierra

Leone, au Soudan, en Angola, dans les Balkans, au Cambodge et en Afghanistan. Les peuples de ces pays ne doivent pas seulement bénéficier de la sympathie des États membres de l'ONU ; ils ont besoin de soutien extérieur pour mettre un terme au cycle de violence. Il paraît toutefois peu probable que l'on parvienne prochainement à mettre en place dans le cadre des Nations unies, un mécanisme donnant des garanties d'impartialité et d'efficacité suffisantes pour justifier une ingérence visant à restaurer les droits d'un peuple dans le cadre d'un État indépendant. Cependant, lors du Sommet mondial organisé à l'occasion du soixantième anniversaire de la création de l'ONU, l'Assemblée générale a soutenu le principe d'une action collective de nature coercitive pour protéger, lorsque cela s'avère nécessaire, les populations victimes de génocide, de purification ethnique, de crimes de guerre ou de crimes contre l'humanité.

4. Activités socio-économiques

Les institutions onusiennes et du système de Bretton Woods sont également actives dans l'aménagement du devenir socio-économique de leurs États membres. Elles propagent des modèles de développement, contribuent à fournir ou catalyser des ressources à cet effet, s'emploient à gérer les crises induites par le déploiement du capital à l'échelle planétaire, et s'attachent à définir les règles régissant le commerce international. Depuis les années 1970, elles ont été investies de mandats visant à réduire certaines externalités négatives découlant d'une exploitation intensive de la nature, notamment les émissions de polluants et l'érosion de la biodiversité. Elles s'occupent également de politiques démographiques et migratoires, joignant à l'analyse statistique l'élaboration de critères prescriptifs dans ce domaine.

4.1. Le développement économique et social

Le concept polysémique de développement a également constitué un répertoire de légitimation à large spectre utilisé par tous les acteurs de la scène internationale. De manière significative, les conceptions qui ont prévalu dans ce domaine demeurèrent proches des idées en vigueur dans les principaux pays industrialisés. C'est aux États-Unis, en Angleterre et en France que sont apparues les principales théories sur l'économie et la sociologie du développement, y compris celles contestant les perspectives officielles. Dans leur version idéologique, elles furent invoquées comme la clef d'un savoir initiatique sur le sens de l'histoire.

Toutefois, comme nous l'avons vu dans la partie précédente, les représentants des pays en développement, initialement ceux d'Amérique latine, ont très tôt utilisé les Nations unies pour revendiquer un partage plus équitable des ressources économiques entre les régions du monde. L'ONU, puis les institutions de Bretton Woods et le système des Nations unies dans son ensemble ont donc joué un rôle prédominant dans la propagation des idéaux du développement économique et social, dans les conceptualisations des politiques à poursuivre, dans la définition des programmes d'assistance technique et financière aux pays pauvres.

4.1.1. Le rôle des Nations unies dans les politiques de développement

Au sortir de la Seconde Guerre mondiale, les États-Unis et l'URSS seront impliqués à des degrés divers dans les processus d'indépendance des territoires coloniaux, dans le but de s'y implanter à leur tour, économiquement, militairement, culturellement. À cette fin, ils vont s'activer à promouvoir, au sein des Nations unies, l'idéologie de la croissance économique, synonyme d'indépendance politique. Alors que l'URSS accorde son soutien à la doctrine du nationalisme économique, les États-Unis défendent le principe libéral selon lequel le développement consiste en une accumulation du capital résultant en premier lieu du commerce international, et subsidiairement de l'assistance technique et des prêts concessionnels consentis par les pays industrialisés. En janvier 1949, le président Truman propose, dans le quatrième point de son discours prononcé devant le Congrès des États-Unis, d'« alléger les souffrances » des peuples « retardataires » en mettant à leur disposition les « connaissances techniques » des États-Unis, en encourageant l'« investissement de capitaux » privés, en stimulant le commerce international.

4.1.1.1. L'assistance technique

Cette initiative se traduira par la création, la même année, au sein de l'ONU, du Programme élargi d'assistance technique (EPTA) doté d'un budget de 20 millions de dollars – une somme ridicule au regard des quelque 14 milliards de dollars (soit environ 170 milliards de dollars actuels) fournis, principalement sous forme de dons, par les États-Unis aux pays européens dans le cadre du plan Marshall entre 1948 et 1951. Insatisfaits, les pays du Sud revendiqueront l'établissement d'un Fonds spécial des Nations unies pour le développement économique (SUNFED) qui fonctionnerait comme une banque internationale, octroyant des prêts à caractère plus concessionnel que ceux consentis par la Banque internationale pour la reconstruction et le développement (BIRD). Toutefois, les États-Unis se montreront farouchement opposés à transférer à l'ONU des compétences attribuées aux institutions de Bretton Woods, qu'ils contrôlent, et où l'URSS est évidemment absente. Le compromis consistera à instaurer un Fonds spécial en 1958. Alors que l'EPTA finance des petits projets techniques consistant en l'envoi d'experts, en l'attribution de bourses d'études, en l'organisation de séminaires, le Fonds spécial contribuera à des programmes techniques de même nature, mais de moyenne envergure, de plus longue durée, et qui peuvent impliquer la fourniture d'équipements – les investissements en capitaux fixes restant toutefois du seul ressort de la BIRD. L'EPTA et le Fonds spécial fusionneront en 1966 pour former le Programme des Nations unies pour le développement (PNUD) dont il sera question plus loin.

Pendant toute cette période, les Nations unies vont être appelées à formuler des propositions théoriques et concrètes visant à aménager le devenir socio-économique des pays nouvellement indépendants. L'évolution des principales doctrines élaborées dans leurs enceintes reflète également l'opposition entre le libéralisme et le nationalisme économique qui ont chacun exercé une emprise plus ou moins grande au gré des circonstances politiques. Jusqu'à la fin des années 1960, les préceptes keynésiens dominent largement au sein des organes compétents de l'ONU ou dans les travaux qu'ils commissionnent. Sans remettre fondamentalement en cause la validité de l'économie classique, ce discours souligne les insuffisances du marché, les rigidités, les blocages ou les cercles vicieux auxquels les pays du Sud sont confrontés, et les vertus concomitantes de la planification, d'une intervention systématique de l'État, de l'assistance technique et financière des pays industrialisés. Ainsi, le premier rapport d'experts commissionné en 1949 par les Nations unies, en l'occurrence auprès de la République d'Haïti, recommande à ce gouvernement d'instaurer un « conseil de ressources nationales et du développement » « afin d'assurer la continuité de la ligne de conduite suivie dans l'établissement des besoins nationaux et la formulation des buts et objectifs visés en matière de développement, afin de donner des conseils en matière de politique financière et budgétaire, afin d'assurer l'exécution d'études techniques et économiques compétentes, afin de déterminer et d'évaluer de façon objective l'ordre de priorité des projets qui visent à améliorer l'agriculture, à encourager de nouvelles activités dans le domaine de l'industrie et de la production artisanale, à utiliser les ressources du pays, à développer énergiquement l'organisation du crédit, le commerce, les transports et communications, à améliorer les conditions sanitaires et à favoriser l'instruction fondamentale – bref, afin de réaliser le bien-être de la nation » (ONU, *Mission en Haïti*, New York, juillet 1949, II. B. 2, p. 8). En 1950, un deuxième rapport d'experts (parmi lesquels figure le futur prix Nobel d'économie Arthur Lewis), qui porte plus généralement sur les « Mesures à prendre pour le développement économique des pays insuffisamment développés », partage ces vues, mais il insiste davantage encore sur l'industrialisation et la planification, et recommande aux pays industrialisés de fournir une aide importante.

4.1.1.2. Les résolutions des Nations unies

En 1961, l'impératif du « rattrapage économique » des pays du Sud va entamer sa longue carrière dans le droit déclamatoire des Nations unies qui consiste à adopter des résolutions sans préjuger, du point de vue du fond, de la force juridique qu'elles doivent prendre. En cette année, en effet, 17 pays, dont 16 africains, deviennent membres des Nations unies. Au cours de la seizième session de l'Assemblée générale, le président Kennedy propose de marquer l'événement en proclamant une Décennie du développement. Comme les États-Unis commandent à cette époque une « majorité automatique » à l'ONU, les travaux de la Commission chargée de préparer un projet de résolution sont presque entièrement dominés par les conceptions des pays industrialisés à économie de marché. Le texte est en effet marqué du double seau de l'économie classique et de la nouvelle école institutionnelle représentée notamment par Walt Rostow. L'empreinte des classiques se manifeste dans une prescription centrale consistant à faire dépendre la croissance économique du commerce extérieur. On mise sur des « marchés en expansion » pour permettre aux « pays peu développés » de financer « une part plus grande de leur développement économique grâce à leurs recettes en devises et à l'épargne intérieure ». L'influence des conceptions institutionnelles apparaît, quant à elle, dans les dispositions engageant les pays industrialisés à accroître le flux de ressources « tant publiques que privées », même si le texte souligne que ce transfert doit être effectué « à des conditions mutuellement acceptables » et, s'agissant des investissements privés, « satisfaisantes tant pour les pays exportateurs que pour les pays importateurs de capitaux ». Elle s'exprime surtout dans la reconnaissance du bien-fondé des « plans nationaux et intégrés », dans l'exhortation « de rassembler, de collationner, d'analyser et de diffuser les statistiques et autres données nécessaires pour organiser le développement économique et social », dans l'insistance mise sur l'enseignement et la formation de « spécialistes et de techniciens ». En somme, la croissance économique reposerait autant sur le marché que sur le secteur public, mi-partie sur les revenus générés par le commerce extérieur, mi-partie sur l'importation de ressources financières et de savoir-faire techniques, tantôt sur la spécialisation agricole, tantôt sur la diversification de la production (Résolution 1710 [XVI]).

Toutefois, les effets néfastes induits par l'application de ces mesures ne manqueront pas de se faire sentir. Les transferts nets de capitaux n'atteignent nullement les taux escomptés en raison de l'accroissement constant des flux inverses dus au service de la dette et au rapatriement des bénéfices des investissements privés. Divers experts de l'école institutionnelle – Robert Jackson, Jan Tinbergen et Lester Pearson – sont alors mandatés pour élaborer de nouvelles mesures. La CNUCED, créée en 1964, et qui, nous l'avons évoqué, sert de forum pour les pays en voie de développement, se trouve étroitement associée à ces travaux préparatoires. L'admission aux Nations unies de nouveaux États en nombre croissant, la perte concomitante de la majorité automatique dont jouissaient les États-Unis à l'Assemblée générale conduisent finalement à l'adoption, par consensus, le 24 octobre 1970, d'une résolution proclamant la Deuxième décennie des Nations unies pour le développement.

Fortement influencée par les préceptes du nationalisme économique, la résolution s'ouvre sur un préambule qui s'indigne des écarts socio-économiques internationaux. Elle comporte tout un train de prescriptions visant à modifier les structures des relations économiques internationales jugées inadéquates et inéquitables. L'empreinte de la CNUCED se lit nettement dans les dispositions portant sur le commerce international, placées en tête des mesures de politique générale à suivre. Elles sont presque entièrement marquées au coin de la doctrine listienne : aux pays industrialisés, le libre commerce qui leur permettra de tenir en haleine leurs agriculteurs, leurs manufacturiers et leurs négociants ; aux pays en développement, les restrictions commerciales qui rendront possible l'émergence, à l'abri de la concurrence étrangère, d'une base manufacturière et industrielle au sein de leurs juridictions. L'objectif à cet égard consiste à transformer en système généralisé l'ensemble des pratiques de traitement préférentiel négociées dans le cadre de la CNUCED (2626 [XXV], § 32 et § 36). La résolution s'attache également à transnationaliser les enseignements de Keynes. Il est recommandé à « chaque pays économiquement avancé » d'opérer des transferts de capitaux « d'un montant minimum net de 1 % », et d'accroître son « aide officielle au développement » en sorte qu'elle atteigne « 0,70 % de son produit national brut aux prix du marché » (*ibid.*, § 42-§ 43). On enjoint les pays industrialisés à « adoucir et à harmoniser les conditions de l'aide », à renoncer dans la mesure du possible à la lier (c'est-à-dire à imposer que les fonds prêtés servent à acheter des biens et services du pays dont ils sont originaires), et à consentir à octroyer davantage de prêts libéraux à long terme (*ibid.*, § 44-§ 47). Ces clauses relatives à l'aide publique au développement susciteront bien des difficultés chez la plupart des représentants des pays industrialisés.

Les propositions de la Deuxième décennie vont peu après être radicalisées dans les enceintes de l'ONU, à la faveur de la décision unilatérale des pays membres de l'OPEP de procéder à un quadruplement du prix du pétrole dans le contexte de la guerre de 1973 au Proche-Orient. Une sixième session extraordinaire de l'Assemblée générale de l'ONU est immédiatement convoquée au terme de laquelle deux résolutions sont adoptées par consensus le 1er mai 1974 : la Déclaration concernant l'instauration d'un nouvel ordre économique international (NOEI) et son Programme d'action (résolutions 3201[S-VI] et 3202 [S-VI]). La date de leur adoption a force de symbole : ces documents, qui sont l'œuvre principalement des présidents de l'Algérie et du Mexique ainsi que du shah d'Iran et du secrétaire général de la CNUCED, cherchent à donner expression à ce qu'on a parfois appelé le « syndicalisme du tiers-monde ».

L'objectif consiste toujours à « éliminer le fossé croissant entre les pays développés et les pays en voie de développement ». Les politiques préconisées à cet effet s'inscrivent plus distinctement encore dans la mouvance du nationalisme économique promulguée par la CNUCED. On exhorte les pays industrialisés à faire « tous les efforts possibles » pour « appliquer, améliorer et élargir le système généralisé de préférences », pour « faciliter l'accroissement et la diversification des importations en provenance des pays en voie de développement », pour « contribuer à l'implantation de nouvelles capacités industrielles », pour augmenter « la part de l'aide publique dans le montant net des ressources financières transférées à ces pays ». À cela s'ajoutent de nouvelles revendications visant à transformer le système économique international, et d'abord : la reconnaissance de la « souveraineté permanente intégrale de chaque État sur ses ressources naturelles et sur toutes les activités économiques », y compris – et cette disposition constitue sans doute la percée la plus radicale que la doctrine du nationalisme économique fera dans un document de l'ONU – « le droit de nationaliser ou de transférer la propriété à ses ressortissants », singulièrement les actifs des sociétés multinationales (3201, § 3 *e*). Celles-ci d'ailleurs devraient faire l'objet d'une « supervision », afin de les « empêcher de s'ingérer dans les affaires intérieures des pays où elles opèrent », et d'une « réglementation » pour ce qui concerne « le rapatriement [de leurs] bénéfices » (3201, § 3 *g* ; 3202, V *a*).

Les réserves émises par tous les pays industrialisés contre l'ensemble de ces dispositions, surtout celles concernant la nationalisation des actifs des multinationales et la cartellisation des producteurs de matières premières, témoignent de leur volonté explicite de faire échec au programme du NOEI. Lors de la septième session extraordinaire, le représentant américain prononce un discours préparé par le secrétaire d'État Kissinger. Il commence par mettre en cause la doctrine qui informe le NOEI : « L'histoire nous a laissé le legs d'un nationalisme strident – discrédité en ce siècle par ses excès brutaux d'il y a une génération et par son insuffisance évidente face aux besoins économiques de notre époque. L'économie est *globale*. » Le parallèle établi entre le nationalisme économique et l'hitlérisme vise à discréditer une politique qui remet fondamentalement en cause le bien-fondé des préceptes libéraux, alors même que cette politique est en tout point similaire – nous l'avons vu dans la partie précédente – à celle poursuivie par les États-Unis aux XVIIIe et XIXe siècles. Kissinger formule, en guise de contre-proposition, une « stratégie efficace de développement » concentrée sur « cinq domaines fondamentaux ». Premièrement, il conviendrait d'assurer une « sécurité économique fondamentale » consistant à pallier les pénuries alimentaires et les catastrophes naturelles. Deuxièmement, il importerait de donner un plus large « accès des pays en développement aux marchés des capitaux ». Troisièmement, il faudrait permettre à ces mêmes pays d'augmenter leurs recettes par le commerce extérieur « au lieu d'avoir recours à l'aide ». Quatrièmement, il y aurait lieu d'encourager la spécialisation en améliorant « les conditions du commerce et des investissements pour les produits clés dont dépendent les économies de nombreux pays en développement ». Cinquièmement, il serait nécessaire de prendre en compte les « besoins spéciaux des pays les plus pauvres ». Autant dire que l'objectif visé est d'enterrer séance tenante le NOEI et de maintenir le système économique international en l'état (ONU, *Assemblée générale, Documents officiels : Séances plénières*, Commission spéciale de la Septième session extraordinaire, 1er septembre 1975).

L'effervescence « tiers-mondiste » au sein de l'ONU sera de courte durée. Elle s'émoussera cinq ans plus tard à l'occasion du second choc pétrolier de 1979. L'augmentation de la facture pétrolière va conduire certains membres du « groupe des 77 » – terme employé pour désigner le collectif formé à l'ONU par les pays en développement lors des négociations économiques – à rendre l'OPEP responsable de leurs difficultés, davantage que les États industrialisés. La solidarité Sud-Sud aura vécu. C'est ce qui ressort de la Stratégie internationale du développement pour la troisième décennie des Nations unies pour le développement, adoptée par l'Assemblée générale le 5 décembre 1980, dont on peut prévoir, à sa seule lecture, qu'elle sera destinée à perdre toutes les batailles qu'elle entend mener. On définit parfois la décadence comme une forme d'impuissance qui se réfugie dans une escalade collective. Rien ne le démontre mieux que ce texte dont la longueur le dispute à l'inanité et où les préceptes du libéralisme et du nationalisme économiques s'amalgament dans la plus grande confusion, annulant toute possibilité d'action cohérente.

L'installation, au début des années 1980, en Grande Bretagne et aux États-Unis, de régimes conservateurs, l'éclatement de la crise de la dette, l'effondrement de l'URSS constituent autant d'événements majeurs qui vont contribuer, durant cette décennie, à rétablir l'orthodoxie néoclassique au sein même de l'ONU. Il n'y aura plus de grand texte onusien. Le court document adopté en 1990 pour tenir lieu de Quatrième décennie des Nations unies pour le développement comporte 38 articles qui s'en remettent entièrement à une « convergence de vues » sur les vertus du marché (A/RES/S-18/3). Ainsi, les États-Unis et leurs alliés sont finalement parvenus à reprendre le contrôle idéologique des institutions de l'ONU. Ils peuvent désormais les utiliser sans grande difficulté pour promouvoir leurs conceptions socio-économiques et politiques, les disciplinant, au besoin, en accumulant des arriérés de paiement. À partir de cette date de 1990 jusqu'à nos jours, les doctrines dominantes de développement se déclineront entre les préceptes orthodoxes, remis au goût du jour par la Banque mondiale, et les nouvelles conceptions avancées par le Programme des Nations unies pour le développement (PNUD).

4.1.1.3. Les activités du PNUD et l'indicateur de développement humain

La même année voit en effet apparaître le premier *Rapport mondial sur le développement humain* du PNUD. Depuis, cette institution va afficher, avec un certain succès, l'ambition d'exercer une expertise intellectuelle en matière de développement, alors même que cette tâche ne faisait guère partie de ses attributions initiales. Qu'est-ce donc que le développement humain ? « Le processus qui élargit l'éventail des possibilités offertes aux individus » (*Rapport mondial sur le développement humain 1990*, p. 1). Dès le premier Rapport, le PNUD s'emploie à élaborer un « indicateur du développement humain » (IDH) fondé sur l'espérance de vie, le taux d'alphabétisation et l'« accès aux ressources nécessaires pour jouir d'un niveau de vie convenable », attendu que le volume requis n'a pas à être « excessif ». Il s'agit donc d'un indicateur composite qui mesure l'évolution des pays selon trois critères que constituent la santé et la longévité, l'éducation, le revenu. Cette alternative aux instruments traditionnels évaluant le développement en fonction du seul revenu permet au PNUD d'affirmer que des « progrès significatifs » ont été accomplis par les pays en développement, et de proposer des classements où il apparaît que les écarts Nord-Sud ont « considérablement diminué au cours des trois dernières décennies » (*ibid.*, p. 47).

En effet, la bonne nouvelle annoncée dans chaque rapport annuel du PNUD consiste en l'amélioration de l'IDH dans la plupart des pays en développement, à l'exception de l'Afrique subsaharienne. Si les sociétés n'ont pas toutes enregistré une progression des revenus, en revanche la majorité aurait connu un allongement de l'espérance de vie, une baisse de la mortalité infantile, une augmentation de la scolarisation et par conséquent un recul de l'analphabétisme. Entre 1970-1975 et 2000-2005, l'espérance de vie à la naissance dans les pays en développement se serait allongée de 55 à 65 ans. Le taux de mortalité des enfants de moins de 5 ans aurait diminué de moitié durant la même période, passant à 88 pour 1 000 naissances en 2003, contre 167 en 1970. Toujours selon le PNUD, alors que le tiers seulement de la population adulte des pays du Sud était alphabétisé en 1950, cette proportion atteindrait 76 % en 2003, le taux brut de scolarisation combiné (du primaire au supérieur) se situant à 63 % (*Rapport mondial sur le développement humain 2005, passim*).

Cependant, la mauvaise nouvelle s'exprime dans la permanence, et même l'approfondissement de fortes polarisations économiques et sociales entre les différentes régions du monde. Le PNUD considère qu'un cinquième de la population mondiale (estimée à plus de 6 milliards de personnes) vivrait avec moins d'un dollar par jour, et que 850 millions d'individus souffriraient de malnutrition. L'écart entre les revenus du citoyen moyen dans les pays les plus riches et les pays les plus pauvres continuerait de s'élargir. Ainsi, au cours de la première moitié de la décennie 2000, l'Américain moyen disposerait d'un revenu 61 fois supérieur à celui d'un Tanzanien, ce qui correspondrait à une augmentation de 62 % par rapport au même écart estimé en 1990. Il y aurait, en 2004, 115 millions d'enfants non scolarisés dont 89 % vivraient en Afrique subsaharienne et en Asie du Sud. Alors que la durée moyenne de la scolarité est estimée à 7 ans en Afrique subsaharienne, elle atteint 16 années en Amérique du Nord et en Europe occidentale. Les dépenses de santé, mesurées en termes de parité des pouvoirs d'achat, s'élèveraient à 78 dollars par habitant dans les pays à bas revenu, où les risques sont les plus élevés, contre plus de 3 000 dollars dans les pays de l'OCDE à haut revenu, où les risques sont les plus faibles. L'écart moyen d'espérance de vie entre ces deux catégories de pays serait de l'ordre de 19 ans. Un facteur supplémentaire de régression doit être imputé à l'expansion catastrophique de la pandémie du VIH/SIDA. On estime à 38 millions le nombre de personnes contaminées, parmi lesquelles 25 millions (65 %) vivraient en Afrique subsaharienne. En 2004, 3 millions de personnes sont décédées du SIDA, dont 70 % en Afrique (*ibid., passim*).

En outre, au sein même des États, les clivages entre les riches et les pauvres se sont généralement approfondis. Le Brésil, par exemple, a un PNB qui le range parmi les pays à « revenu intermédiaire ». Sa richesse nationale est toutefois mal distribuée, puisque les 10 % les plus riches de la population disposeraient d'un revenu 60 fois supérieur aux 10 % les plus pauvres, et absorberaient 47 % de la richesse nationale, contre 0,7 % par les seconds. Autre exemple mentionné par le PNUD : au Pérou, 40 % de la population n'aurait accès qu'à 13 % du revenu national. On constate également une évolution néfaste au sein des pays industrialisés avec l'approfondissement de phénomènes de paupérisme qui ont émergé dans les années 1980. Les « restructurations » évoquées dans la partie précédente ont en effet aggravé le chômage et entraîné une marginalisation de secteurs importants de la population. C'est particulièrement vrai aux États-Unis, qui connaissent des problèmes sociaux de grande ampleur, dont témoigne l'augmentation de la misère, des sans-abri dans les villes et d'une population carcérale qui atteint des chiffres inimaginables dans un régime s'affichant ostensiblement comme le grand défenseur des libertés dans le monde.

Les rapports du PNUD soufflent donc le chaud et le froid. Ils ont pour mérite de ne pas réduire la problématique du développement aux seules valeurs monétaires et de livrer des comparaisons éclairantes sur l'ampleur des disparités socio-économiques entre les pays du Nord et du Sud. Leur succès se mesure au fait qu'ils ont inspiré la Déclaration du Millénaire adoptée par 147 chefs d'État et de gouvernement en septembre 2000. Cette résolution vise notamment à réduire de moitié la proportion de la population mondiale vivant dans la pauvreté extrême, souffrant de la faim, et n'ayant pas accès à l'eau potable ; à scolariser tous les enfants du monde ; à diminuer de trois quarts la mortalité maternelle et de deux tiers la mortalité des enfants de moins de 5 ans par rapport aux taux actuels ; à arrêter la propagation du VIH/SIDA et à maîtriser les autres grandes maladies infectieuses. L'échéance pour la réalisation de ces objectifs est fixée à 2015 (A/55/L2). Tout internationaliste qui a étudié l'évolution du droit déclamatoire des Nations unies peut d'ores et déjà prévoir l'échec – au moins partiel – de ce projet ambitieux, qui se traduira par une réactivation, dans les enceintes onusiennes, de sentiments de culpabilité suffisamment forts pour inspirer de nouveaux élans.

Qu'en est-il des activités concrètes poursuivies par le PNUD ? Un examen du rapport annuel de son administrateur pour l'exercice 2001 montre qu'un peu plus de 60 % seulement du volume total des ressources ont été employées pour des opérations du programme de terrain. L'Amérique latine et les Caraïbes en ont obtenu 60 %, contre 13 % pour l'Afrique, et 12 % pour l'Asie et le Pacifique. Ces chiffres sont surprenants au regard du constat alarmant dressé par le PNUD sur la situation socio-économique qui prévaut en Afrique subsaharienne. On peut également à bon droit se demander dans quelle mesure les populations du Sud bénéficient directement de l'emploi de ces ressources, dès lors qu'il apparaît que près de 35 % ont servi à financer des experts internationaux, 30 % des contrats de sous-traitance, 19 % des équipements, et 10 % la formation (DP/2002/15/Add.2). Il convient en outre de relever que les fonds dont dispose le PNUD ont toujours été limités, même s'ils ont connu dernièrement une augmentation substantielle. En 2004, ses ressources ordinaires, c'est-à-dire les contributions des États donateurs, se sont chiffrées à 800 millions de dollars. Si l'on y ajoute les cofinancements ainsi que les ressources locales acheminées par les pays bénéficiaires, on obtient un montant inférieur à 4 milliards – chiffre qu'il convient de mettre en regard des 14,6 milliards déboursés la même année par la Banque mondiale sous forme de prêts à caractère plus ou moins concessionnel, des 96 milliards alloués par le FMI sous forme de crédits, et des 136 milliards consentis par le secteur privé sous forme de prêts au taux du marché (PNUD, *Rapport Annuel*, 2005).

4.1.2. L'emprise des institutions de Bretton Woods

Nous avons souligné à plusieurs reprises – mais il s'agit maintenant de le démontrer – que les institutions de Bretton Woods, à savoir la Banque mondiale, le FMI et l'OMC, disposent de ressources et d'une autorité en matière économique et sociale sans commune mesure avec celles attribuées à l'ONU. Cette situation est d'autant plus remarquable qu'aucune de ces institutions n'avait pour mandat principal de s'occuper des pays en développement.

4.1.2.1. Le groupe de la Banque mondiale et le régime de développement international

L'institution originaire, la Banque internationale pour la reconstruction et le développement (BIRD), a été conçue en 1944 par le gouvernement américain pour remédier au manque de liquidités internationales auquel les pays européens allaient être immanquablement confrontés au sortir de la Seconde Guerre mondiale. Cette situation risquait en effet de provoquer une crise de surproduction aux États-Unis. Il s'agissait d'instaurer un mécanisme multilatéral de prêts qui n'aurait pas pour fonction de remplacer le secteur financier privé ni d'ailleurs de le concurrencer, mais de le seconder, comme nous allons le voir. On dénomme la BIRD, de même que le FMI, des institutions *officielles*, parce que leurs « actionnaires » sont des États. Chaque pays membre apporte à l'organisation une souscription (ou quote-part au FMI) calculée selon son importance économique, et qui détermine le nombre de voix dont il disposera au sein des organes dirigeants (le Conseil des gouverneurs, qui se réunit une fois par an et a le pouvoir de décider des principaux choix d'orientation de l'institution, de l'admission ou de la suspension de pays membres, des changements à apporter au capital autorisé, et le Conseil des administrateurs responsable de la conduite quotidienne des affaires courantes et de la gestion des transactions). La direction du Conseil des administrateurs est assumée par un président (ou directeur général au FMI) élu pour un mandat de cinq ans renouvelable.

Lors de l'instauration de la BIRD, il a été décidé que 20 % seulement du capital souscrit devait être versé par les États membres, le solde demeurant *exigible* au cas où la Banque se trouverait en difficulté. Pour compléter ses ressources, la BIRD a donc dû, dès le commencement de ses activités, emprunter sur le marché international des capitaux. Elle procède en émettant des obligations, lesquelles, en raison de la solvabilité de l'institution, bénéficient, depuis qu'il existe des agences de notations, de la cote financière AAA qui correspond à la plus faible probabilité de risque de crédit. L'intérêt qu'elle doit verser à ses créanciers s'en trouve par conséquent réduit, si bien qu'elle peut à son tour consentir des prêts à un taux relativement faible (entre 6 et 8 %) qui comprend sa commission (de 1 % à 1,5 %). Par l'intermédiaire de la Banque, les États qui présentent un risque souverain peuvent donc obtenir des crédits à taux préférentiel et long délai de remboursement.

Comme nous l'avons vu, ce mécanisme se révélera insuffisant pour faire face à la pénurie de dollars (*dollar shortage*) des pays européens dévastés par la guerre, en sorte que la BIRD sera immédiatement supplantée par le plan Marshall. Elle va donc orienter ses activités, dès les années 1950, vers les pays du Sud, attachant un certain nombre de conditions à l'octroi de ses fonds. L'État emprunteur doit avoir un PNB annuel situé entre 675 et 8 356 dollars par habitant. Il lui incombe d'apporter la démonstration qu'il n'a pas pu obtenir les ressources sur le marché des capitaux à des conditions raisonnables. Il lui faut également faire valoir l'utilité et la faisabilité des ouvrages auxquels les fonds sont destinés, en participant à un processus dénommé *cycle de projet*. Celui-ci comporte une phase de *repérage* à laquelle la Banque participe activement, de *préparation* (qui dure un à deux ans), d'*examen* par le personnel de la Banque (trois à six mois), et de *négociation* de l'accord de prêt et des plans de sa mise en œuvre (un à deux mois). Le projet est ensuite soumis à l'approbation du Conseil d'administration. Tout prêt ne prend effet qu'après la signature d'un accord par le pays. Il est conditionné à un engagement contractuel de la part du gouvernement aux termes duquel celui-ci garantit le paiement de la totalité des sommes dues, principal et intérêts. La Banque jouit à cet égard du statut de créancier de premier rang. Cela signifie qu'au cas où l'État emprunteur connaîtrait des difficultés pour faire face à ses engagements financiers, il devra d'abord rembourser la Banque avant tous ses autres créanciers publics ou privés. Les étapes suivantes du cycle consistent en la *mise en œuvre et supervision* du projet dont la responsabilité revient à l'État emprunteur et comporte notamment l'appel d'offres et l'adjudication des marchés. La Banque, cependant, surveille et approuve toutes les décisions importantes d'acquisitions. L'*évaluation* par la Banque des résultats obtenus représente l'ultime phase, et elle est effectuée après que tous les fonds ont été dépensés.

La BIRD constitue l'institution non seulement originaire, mais principale du groupe de la Banque mondiale. En 2005, le volume cumulé des prêts consentis depuis sa création a atteint 407 milliards de dollars. Toutefois, avec l'indépendance en 1960 de nombreux pays africains, il a été décidé de créer un nouvel organisme rattaché à la Banque, l'Association internationale de développement (IDA), ayant pour mandat de prêter aux pays les moins avancés (PMA) dont le PNB annuel par habitant est inférieur à 675 dollars. Cette institution accorde des crédits sur 35 à 40 ans à taux d'intérêt nul excepté le coût du service (0,75 %) et avec un différé d'amortissement de 10 ans. Ses ressources proviennent principalement des contributions volontaires des pays industrialisés et doivent être renflouées tous les trois ans en moyenne. De 1960 à 2005, ses engagements cumulés se sont chiffrés à 161 milliards de dollars. Durant la première moitié de la décennie 2000, l'IDA a déboursé en moyenne 6,5 milliards de dollars par an, contre 11,5 milliards consentis par la BIRD.

Trois autres institutions ont été créées. La Société financière internationale (SFI), fondée en 1956, se spécialise dans des prises de participation au capital de sociétés établies dans des pays en développement jugés trop risqués par les investisseurs ; elle peut aussi leur octroyer des prêts à long terme à des conditions proches du marché, garantir leurs emprunts auprès d'autres intermédiaires financiers, ou leur fournir des services de conseil. En 2005, le portefeuille engagé depuis sa création a atteint 24,6 milliards de dollars. Le Centre international pour le règlement des différends relatifs aux investissements (CIRDI), instauré en 1966, a pour mission d'encourager les investissements productifs étrangers dans les pays du Sud en offrant des services de conciliation ou d'arbitrage. Enfin, l'Agence multilatérale de garantie des investissements (AMGI), établie en 1988, fournit aux investisseurs étrangers des garanties contre les pertes liées à des risques non commerciaux, comme l'expropriation, l'inconvertibilité de la monnaie, les restrictions aux transferts, les conflits armés et les troubles civils. Le montant cumulé des garanties qu'elle a émises jusqu'en 2005 est estimé à 14,7 milliards de dollars.

Dans son ensemble, le groupe de la Banque mondiale a donc pour objectif principal d'accorder un soutien au déploiement du capital dans des régions où le remboursement des créances de même que la sécurité des investissements productifs directs peuvent être contrariés à divers titres. Or comme nous l'avons relevé à plusieurs reprises, cet organisme est également actif dans l'élaboration des doctrines de développement qui déterminent l'allocation de ses prêts. Celles-ci ont connu une évolution correspondant à quatre grandes périodes.

De 1945 jusqu'au début des années 1970, la Banque mondiale adhère à la doctrine de la croissance équilibrée. Dans cette perspective, le développement doit passer par des investissements dans des grands projets d'infrastructure susceptibles de créer les conditions favorables aux investissements productifs directs ou à l'établissement d'un secteur agricole hautement productif. Un tiers des fonds a été alloué, durant cette période, au secteur énergétique, un autre tiers aux transports, le reste à l'agriculture et à l'industrie.

Au cours des années 1970, alors même qu'il est question, à l'ONU, de restructurer les relations économiques internationales, la Banque mondiale, sous la présidence McNamara (1968-1981), décide de réorienter une partie de ses fonds vers des programmes dits de besoins essentiels représentés par les secteurs de l'agriculture, de l'éducation et de la santé. En théorie, il s'agit de favoriser une distribution plus large des ressources octroyées ; dans la pratique, cette stratégie vise également à faire échec au nationalisme économique, par vocation industrialisante, et à imputer la responsabilité du sous-développement aux dirigeants des pays du Sud, accusés, non sans raison parfois, de ne pas veiller prioritairement à améliorer le sort de leurs populations les plus démunies.

La période de 1980 jusqu'au milieu des années 1990 marque le retour de la Banque mondiale à l'orthodoxie libérale, après l'intermède keynésien

instauré par McNamara. L'arrivée de Reagan à la Maison-Blanche se traduit par une réorganisation progressive des services de la Banque, au
terme de laquelle une nouvelle génération d'économistes, nourrie des préceptes de l'école de Chicago, remplacera l'ancienne équipe. Vingt-neuf
des trente-sept directeurs de l'ère des « besoins essentiels » quitteront leurs
fonctions au cours de la décennie 1980. Désormais, la Banque mondiale
va jouer, avec le FMI, un rôle important dans la gestion de la crise de la
dette, en induisant les pays concernés à mettre en œuvre des programmes
d'ajustement structurel d'inspiration libérale sur lesquels nous reviendrons
dans la section suivante. Les prestations de la Banque mondiale s'élargi-
ront au cours de la décennie pour inclure des services payants de conseil et
d'assistance dans le domaine des ajustements et des privatisations.

Avec la nomination de James Wolfensohn en 1995 à la tête de la
Banque mondiale, quelques thèmes nouveaux vont prendre activité au
sein d'une doctrine qui reste ancrée pour l'essentiel dans la mouvance
libérale. Dès son entrée en fonctions, le nouveau président exprime son
ambition d'associer aux programmes sociaux des organisations non-
gouvernementales au titre de partenaires ou de sous-traitants. Le portefeuille des crédits de la Banque en faveur de projets environnementaux
va également gonfler. Cette approche découle d'une logique qui cherche à réunir la recherche de l'efficience économique (par délocalisation sur le terrain et partenariat avec des organisations caritatives) à
une stratégie d'amélioration de l'image de l'institution passablement
écornée au cours des années 1980. La grande affaire reste cependant la
poursuite des politiques d'ajustement structurel et de privatisation des
secteurs publics jugés rentables. C'est dans ce contexte qu'il faut comprendre l'insistance de la Banque sur la « bonne gouvernance », terme qui,
du point de vue de cette institution, désigne l'instauration de conditions
juridico-politiques susceptibles de sécuriser les investissements privés
étrangers et les prises de participation. Une des évolutions notables de
l'activité de la Banque, durant les années 1990, consiste en la fourniture de prestations de conseil et d'assistance à la réforme du secteur
public. Elle s'attache aussi à promouvoir la privatisation partielle des
services de base, notamment les services de l'eau, ce qui devrait, à l'en
croire, contribuer favorablement à la « lutte contre la pauvreté ». Délégation au marché et instauration de filets de sécurité financés en partie
par la charité là où le marché fait défaut : tels sont, en peu de mots, les
prémices fondamentales de la doctrine Wolfensohn.

4.1.2.2. Le FMI et le système d'endettement international

Les accords de Bretton Woods ayant institué un système de changes
fixes et interdit les dévaluations compétitives, il importait d'établir un

organisme qui donnerait aux États les moyens pour soutenir la parité de leur monnaie, et qui leur permettrait, en cas de difficultés temporaires de balance des paiements, de reconstituer leurs réserves ou d'effectuer, en règlement de leurs importations, des paiements plus élevés qu'ils n'auraient été en mesure de le faire autrement. Conçu à cet effet, le FMI fonctionne à la manière d'une coopérative. Chaque pays apporte une quote-part définie selon son importance économique, dont 25 % sont versés en or ou devises internationalement acceptées, et les trois quarts restants en monnaie nationale. Le montant de la quote-part de chaque État est important, puisque, nous l'avons vu, il détermine à la fois le nombre de voix dont il dispose, mais aussi le volume des tirages possibles.

Lorsqu'un État adhère au FMI, sa banque centrale ouvre un compte à cet organisme et le crédite du montant de sa souscription. Le Fonds, qui dispose ainsi d'une certaine quantité de toutes les monnaies nationales, fonctionne comme un agent de change multilatéral. Sa mission première est de permettre aux pays membres d'obtenir les devises dont ils ont besoin pour effectuer leurs règlements. Tout État qui fait appel au Fonds procède à un achat ou « tirage » d'une monnaie dont il n'est pas émetteur. Ces opérations de tirage se réalisent par « tranches » représentant chacune 25 % de la quote-part, et il importe de distinguer les tirages dans la tranche dite de réserve de ceux effectués dans les tranches dites de crédits ordinaires. La tranche de réserve correspond au quart de la souscription versé en or ou en devises convertibles. Les États membres peuvent tirer librement dans cette tranche, dès lors qu'ils ne font que mobiliser leurs propres actifs de réserve crédités sur le compte du FMI. Toutefois, lorsqu'ils effectuent des tirages qui excèdent leur tranche de réserve, ils deviennent débiteurs du Fonds, puisque les 75 % restants de leur souscription ont été versés en monnaie nationale. Les États sont autorisés à tirer dans les tranches de crédits ordinaires jusqu'à concurrence de 100 % de leur quote-part, en effectuant quatre tirages annuels correspondant chacun à 25 % de leur souscription.

Techniquement, l'opération consiste en un *swap*, c'est-à-dire un achat au comptant de devises fortes (le dollar par exemple) contre la monnaie nationale, assorti d'un engagement de rachat en sens inverse à un terme fixé à l'avance. Un pays qui aura effectué les quatre tirages annuels dans les tranches de crédits ordinaires, aura versé au FMI l'équivalent de 100 % de sa quote-part en monnaie nationale pour obtenir, en contrepartie, des monnaies librement utilisables. Il sera débiteur du Fonds des devises qu'il a obtenues, et il devra progressivement les restituer en rachetant sa propre monnaie jusqu'à ce que sa quote-part reprenne sa forme initiale. Le FMI assortit les tirages dans les tranches supérieures de conditions plus strictes s'appliquant à la politique économique et financière du pays bénéficiaire. Il perçoit également des intérêts et commissions sur les ressources utilisées et verse une rémunération aux pays membres dont il utilise la monnaie (L'Heriteau, 1986 ; Lenain, 2002).

Ces facilités de crédit dites ordinaires se sont toutefois révélées insuffisantes face aux difficultés colossales rencontrées par certains pays en développement à partir des années 1970. Aussi le FMI a-t-il progressivement mis en place des facilités dites spéciales qui accroissent la limite d'accès et allongent les échéances de remboursement en contrepartie d'une conditionnalité plus forte et de commissions additionnelles. L'accord au titre de mécanisme élargi de crédit, créé en 1974, autorise les États membres à tirer à hauteur de 300 % de leur quote-part et à rembourser dans un délai de 10 ans. La facilité de réserve supplémentaire, établie en 1997 pour faire face à la crise asiatique, et plus généralement aux crises de confiance soudaines des marchés financiers, ne comporte aucune limite d'accès, mais le remboursement doit intervenir dans un délai de deux ans et demi. Il en va de même pour ce qui concerne la ligne de crédit préventive, créée en 1999 pour aider les pays membres à résister à la contagion d'une crise financière. La facilité pour la réduction de la pauvreté, dont les prêts sont assortis de taux d'intérêt moins élevés et l'admissibilité restreinte aux pays ayant un revenu national brut par habitant de moins de 895 dollars, permet des tirages représentant jusqu'à 180 % de la quote-part remboursables sur 10 ans. Elle a également été instaurée en 1999.

Sur le plan opérationnel, le FMI peut, en outre, allouer des réserves, et il a créé à cet effet un actif appelé allocations de droits de tirage spéciaux (DTS) qui constitue également son unité de compte, dont la valeur est déterminée quotidiennement en établissant une moyenne à partir de la valeur du dollar, de l'euro, du yen et de la livre sterling. Afin d'augmenter les réserves des États membres, il a procédé à deux allocations générales de DTS, la première, en 1970, pour un montant de 9,3 milliards, et la seconde, en 1981, pour un montant de 12,1 milliards, portant ainsi la totalité des réserves de DTS à 21,4 milliards. Comme la décision d'allocation doit être ratifiée à une majorité de 85 % des suffrages, les États-Unis, qui détiennent 17,3 % des voix, peuvent exercer leur droit de veto, raison pour laquelle la proposition de doubler les allocations cumulées n'a toujours pas abouti, alors même que 39 pays, principalement d'Europe centrale et orientale, ont rejoint le FMI et n'ont jamais reçu de DTS.

Le Fonds a également le pouvoir d'emprunter des ressources auprès de certains de ses États membres pour élargir ses mécanismes de crédit.

Il dispose, depuis 1962, d'une ligne de crédit dénommée Accords généraux d'emprunt (AGE) qui lui permet d'emprunter, aux taux d'intérêt du marché, jusqu'à 17 milliards de DTS (environ 29 milliards de dollars US) auprès de ses pays membres les plus riches réunis dans le Groupe des Dix. Le FMI a recouru une dizaine de fois aux AGE. Après la crise financière mexicaine de 1995, de Nouveaux Accords d'emprunt (NAE) ont été conclus, qui doublent la capacité d'emprunt du FMI auprès de 25 pays. Ils ont servi pour la première fois, en décembre 1998, pour financer un accord avec le Brésil.

Une question s'impose donc : par quel prodige cet agent de change que constitue le FMI est-il devenu, au fil des ans, l'un des plus puissants acteurs de l'économie mondiale capable d'influencer les décisions des investisseurs privés et des organismes multilatéraux dans l'octroi des crédits aux pays dits du Sud, tout en imposant à ces derniers des politiques macroéconomiques aux incidences sociales majeures ? La réponse doit être cherchée dans l'instauration progressive du système d'endettement international et dans le rôle normatif que cette institution a été amenée à assumer à cet égard.

Au cours des trois premières décennies suivant la création du Fonds, ses ressources ont été principalement mobilisées par les pays industrialisés pour soutenir leurs parités dans le cadre du système de changes fixes, ou pour se défendre contre les attaques spéculatives. Toutefois, avec l'effondrement du système de Bretton Woods en 1971 et le flottement généralisé des monnaies qui s'ensuit, le Fonds perd une grande partie de son utilité aux pays industrialisés, d'autant que ceux-ci commencent à se financer en empruntant sur les marchés des capitaux. Ce sera donc le choc pétrolier de 1973 qui donnera au FMI un nouveau rôle à remplir et un pouvoir de contrainte sans commune mesure à celui qu'il a pu exercer précédemment. En effet, le quadruplement du prix du brut, peu après la guerre israélo-arabe en 1973, provoque des déficits massifs de la balance des paiements des pays en développement importateurs de pétrole. En revanche, les pays producteurs de pétrole réalisent de larges gains en devises fortes que leur économie ne parvient pas à absorber, leurs capacités d'investissement s'avérant limitées. Ils vont donc placer leurs réserves dans les banques américaines et européennes, lesquelles s'efforceront de les réinvestir en donnant suite aux demandes de crédit en provenance des pays du Sud. On appelle ce phénomène le « recyclage des pétrodollars ». Ainsi se constitue rapidement la dette publique des pays du Sud, les gouvernements empruntant auprès des banques commerciales pour leur propre compte ou garantissant les crédits octroyés aux grandes entreprises relevant de leur juridiction. Alors que la dette publique impayée de tous les pays en développement se chiffrait, en 1970, à 45 milliards de dollars dont 27 % seulement était détenue par des créanciers privés, elle atteignait, en 1980, près de 339 milliards dont 55 % avait été consentie par le secteur privé (World Bank, *Global Development Finance*, 2005).

Or bon nombre de ces placements vont s'avérer improductifs, dès lors qu'ils seront utilisés pour financer des entreprises peu rentables, pour créer des infrastructures parfois inadaptées aux besoins des pays concernés, pour augmenter artificiellement le pouvoir d'achat de la population, pour soutenir des dépenses militaires. En outre, la corruption des classes dirigeantes de certains pays débiteurs induit une fuite importante des capitaux empruntés. Ainsi, il arrive qu'une partie des crédits octroyés soient indûment réappropriés par des dirigeants peu scrupuleux et replacés dans les banques américaines ou européennes qui les avaient consentis dans un premier temps. L'exemple le plus funeste à cet égard est celui fourni par l'ex-président du Zaïre, Mobutu, qui, en trente ans, est parvenu à amasser une fortune estimée représenter, d'après le Trésor américain et le FMI, près de 4 milliards de dollars au milieu des années 1980, c'est-à-dire à peu près l'équivalent du stock total de la dette extérieure du pays.

Une nouvelle augmentation du prix du pétrole en 1978-1979, conjuguée à une baisse des prix des matières premières et à une hausse importante des taux d'intérêt aux États-Unis (dont nous avons examiné les causes et les effets dans la seconde partie) vont rendre le seul paiement des intérêts de la dette difficile pour un certain nombre de pays, dont le Mexique qui se déclare insolvable en 1982, précipitant une crise financière majeure. Comme les banques commerciales se montrent désormais peu disposées à fournir de nouveaux crédits aux pays qui présentent un risque souverain important, ceux-ci doivent à se tourner vers le FMI pour financer leurs déficits.

C'est alors que le rôle normatif du Fonds va s'avérer utile aux créanciers privés et publics pour discipliner les pays du Sud endettés. Cette fonction est assumée au travers de la conditionnalité dont le vecteur principal est l'accord de confirmation (*stand-by*). L'accès aux ressources du FMI va en effet être subordonné à la réalisation d'un programme d'ajustement structurel qui constitue l'aboutissement de consultations menées entre le Fonds et l'État demandeur. Les étapes conduisant à la signature d'un tel accord sont les suivantes. Dans un premier temps, l'État membre fait une demande d'ouverture de crédit auprès du Fonds. Sur ordre du directeur général, une *mission de diagnostic* se rend sur place pour étudier la situation économique et formuler des recommandations visant à redresser la balance des paiements. L'État est tenu d'incorporer ces instructions dans une *lettre d'intention* qu'il adresse au FMI et qui porte la signature du ministre des Finances ou du gouverneur de la Banque centrale. Le Fonds retient de ce document les éléments qu'il estime devoir constituer les objectifs, les politiques économiques et les critères de réalisation de l'accord final. Celui-ci est alors soumis à l'approbation du Conseil d'administration – une formalité compte tenu de la dimension unilatérale de la procédure consistant à finaliser les termes du programme. L'emprise du FMI se mesure au fait que le rééchelonnement de la dette publique détenue par les banques commerciales (regroupées dans le club de Londres) et les organismes publics (réunis dans le club de Paris) va désormais être conditionné à la signature préalable d'un tel accord. De même, la Banque mondiale va lier l'octroi de crédits aux pays endettés à l'exigence que ces derniers soient d'abord placés sous ajustement structurel. L'autorité du FMI découle plus généralement des compétences qui lui sont attribuées de veiller à ce que les critères de réalisation du programme, qui font l'objet d'un suivi trimestriel, soient effectivement atteints, tout manquement pouvant impliquer la suspension des versements subséquents de la tranche de crédit. En somme, le Fonds est devenu la cheville ouvrière du système d'endettement international.

Pour comprendre les objectifs et les mesures fixés par le FMI, il suffit d'examiner cet état statistique que constitue la balance des paiements, et les comptes qu'il regroupe. La réalité socio-économique telle qu'elle est perçue par le personnel du Fonds se réduit en effet à une affaire comptable – de recettes et de dépenses, d'entrées et de sorties. Si les programmes d'ajustement structurel visent à stimuler les exportations et restreindre les importations, en recourant notamment à la dévaluation, c'est parce qu'il importe d'améliorer le solde de la balance commerciale en sorte de dégager des revenus. S'ils préconisent de diminuer les dépenses de l'État, de privatiser les entreprises et les services publics, d'augmenter les impôts sur la consommation, c'est parce que ces politiques, en générant des recettes, pourraient avoir une incidence positive sur la balance des services. S'ils exigent de contrôler rigoureusement la masse monétaire, de modifier les lois nationales sur les investissements étrangers et le travail, de libéraliser les dispositions sur le rapatriement du capital, des profits et des dividendes, c'est parce que ces mesures devraient attirer l'épargne étrangère et se traduire par une amélioration de la balance des capitaux.

On a beau rétorquer que la dévaluation alourdit la facture des importations incompressibles et peut contribuer à aggraver d'autres déficits ; que c'est pure folie de renforcer la compétitivité de secteurs d'exportation spécialisés, pour la plupart, dans la production et la commercialisation de matières premières et de commodités, dont les prix sont déjà fortement déprimés sur le marché mondial en raison d'une intense concurrence ; que le gel des salaires des fonctionnaires, la diminution des transferts sociaux, l'augmentation de la taxe sur la valeur ajoutée ont des conséquences sociales néfastes ; que l'ouverture aux capitaux extérieurs – à court terme en particulier – a pour contrepartie des paiements d'intérêts et des rapatriements de dividendes et qu'elle augmente les risques de crise financière ; l'essentiel, pour le FMI, est d'accroître les revenus, de générer des recettes, d'attirer les capitaux afin que les arriérés de paiements extérieurs puissent être réduits et les engagements financiers honorés à leur échéance.

Les crises financières de la décennie 1990 vont consolider l'autorité du FMI, alors même que cette institution détient une part de responsabilité indéniable dans leur déroulement. Il y avait en effet tout lieu de craindre que l'ouverture fortement recommandée par le Fonds à l'entrée des flux privés, qui comprennent notamment les émissions de titres et les investissements de portefeuille, puisse se traduire par des retraits massifs en cas de perte de confiance des marchés. De fait, c'est bien ce qui va se produire dans la plupart des douze pays émergents (Chine, Mexique, Brésil, Corée, Malaisie, Argentine, Thaïlande, Russie, Inde, Turquie, Hongrie, Pologne) qui ont absorbé la grande majorité de ces flux durant la décennie 1990. Le mouvement de repli commence par des attaques spéculatives contre le peso mexicain en 1994. Afin d'éviter une crise systémique, des crédits d'urgence d'un montant de 50 milliards de dollars sont consentis au Mexique, dont 18 milliards par le FMI. Lorsque la crise touche l'Asie en 1997, le FMI rassemblera plus de 110 milliards de dollars pour ses opérations de sauvetage en Thaïlande, en Indonésie et en Corée, apportant une contribution de 35 milliards à cet égard. La crise toutefois se répercutera sur la Russie et l'Argentine, l'année suivante, sur la Turquie et sur le Brésil en 2002. Si le FMI se montre inflexible à l'égard de l'Argentine, contribuant, par son refus d'effectuer le versement d'une tranche de crédit, à précipiter ce pays dans le chaos économique, il accordera à la Russie, à la Turquie et au Brésil des prêts colossaux qui culmineront jusqu'à 30 milliards de dollars pour ce dernier pays.

Or les crises financières des années 1990 diffèrent fondamentalement de celles de la décennie précédente. En effet, les crédits ont été pour la plupart octroyés, sans garantie gouvernementale, par des acteurs privés à des sociétés et des banques, et non aux États. Le FMI n'en contraint pas moins les gouvernements à reprendre à leur compte une partie des dettes privées et à employer les fonds d'urgence pour remettre à flot les établissements locaux dont la faillite affecterait des prêteurs internationaux aussi importants qu'irresponsables. Suivant une telle logique, c'est aux contribuables appartenant aux classes moyennes et défavorisées des pays émergents qu'il incombe finalement de régler la facture de ces plans de sauvetage international.

Il est vrai que le FMI se défend d'être complètement indifférent au sort des plus défavorisés, donnant pour preuve le guichet concessionnel instauré en 1999 que constitue la facilité pour la réduction de la pauvreté. Toutefois, jusqu'en 2003, le Fonds a déboursé en moyenne 8,7 milliards de dollars par an au titre de cette facilité, contre 74,3 milliards par an dans le cadre de ses autres mécanismes de crédit non concessionnels (FMI, *World Economic Outlook*, 2004). Cette institution fait également valoir l'initiative en faveur des pays pauvres très endettés (PPTE), qu'elle a engagée depuis 1996 avec la Banque mondiale, au motif de réduire l'endettement insoutenable d'un certain nombre de PMA qui appliquent scrupuleusement ses programmes d'ajustement structurel. Lors du sommet du G8 en juillet 2005, les pays les plus riches de la planète ont décidé d'annuler 40 milliards de dollars de créances dues par 18 PPTE auprès de la Banque mondiale, du FMI et de la Banque africaine de développement. Il convient cependant de relativiser ces mesures qui s'appliquent à un nombre limité de pays parmi les 165 concernés par la dette. Le montant qui sera annulé représente en effet moins de 20 % de la dette extérieure publique des pays à faible revenu, et 2,7 % seulement de celle de tous les pays en développement qui se chiffre à 1 459 milliards de dollars en 2004. D'autre part, les 18 États sélectionnés ont atteint le « point d'achèvement de l'initiative en faveur des PPTE » qui a impliqué de longues années de réformes économiques d'inspiration libérale. Pour l'essentiel, ce processus a consisté à reconduire les politiques d'ajustement structurel antérieures – suppression des subventions sur les produits de base, augmentation de la taxe sur la valeur ajoutée, privatisation des entreprises publiques, libéralisation de l'économie – tout en effectuant quelques remaniements à la marge pour inclure des stratégies de lutte contre la pauvreté. Ainsi, les PPTE ont pu limiter la gratuité des traitements médicaux pour quelques maladies spécifiques, mais ils ont dû mettre sur pied un système de recouvrement des coûts pour tous les autres soins de santé curatifs ; s'ils ont été encouragés à supprimer ou réduire les droits de scolarité pour l'éducation primaire, en revanche, il leur a fallu accepter que l'éducation secondaire et tertiaire soit financée, tout au moins en partie, par le paiement de droits.

Au vu des chiffres, la gestion du système d'endettement international apparaît extraordinairement calamiteuse. Depuis 1990, les flux nets de la dette extérieure des pays en développement ont été négatifs, culminant à 126 milliards de dollars en 2000. De 1998 à 2004, l'ensemble constitué par les pays du Sud a dû en effet payer en moyenne 365 milliards de dollars par an pour honorer le service de la dette, alors qu'il a obtenu en moyenne 290 milliards de nouveaux crédits. Au cours de la même période, le stock de la dette des pays d'Afrique subsaharienne a représenté environ 182 % de la valeur totale des exportations et 65 % du produit national brut ; celui de l'Amérique latine et des Caraïbes, respectivement 169 % et 42 % ; celui de l'Asie du Sud, 147 % et 26 % ; celui du Moyen-Orient et de l'Afrique du Nord, 111 % et 39,3 ; celui de l'Asie de l'Est et du Pacifique, 78 % et 31 % (World Bank, *Global Development Finance*, 2005). On voit mal comment les pays du Sud, hormis quelques États émergents d'Asie, pourront sortir de cet engrenage sans un allégement substantiel de la dette publique, lequel paraît d'autant plus justifié qu'une grande partie des crédits octroyés ont été remboursés si l'on tient compte des paiements d'intérêt.

4.1.2.3. L'OMC et le système commercial international

Le régime de libéralisation des échanges, inscrits dans l'accord du GATT de 1947, est souvent donné en exemple de l'empreinte institutionnelle sur la politique internationale. Les parties contractantes se sont alors engagées à respecter la clause de la nation la plus favorisée, à diminuer leurs droits de douane, à éliminer les pratiques discriminatoires. Ce régime, toutefois, a comporté un certain nombre d'exceptions. Ainsi, grâce à l'action menée au sein de la CNUCED, les pays en développement ont pu bénéficier d'un traitement différentiel, c'est-à-dire d'avantages tarifaires non étendus aux pays développés ; ceux-ci, de leur côté, ont soustrait des règles du GATT leurs produits agricoles et textiles, soutenant les premiers au moyen de subventions parfois colossales, et limitant les importations des seconds dans le cadre d'accords multifibres. Or, en dépit des fortes divergences d'intérêts entre les parties contractantes, le régime du GATT a tenu bon. Depuis sa création, huit cycles de négociations ont été lancés, les cinq premiers pour poursuivre l'abaissement des droits de douanes, les deux suivants pour restreindre également les barrières non tarifaires au commerce. Le huitième cycle, l'Uruguay Round, le plus ambitieux de tous, a abouti, en 1994, à la signature de quatre grands accords : l'un institue l'OMC ; les accords sur le commerce des marchandises incluent notamment l'agriculture dont les subventions doivent être restreintes et les quotas substitués par des tarifs douaniers ; l'accord général sur le commerce des services (AGCS) prévoit d'intégrer ceux-ci progressivement au processus de libéralisation commerciale ; enfin, l'accord relatif aux aspects des droits de propriété intellectuelle liés au commerce

(ADPIC) vise à harmoniser les législations nationales dans ce domaine, en définissant l'objet, les droits conférés, les exceptions admises et la durée de protection minimale.

L'accord sur les ADPIC suscitera une forte contestation, à l'instigation d'ONG actives dans la campagne d'accès aux médicaments essentiels, qui s'attacheront à démontrer que l'imposition de niveaux élevés de protection des droits de propriété intellectuelle à l'ensemble des pays membres de l'OMC aura des conséquences désastreuses sur la santé publique dans les pays les moins avancés, en restreignant les transferts de technologies et surtout en augmentant le prix des produits pharmaceutiques. Ces ONG exigent que des règles différentielles soient appliquées aux médicaments essentiels, singulièrement des procédures simplifiées et accélérées de mise en œuvre des licences obligatoires ; et que les pays producteurs de génériques soient autorisés à les exporter vers ceux ayant octroyé des licences obligatoires sans toutefois disposer des capacités pour les fabriquer. Finalement, la Déclaration portant sur l'« Accord sur les ADPIC et la santé publique », adoptée en novembre 2001 par l'ensemble des États membres de l'OMC, reprendra de manière non négligeable, bien qu'incomplète, les propositions émises par les ONG soutenues par les pays en développement. Cette déclaration sera complétée par une décision du Conseil général, adoptée en août 2003, à la veille de la cinquième Conférence ministérielle de l'OMC à Cancún. Les pays exportateurs de génériques sont autorisés à déroger sous certaines conditions aux obligations établies par l'accord sur les ADPIC. Toutefois, seul le volume nécessaire aux besoins du pays importateur pourra être fabriqué et exporté, les produits génériques devant être clairement identifiés au moyen d'un étiquetage ou d'un marquage spécifique afin de limiter les risques de réexportation vers d'autres pays ne participant pas à ce système.

Ce succès relatif des pays en développement ne devrait toutefois pas masquer les difficultés que ces derniers rencontrent dans d'autres secteurs comme l'agriculture et les textiles. Les pays industrialisés, qui préconisent l'abrogation des entraves au commerce international là où ils disposent d'un avantage compétitif, continuent de refuser à appliquer ce précepte dans les domaines sensibles de leur économie. Depuis 2000, ils consacrent chaque année plus de 200 milliards de dollars pour subventionner leur agriculture – ce qui représente sept fois l'« aide au développement » versée aux PED –, et ils continuent d'imposer des quotas à l'importation des textiles, en provenance principalement de la Chine, en dépit même de l'expiration, en janvier 2005, de l'« accord multifibres ».

4.2. La politique environnementale internationale

Depuis la conférence de Stockholm sur l'environnement humain, organisée par les Nations unies en 1972, la politique environnementale internationale se négocie au sein d'enceintes multilatérales. La contribution majeure de la conférence sera la création, en 1972, du Programme des Nations unies pour l'environnement (PNUE), qui aura pour mandat d'évaluer l'état de l'environnement et de servir de cadre institutionnel pour l'élaboration de nouveaux instruments juridiques internationaux. Au cours des trente années qui suivront, les accords multilatéraux sur l'environnement vont proliférer. Ceux-ci se fondent sur un traité qui énonce des objectifs généraux et établit un cadre institutionnel où les États membres pourront négocier, par la suite, des accords additionnels définissant les règles et les modalités spécifiques à respecter. Le cadre institutionnel consiste en un secrétariat exécutif, un organisme scientifique, et une conférence des parties (CoP) qui se réunit, d'habitude une fois par année, en des lieux différents, pour poursuivre les négociations et amender le texte de la convention ainsi que ses annexes comportant toutes les dispositions techniques. Cette méthode flexible permet aux États de suivre l'évolution des connaissances scientifiques et d'associer à la négociation des représentants de groupes intéressés, tels que les milieux économiques et les ONG.

Les accords multilatéraux sur l'environnement s'appuient également sur un certain nombre de principes fondamentaux. Le premier, que l'on trouve dans la Déclaration adoptée à l'occasion de la conférence de Stockholm, consiste à poser la *prévention* comme fondement de la gestion des ressources naturelles. Ce principe limite la souveraineté des États au « devoir de faire en sorte que les activités exercées dans les limites de leur juridiction ou sous leur contrôle ne causent pas de dommage à l'environnement dans d'autres États ou dans des régions ne relevant d'aucune juridiction nationale ». Un deuxième principe est celui du *développement durable*, forgé par l'Union mondiale pour la nature (UICN), et qui trouve sa première définition dans le Rapport de la Commission mondiale sur l'environnement et le développement publié en 1987. Il réfère à un « développement qui satisfait les besoins des générations présentes sans compromettre la capacité des générations futures de satisfaire les leurs ». Ménageant la chèvre et le chou, c'est-à-dire les intérêts développementalistes des pays du Sud et les préoccupations conservationnistes agitées au Nord, cette notion vise à instaurer un « pacte de solidarité » non seulement avec les générations présentes, mais également avec les générations à venir qui accèdent ainsi au statut d'ayants droit aux ressources de la nature.

Trois autres principes de l'écopolitique mondiale seront affirmés lors du Sommet de la Terre en 1992. Ils se trouvent énoncés dans la Déclaration de Rio ainsi que dans les deux grandes conventions – sur la biodiversité et sur les changements climatiques – adoptées à cette occasion. L'un consiste dans le principe de *précaution*, selon lequel « l'absence de certitude scientifique absolue ne doit pas servir de prétexte pour remettre à plus tard l'adoption de mesures effectives visant à prévenir la dégradation de l'environnement ». Un autre principe, que les pays industrialisés ont dû reconnaître pour assurer une large participation des États du Sud aux accords environnementaux, concerne le *partage différencié des responsabilités et des coûts*. Les pays développés « admettent la responsabilité qui leur incombe dans l'effort international en faveur du développement durable, compte tenu des pressions que leurs sociétés exercent sur l'environnement mondial et des techniques et des ressources financières dont ils disposent ». Enfin, le principe le plus controversé, celui du *pollueur-payeur*, quoique reconnu, sera systématiquement contourné, par les mécanismes de financement international. Il prévoit que « les autorités nationales devraient s'efforcer de promouvoir l'internalisation des coûts de protection de l'environnement et l'utilisation d'instruments économiques ».

Comme nous allons le voir, la politique environnementale internationale est le fruit d'un jeu complexe d'acteurs et d'intérêts politiques, économiques, scientifiques et civiques. Autrement dit, elle découle d'actions entreprises simultanément par des ONG, des chercheurs, des industriels et des États. Le rôle des ONG consiste à porter sur l'espace public un problème environnemental – qui peut parfois constituer leur raison d'être, mais aussi leur fonds de commerce – et à susciter un émoi public capable d'influer sur les dirigeants au travers du jeu électoral. Les acteurs scientifiques ont pour fonction de fournir une expertise sur la question de savoir s'il s'agit ou non d'un problème objectif. La validité de leurs travaux est toutefois souvent sujette à controverse, tantôt en raison de la complexité des phénomènes concernés, tantôt parce que les méthodes qu'ils adoptent et les résultats auxquels ils aboutissent traduisent, pour une part du moins, les intérêts de ceux qui les financent, à savoir des organismes publics, des industries ou des ONG. Les acteurs économiques doivent être différenciés suivant qu'on leur impute ou non la responsabilité du problème. Le cas échéant, ils s'emploieront à éviter d'avoir à assumer des coûts importants et joueront le rôle de tortue dans la mise en œuvre de réglementations contraignantes s'appliquant à leur domaine d'activités. En revanche, lorsqu'ils ne sont pas directement concernés, ou qu'ils peuvent offrir des substituts aux produits ou procédés visés, ils s'attacheront à tirer avantage de l'adoption de nouvelles normes juridiques et techniques, assumant à cet égard le rôle de lièvre. Quant aux acteurs politiques, ils ont pour fonction d'arbitrer – sous pression – les intérêts divergents qui s'expriment au sein de leur juridiction, et de s'assurer, dans les négociations multilatérales, que le régime qui pourrait être instauré à l'échelle internationale ne les désavantagera pas au regard des autres parties.

Si les accords sur l'environnement recouvrent une multiplicité d'activités concrètes, celles-ci concernent pour l'essentiel deux catégories d'objets que constituent *l'érosion de la biodiversité*, d'une part, et, d'autre part, les *pollutions globales* causées notamment par les oxydes de soufre et d'azote, les substances qui appauvrissent la couche d'ozone, les déchets dangereux, les polluants organiques persistants.

4.2.1. L'érosion de la biodiversité

Les activités internationales visant à endiguer l'extinction des espèces remontent à l'époque coloniale, mais c'est en 1948 qu'une institution est fondée qui jouera un rôle important à cet égard, l'UICN, dont les membres sont constitués par des ONG, des États et des agences gouvernementales. Son action s'effectue dans le cadre de six commissions formant chacune un réseau regroupant plusieurs milliers de scientifiques et de fonctionnaires répartis dans des groupes spécialisés. La plus importante est la Commission de la sauvegarde des espèces qui établit périodiquement une liste rouge des taxons classés selon leur risque d'extinction. Cet instrument sert de document de référence pour la Convention sur le commerce international des espèces de faune et de flore sauvages menacées d'extinction (CITES) conclue en 1973, suite à une résolution adoptée dans les années soixante par l'UICN, et entrée en vigueur en 1975.

La CITES compte aujourd'hui plus de 160 parties contractantes et constitue le principal cadre juridique international dans lequel s'inscrit la réglementation du commerce des plantes et des animaux dont la survie paraît problématique. Son principe fondamental consiste à soumettre à un système de permis les importations, exportations, réexportations et introductions en provenance de la mer de spécimens d'espèces inscrites dans ses annexes. Chaque partie doit se doter d'un organe de gestion des permis et d'une autorité scientifique qui fournit son avis sur les effets que le commerce pourrait avoir sur les espèces concernées. La protection prend la forme de l'interdiction du transfert à des fins commerciales des espèces en voie d'extinction inscrites à l'annexe I qui requièrent des permis d'exportation *et* d'importation délivrés seulement à des conditions exceptionnelles, notamment pour la recherche scientifique. Elle prend la forme de la limitation et du contrôle du commerce des espèces inscrites aux annexes II et III, qui ne sont pas en danger immédiat d'extinction mais pourraient le devenir dans un proche avenir, et dont le transfert nécessite la délivrance de permis d'exportation seulement.

La CITES est révélatrice de la portée et surtout des limites des accords environnementaux internationaux. Si elle peut faire valoir qu'aucune des 5 000 espèces animales et 25 000 espèces végétales inscrites dans ses annexes n'est présumée éteinte à ce jour, l'application de ses mesures reste souvent partielle. Ainsi, bon nombre de pays du Sud ne disposent pas des ressources nécessaires pour mettre en place une législation nationale adéquate impliquant notamment l'établissement d'un organe de gestion et d'une autorité scientifique, la tenue de registres commerciaux, la rédaction de rapports annuels sur l'application de la convention, et l'adoption de mesures coercitives sanctionnant le commerce illicite de spécimens inscrits dans les annexes. Comme la CITES est dotée d'un maigre budget annuel de 10 millions de dollars, elle ne peut guère soutenir des politiques de renforcement des capacités dans ces pays. Elle peut cependant recommander des suspensions commerciales à l'encontre des parties qui ne respectent pas leurs obligations. Ces mesures ont tendance à concerner principalement les pays du Sud, alors même des États comme le Japon et certains membres de l'Union Européenne violent également la convention. Parce qu'elles concernent le commerce, les activités de la CITES se concentrent sur quelques grands mammifères charismatiques, singulièrement l'éléphant ou le rhinocéros, qui se situent à la fin de la chaîne alimentaire, au détriment d'autres espèces présentant une plus grande importance pour les équilibres écosystémiques. Plus sérieusement, elles ne portent pas sur la conservation *in situ*.

Or la modification et la dégradation des habitats, imputables à la mise en culture des terres, à l'abattage des forêts, à l'urbanisation, à l'exploitation des ressources, constituent les principaux facteurs d'érosion de la biodiversité. Selon les chiffres avancés par le PNUE, les activités humaines ont à ce jour dégradé environ 2 milliards d'hectares de sol, correspondant à 15 % de la surface émergée du globe, en raison d'un recours excessif aux engrais, aux pesticides et à l'irrigation, qui ont entraîné la salinisation, la nitrification, l'alcalinisation et la saturation des sols. La perte totale des forêts naturelles durant la décennie 1990 – due à la déforestation ou à leur transformation en plantations – a atteint 16,1 millions d'hectares par an, dont 15,2 millions d'hectares dans les tropiques. Comme nous allons le voir, ce dernier constat alarme les pays développés, compte tenu du fait que les forêts tropicales forment les écosystèmes les plus riches en espèces : bien qu'elles recouvrent moins de 10 % de la surface de la terre, elles sont estimées contenir 90 % des espèces vivant sur la planète. Les écosystèmes d'eau douce, qui constituent également des habitats ayant une grande diversité d'espèces, sont reconnus comme fortement dégradés à l'échelle mondiale, puisqu'on évalue à 20 % les espèces vivant dans ces habitats qui ont disparu ou sont menacées d'extinction. De même, les atteintes aux milieux côtiers et marins se sont intensifiées du fait de la surexploitation des ressources biologiques, de la pollution marine, de la perte des habitats. Quant aux zones arides, le processus de désertification se poursuit, à telle enseigne que plus de 3 milliards d'hectares, soit 70 % des terres sèches dans le monde, sont concernés par ce phénomène (PNUE, *GEO-3*, 2002, *passim*).

Plusieurs accords multilatéraux ont été conclus pour tenter de protéger les écosystèmes, à commencer par la convention de Ramsar de 1971, en vertu de laquelle les signataires s'engagent à promouvoir une utilisation écologiquement rationnelle des régions humides. La Convention sur le droit de la mer, signée en 1982 au terme de négociations laborieuses, mais qui n'est entrée en vigueur que 12 ans plus tard, limite la souveraineté nationale sur les ressources marines à une zone économique exclusive de 200 milles nautiques, et prévoit notamment des mesures pour réduire la pollution de la mer en provenance des terres et pour restreindre le rejet des déchets par les navires. La Convention sur la lutte contre la désertification, entrée en vigueur en 1996, a des antécédents qui remontent aux années 1970. Longtemps, les pays industrialisés se sont opposés à devoir se charger d'une responsabilité financière dans la maîtrise d'un processus qui les concernait peu ou prou. Au vu toutefois de l'ampleur que prend le phénomène, ils consentent finalement à signer un texte qui vise à faire de la lutte contre la désertification une priorité politique impliquant la nécessité de créer des programmes nationaux et régionaux, de sensibiliser les populations locales, d'associer les ONG. Dès le départ, cependant, les ressources s'avèrent insuffisantes pour réaliser les engagements du traité, tout comme ceux des autres accords multilatéraux sur l'environnement, à l'exception notable des Conventions sur les changements climatiques et sur la diversité biologique qui touchent directement les intérêts des pays industrialisés.

Les trois objectifs visés par la Convention sur la diversité biologique, adoptée à Rio en 1992 à la suite de négociations engagées par le PNUE dès 1987, sont, aux termes de son article 1, « la conservation de la diversité biologique, l'utilisation durable de ses éléments, et le partage juste et équitable des avantages découlant de l'exploitation des ressources génétiques ». La réalisation des deux premiers objectifs intéresse au premier chef les pays industrialisés, alors que les pays en développement se montrent particulièrement concernés par le troisième. Dans son préambule, la convention réaffirme les droits souverains des États sur leurs ressources biologiques, mais reconnaît, dans le même temps, que la conservation de la biodiversité constitue une « préoccupation commune à l'humanité », ce qui implique tacitement que tout dommage perpétré à cet égard par une partie porte atteinte aux intérêts des autres parties. Particulièrement vaste, le champ d'application du traité recouvre les organismes vivants de toute origine, leurs variations génétiques, et les écosystèmes dont ils font partie. Les États membres s'engagent à adopter des stratégies, plans ou programmes nationaux visant à conserver la biodiversité ; à faciliter l'accès aux ressources génétiques ainsi qu'aux technologies qui visent à les conserver ou qui les utilisent, singulièrement les biotechnologies ; à préserver les savoir-faire développés par les communautés autochtones dans ce domaine ; et à assurer le partage équitable des avantages commerciaux découlant de la mise en valeur des ressources génétiques, mais aussi de l'utilisation des connaissances traditionnelles qui leur sont associées. Un mécanisme de financement – sur lequel nous reviendrons – est institué pour fournir des ressources aux pays en développement sous forme de dons ou de prêts à des conditions de faveur.

Très tôt, la protection effective de la diversité biologique sera phagocytée par des questions de protection juridique et d'appropriation économique. Ce phénomène découle d'une reconnaissance, largement partagée par les dirigeants au Nord comme au Sud, selon laquelle la meilleure méthode pour conserver la nature consiste à attacher une valeur marchande à ses éléments. Il résulte, plus concrètement, de l'essor des biotechnologies qui ont permis d'isoler les gènes responsables de caractéristiques morphologiques (couleur, taille, forme, texture) ou comportementales (résistance au froid ou à la sécheresse, prédisposition à certaines maladies, stimulant de croissance), de les reconstituer, les copier et les transférer dans d'autres organismes (Aubertin et Vivien, 1998). On en vient, singulièrement dans les industries agroalimentaire, pharmaceutique et chimique, à concevoir les ressources génétiques comme l'« or vert » du XXIᵉ siècle. De fait, la valeur marchande globale des produits pharmaceutiques issus des ressources génétiques est estimée se chiffrer entre 75 000 et 150 000 millions de dollars par an. Parmi les 25 médicaments les plus vendus dans le monde en 1997, une dizaine provenaient de sources naturelles (PNUE, *GEO-3*). Or il arrive souvent que les connaissances traditionnelles fournissent des pistes pour leur développement ou celui d'autres produits et procédés utiles.

À cet égard, la convention cristallise, sans la résoudre, une opposition fondamentale entre les pays en développement, détenteurs de ressources génétiques, et les pays industrialisés qui disposent des technologies pour les mettre en valeur. Au cœur de cette dissension se trouve le problème de la « biopiraterie », à savoir l'obtention, par des sociétés ou des instituts de recherche situés dans les pays industrialisés, de brevets fondés sur du matériel biologique mais également sur les savoir-faire des communautés du Sud, ceci sans le consentement préalable des États détenteurs des ressources et sans que les dépositaires des connaissances traditionnelles aient leur part aux avantages commerciaux pouvant découler du processus de valorisation. D'autre part, les offices de brevets de certains pays développés ont tendance à accepter des revendications excessivement étendues. Ainsi, aux États-Unis, un brevet se voit accordé en 1995 à l'université du Mississipi sur les propriétés cicatrisantes du curcuma ; la même année, une entreprise américaine, W. R. Grace, obtient de l'office européen un brevet sur les vertus fongicides de l'huile de neem. Tous deux seront annulés au terme de procédures d'opposition engagées auprès des offices concernés, démontrant que les propriétés en question sont connues de longue date par des communautés locales en Inde, et ne satisfont donc pas à au moins deux des trois critères de la brevetabilité que constituent la nouveauté, l'activité inventive et l'application industrielle. Ces mesures d'annulation, qui demandent des efforts et des ressources considérables dont seuls disposent quelques pays émergents comme l'Inde ou le Brésil, sont menées parce qu'une fois un brevet accordé, le titulaire dispose d'un monopole d'exploitation d'une durée de 20 ans sur le territoire où il l'a déposé. Autrement dit, il peut exiger que les autorités nationales interdisent la commercialisation de produits similaires importés d'autres pays, y compris ceux d'où proviennent le matériel génétique et les emplois traditionnels qui lui sont associés.

Or la convention prévoit que l'accès aux ressources génétiques doit être « satisfaisant » (art. 2), mais reste soumis au « consentement préalable donné en connaissance de cause de la Partie contractante qui fournit lesdites ressources » (art. 15.5). Elle encourage également le partage équitable des avantages découlant de l'utilisation des connaissances, innovations et pratiques des communautés locales (art. 8 J). Ces dispositions, favorables aux pays en développement, semblent suffisamment claires et ne poseraient guère de problème, n'était leur apparente incompatibilité avec l'ADPIC, que nous avons évoqué dans la section consacrée à l'OMC, en particulier son article 27 qui définit l'objet brevetable. Aux termes du premier paragraphe de l'article, « un brevet pourra être obtenu pour toute invention, de produit ou de procédé, dans tous les domaines technologiques », si les trois conditions de la nouveauté, de l'applicabilité industrielle et de l'activité inventive sont remplies. Le paragraphe 3, alinéa b, qui traite des inventions biotechnologiques et des variétés végétales, prévoit que les États doivent obligatoirement instaurer une réglementation nationale sur les brevets pour les micro-organismes ainsi que pour les procédés microbiologiques et non biologiques d'obtention de plantes et d'animaux. Les variétés végétales, quant à elles, doivent être protégées soit par brevet, soit par un système *sui generis* efficace, soit par la combinaison des deux. L'ADPIC entend, par système *sui generis*, une alternative au brevet, dont la plus ancienne est le droit des obtenteurs, institué par la convention de l'Union internationale pour la protection des obtentions végétales (UPOV) entrée en vigueur en 1968. Les membres fondateurs et les nouveaux adhérents de l'UPOV sont constitués par les pays industrialisés et quelques pays émergents, principalement d'Amérique latine.

Toute variété qui remplit les trois conditions de la distinction, de l'homogénéité et de la stabilité peut être protégée au moyen d'un certificat d'obtention végétale (COV). La durée de protection varie selon les espèces, allant de 20 ans pour les annuelles à 25 ans pour les ligneuses. Le COV s'apparente à un brevet, mais comporte deux exceptions importantes. L'une consiste en l'*exemption de la recherche* – ou clause du libre accès – qui autorise l'emploi de la variété protégée pour créer de nouvelles lignées. L'autre, dénommée *privilège du fermier*, permet aux agriculteurs de réensemencer leur champ avec une variété protégée sans devoir rémunérer l'obtenteur. Ces deux exceptions visent à contribuer à la sécurité alimentaire mondiale, en garantissant la poursuite de la recherche dans le domaine de l'amélioration des plantes et en accordant aux agriculteurs le droit de conserver et d'utiliser les semences de ferme, c'est-à-dire les semences triées à partir d'une première récolte. Toutefois, la convention de l'UPOV sera amendée en 1991 pour offrir une protection renforcée se rapprochant de celle du brevet. La clause du libre accès se voit désormais limitée à la recherche expérimentale et ne concerne plus les « variétés manifestement dérivées » – un COV ne pouvant être obtenu que si la variété est nouvelle –, alors que le privilège du fermier devient facultatif et doit être exercé « dans la sauvegarde des intérêts légitimes de l'obtenteur ».

Ni l'ADPIC ni la convention de l'UPOV ne reconnaissent le rôle des communautés traditionnelles ou des agriculteurs du Sud dans le développement de produits et de procédés utiles ou dans la création variétale. C'est là, pourtant, nous l'avons relevé, l'un des objectifs visés par la Convention sur la diversité biologique. Des négociations en vue de rendre ces différents accords compatibles vont donc se poursuivre dans plusieurs enceintes, à commencer par le Conseil de l'ADPIC, chargé, dès 1999, de réexaminer l'article 27.3 (b). Emmené par le Brésil et l'Inde, un groupe de pays du Sud propose de modifier cet article pour y incorporer l'obligation, pour tout demandeur de brevet, de divulguer la source du matériel génétique ainsi que les connaissances traditionnelles utilisées pour l'obtenir, et, le cas échéant, d'apporter la preuve du consentement préalable donné en connaissance de cause par le gouvernement ou la communauté autochtone à l'exploitation de l'objet du brevet ainsi que d'un partage juste et équitable des avantages commerciaux qui pourraient en découler. Toutefois, ces propositions se heurtent au refus catégorique des pays industrialisés d'amender cet article, et elles ont, par conséquent, peu de chances d'aboutir.

Aussi, douze pays en développement – Brésil, Chine, Colombie, Costa Rica, Équateur, Inde, Indonésie, Kenya, Mexique, Pérou, Afrique du Sud et Venezuela – se sont réunis à Cancún, en 2002, pour former le groupe des pays mégadivers de même esprit (PMME) auxquels se sont joints la Bolivie, la Malaisie, les Philippines et la République démocratique du Congo. Détenant plus de 70 % de la diversité biologique de la planète, ils déploient leurs efforts, principalement dans le cadre de la Convention sur la diversité biologique, pour instaurer un régime international d'accès aux ressources génétiques et de partage des avantages résultant de leur utilisation (APA). La même année, lors de la sixième Conférence des parties de la Convention, les « lignes directrices de Bonn » sont adoptées. Bien que n'ayant qu'un caractère volontaire, elles soulignent l'obligation de la part des « utilisateurs » de ressources génétiques d'obtenir des « fournisseurs » leur consentement préalable, donné en connaissance de cause, et elles proposent une liste indicative des avantages monétaires et non monétaires que pourraient comporter les transferts de matériel.

Si l'on peut comprendre les diverses initiatives émanant des pays « fournisseurs », cependant il y a lieu de douter que le système de droits de propriété intellectuelle soit adéquat pour défendre les droits des communautés autochtones. Alors que ce système protège des droits de propriété individuels, les connaissances traditionnelles sont généralement de nature collective – plusieurs communautés les détenant parfois simultanément. De plus, elles ont pour caractéristique d'être ancestrales et de se transmettre par voie orale. Les conditions de la nouveauté et de l'activité inventive nécessaires à l'octroi des brevets leur font donc défaut. Quelles communautés convient-il de récompenser, et comment s'assurer que ce seront bien elles, et non des agences gouvernementales, qui auront part aux avantages ? Faut-il documenter ces connaissances pour les rendre accessibles aux offices qui font l'examen des brevets dans le monde, quand bien même cela pourrait faciliter la biopiraterie ? Autant de problèmes dont les solutions paraissent loin d'être évidentes. Enfin, on peut à tout le moins questionner le présupposé fondamental qui informe ces négociations, selon lequel le meilleur outil de conservation est celui fourni par la valorisation marchande.

Il ne faut pas perdre de vue que les atteintes à l'environnement ont des causes socio-économiques. La pauvreté en constitue une, et non des moindres, car associée à la pression démographique, elle pousse les populations démunies à cultiver les terres les moins fertiles ou à abattre les forêts. Les semences améliorées en constituent une autre. Depuis la « révolution verte », les variétés cultivées se sont réduites comme peau de chagrin à l'échelle planétaire, ce qui, en soi, représente une perte de diversité biologique. De plus, ce recours massif à quelques variétés de semences à haut rendement s'est accompagné d'un usage intensif d'engrais pour obtenir les meilleurs résultats, mais aussi de pesticides rendus nécessaires en raison de la grande vulnérabilité que ces plantes homogènes présentent face aux prédateurs ou agents pathogènes. Il s'en est suivi une aggravation de l'érosion de la biodiversité. L'endettement, enfin, constitue une cause majeure de dégradations environnementales. Pour honorer le service de leur dette, bon nombre de pays du Sud n'ont guère d'autre possibilité que de surexploiter leurs ressources naturelles, et les politiques d'ajustement structurel, qui favorisent le libre jeu du marché, les poussent également dans ce sens. Les conséquences de l'exploitation des bois tropicaux, par les entreprises transnationales en particulier, sont sévères à Madagascar, mais aussi en Indonésie, au Nigeria et en Côte d'Ivoire. La quasi-totalité des forêts de l'ouest de l'Équateur a été remplacée depuis 1960 par des bananeraies. Il en résulte un engrenage inextricable : les catastrophes écologiques, par exemple les inondations provoquées par l'exploitation des forêts et l'érosion des sols, sont plus fréquentes et plus dévastatrices dans les pays pauvres.

4.2.2. Les pollutions globales

Lors de la conférence de Stockholm, il est également question des polluants responsables d'une acidification croissante des eaux de surface – lacs et rivières – entraînant à terme la disparition du phytoplancton et des poissons. Ce phénomène, connu sous le nom de « pluies acides », va peser dans l'adoption du principe de prévention, dès lors que les informations recueillies par les scientifiques tendent à démontrer, dès la fin les années 1960, que les substances acidifiantes reçues par les pays scandinaves, singulièrement la Suède, excèdent leurs propres émissions de dioxyde de soufre (SO_2) et d'oxydes d'azote (NO_x), et doivent donc provenir d'autres sources, notamment de l'industrie lourde de la Grande-Bretagne et de l'Europe centrale. De même, il apparaît que le Canada, autre pays de grands lacs, subit des précipitations acides dont la source provient pour une large part des États-Unis. Le vecteur, constitué par les nuages dont les dépôts peuvent se produire à une distance relativement longue, confère à cette pollution transfrontière une dimension régionale davantage que globale (Faucheux et Noël, 1990). Toutefois, les mesures adoptées pour contrôler ces émissions exerceront une influence déterminante sur les actions menées ultérieurement pour contenir les pollutions globales causées par les chlorofluorocarbones (CFC) et les gaz à effet de serre.

Une première réponse consistera à adopter, en 1979, la Convention sur la pollution atmosphérique transfrontière à longue distance. Ce traité, ouvert aux membres de la Commission économique pour l'Europe ainsi qu'aux États jouissant du statut consultatif auprès de cette Commission des Nation unies, notamment les États-Unis, le Canada, la Turquie et les pays de l'ancien bloc soviétique, vise à « réduire graduellement » et à « prévenir la pollution atmosphérique », au moyen d'échanges d'informations, de consultations, de surveillance, et d'activités de recherche et développement dans les systèmes de gestion de la qualité de l'air.

Une deuxième série de mesures comprend l'adoption progressive de nouvelles normes techniques. Le rôle des acteurs scientifiques et des groupes industriels s'avère fondamental dans ce domaine, les uns fournissant une expertise, souvent controversée, qui peut avoir des effets positifs ou négatifs sur les autres. Au final, il reviendra aux autorités nationales de trancher, et elles le feront sous la triple pression des lobbies économiques, des ONG et des « États en aval » qui subissent les dommages engendrés par les pluies acides. L'émoi public sur ce sujet sera en effet renforcé, durant la décennie 1980, par le phénomène du dépérissement spectaculaire des forêts en Allemagne, attribué tantôt aux émissions de SO_2, et c'est alors l'industrie charbonnière qui se retrouve principalement incriminée, tantôt aux émissions de NO_2, précurseurs de l'ozone troposphérique auquel on impute une action nécrosante sur les feuilles, et ce sont alors les moteurs d'automobiles que l'on visera principalement. Or les constructeurs allemands ayant développé la solution du pot catalytique, le gouvernement fédéral s'emploiera à faire valoir, au sein de la CEE, la seconde hypothèse, et à imposer l'installation des pots et l'emploi de l'essence sans plomb (Faucheux et Noël, 1990).

L'acidification de l'atmosphère initiera, aux États-Unis, un troisième type de réponse qui aura, par la suite, une grande importance dans la diplomatie des changements climatiques. Cette réponse consiste à recourir aux instruments de flexibilité, c'est-à-dire aux mécanismes de marché. Par un amendement, en 1990, de la loi nationale sur l'air propre (*Clean Air Act*), le gouvernement américain va mettre en place un marché de permis d'émission qui prévoit de réduire de 40 % en 2010, par rapport aux niveaux de 1980, les émissions de dioxyde de soufre. Le principe du mécanisme est assez complexe et strictement réglementé. L'Agence américaine pour la protection de l'environnement (EPA) alloue gratuitement aux acteurs concernés – composés principalement d'usines productrices d'électricité utilisant la combustion de charbon – une certaine quantité de permis, exprimés en tonnes de SO_2, correspondant à leur niveau autorisé d'émissions. Chaque année, leurs émissions effectives, dont la mesure s'effectue au moyen d'appareils certifiés, sont totalisées, et ils doivent fournir à l'EPA la part correspondante en permis d'émission. Les entreprises ayant dépassé leur plafond (*cap*) encourent une amende de 2 000 dollars par tonne excédentaire *si* elles ne compensent pas leurs excédents d'émission par l'achat de permis additionnels. Ceux-ci peuvent en effet être obtenus auprès des centrales ayant émis en dessous de leur maximum autorisé.

Pour empêcher une cartellisation du marché des droits d'émission par les producteurs efficients qui préféreraient les garder en réserve plutôt que de les vendre à leurs concurrents, l'Agence retient une part minime des permis alloués et organise, une fois l'an, leur mise aux enchères sur la bourse de Chicago. Elle escompte – à raison – que le prix sur le marché de gré à gré s'alignera sur celui offert aux enchères. On notera que chaque année, l'EPA révise à la baisse la quantité des permis alloués. L'offre se raréfiant, la valeur des droits d'émission va s'accroître au fil des ans, passant à plus de 200 dollars la tonne en l'an 2000. L'objectif est d'obtenir progressivement que le coût occasionné par l'achat de permis supplémentaires excède à terme le coût marginal induit par un investissement dans des technologies propres. Visant, durant une première période qui s'étend de 1995 à 1999, les 263 principaux producteurs d'électricité ayant les rendements les plus faibles, le mécanisme sera élargi, à partir de 2000, à toutes les autres unités – plus petites et plus propres. Selon les estimations de l'EPA, le mécanisme aurait si bien fonctionné que les centrales ont globalement émis moins que le maximum autorisé pour l'an 2000.

Le même jeu complexe, où s'enchevêtrent des intérêts politiques, économiques et scientifiques, se trouvera à l'œuvre dans l'action internationale menée contre les CFC. Ces molécules, commercialisées en 1928, ont pour propriétés d'être stables, peu toxiques, ininflammables. Pareilles caractéristiques les ont rendues attrayantes pour divers usages, comme gaz propulseur dans les aérosols, comme fluide réfrigérant dans l'industrie du froid, comme agent gonflant dans le secteur de l'ameublement, comme solvant dans l'électronique (Faucheux et Noël, 1990). Leur inertie a cependant pour résultat que sitôt libérées dans l'atmosphère, aucune réaction chimique ne les détruit, si bien qu'elles peuvent atteindre la stratosphère où leur photodissociation provoque des mécanismes chimiques complexes qui conduisent à une destruction catalytique de l'ozone (O_3). Or la mince couche d'ozone concentrée dans la haute atmosphère absorbe jusqu'à 99 % du rayonnement ultraviolet solaire. Aussi son appauvrissement se traduit-il par une intensification des rayons UV atteignant la surface terrestre, ce qui accroît le risque de lésions cancéreuses chez l'homme et les animaux, et ralentit la croissance, la photosynthèse, la teneur en protéines ainsi que la reproduction du phytoplancton, modifiant ainsi les cycles biogéochimiques des écosystèmes d'eau douce et marins.

L'hypothèse suivant laquelle les CFC détruiraient l'ozone stratosphérique est avancée pour la première fois par deux chercheurs américains, Mario Molina et Sherwood Rowland, dans un article publié par la revue *Nature* en 1974. Elle sera renforcée onze ans plus tard avec la parution, dans la même revue, des résultats de la recherche menée par les membres du British Antarctica Survey, dont Joe Farman, confirmant que l'épaisseur de la couche d'ozone est soumise à d'importantes variations saisonnières au-dessus de l'Antarctique – phénomène que les médias désigneront désormais par l'expression de « trou dans la couche d'ozone ». Cette publication paraît quelques mois après la signature de la convention de Vienne – un traité cadre qui engage les parties à coopérer dans les recherches visant à apprécier les effets des activités humaines sur la couche d'ozone, et à limiter, réduire ou prévenir celles qui pourraient s'avérer néfastes à cet égard. L'étude de Farman aura pour effet immédiat d'accélérer le processus de négociations en vue de l'adoption d'un protocole qui sera ouvert à signature à Montréal en 1987. Ce texte prévoit que la production et la consommation des cinq principaux CFC devront être réduites de 50 % en 1999 au plus tard par rapport aux niveaux de 1986. Le protocole fera l'objet de plusieurs amendements ayant pour but d'avancer les dates d'élimination des substances visées. À la fin de 1998, la production des CFC initialement réglementés sera réduite de 95 % dans les pays industrialisés et de près de 88 % dans le monde. La production restante est destinée aux utilisations bénéficiant de dérogations et aux exportations vers les pays en développement.

Une conjonction de circonstances exceptionnelles explique le succès de la régulation internationale des CFC au regard des autres phénomènes

de pollution globale. En premier lieu, il s'agit d'une gamme de substances qui, tout en ayant des emplois divers, n'ont pas l'importance
stratégique des hydrocarbures dans le processus industriel. Ensuite,
leur production, dans les années 1970, se trouve concentrée dans un
nombre restreint de pays industrialisés, les États-Unis, la France, le
Royaume-Uni, l'Allemagne, le Japon et le bloc soviétique. À l'exception de la société française Atochem, les CFC ne représentent souvent
qu'une part minime du chiffre d'affaires des principaux producteurs.
C'est le cas de DuPont de Nemours, qui, dans les années 1970, détient
50 % de la production américaine, alors même que les CFC ne constituent que 2 % de ses profits. Soucieuse d'améliorer son image et de se
positionner sur un marché dont elle anticipe qu'il sera réglementé,
cette société va investir des sommes considérables, dès les années
1970, dans la recherche d'un substitut. Grâce à la longueur d'avance
qu'il a prise sur ses concurrents, DuPont soutiendra, dès 1986, l'adoption d'un protocole en la matière.

Il restera cependant deux problèmes à régler. L'un concerne les pays
en développement – consommateurs de CFC, notamment dans les secteurs de la climatisation et de la réfrigération. L'article 5 du protocole
dispose que ces pays pourront surseoir de dix ans leurs obligations de
réduction, pour autant qu'ils ne dépassent pas un seuil autorisé.
L'article 10 prévoit l'établissement d'un mécanisme chargé de financer les surcoûts engendrés par l'adoption de techniques et substances
de remplacement, par le recyclage des CFC, par l'acquisition de brevets, par le paiement de redevances. Au 31 mars 2000, un milliard de
dollars auront été alloués à cette fin aux 117 pays en développement
ayant ratifié le protocole. Pour une fois, au moins, il apparaît que le
principe de partage différencié des responsabilités et des coûts aura été
suffisamment respecté par les pays industrialisés pour assurer une large
adhésion à un régime environnemental international. Le deuxième problème touche aux substituts. Bien qu'ils aient un potentiel de destruction moindre que les CFC, tous ne sont pas pour autant complètement
inoffensifs. D'autre part, certains d'entre eux, comme les HCFC, constituent de puissants gaz à effet de serre et devront tôt ou tard faire
l'objet d'une réglementation – et plus tôt que tard.

Les gaz à effet de serre (GES) et leurs incidences sur les changements climatiques se voient reconnus comme un problème d'envergure
mondiale dès 1979, lors de la première Conférence climatique organisée à Genève par l'Organisation météorologique mondiale (OMM). En
interceptant dans l'atmosphère une partie des rayons infrarouges que la
Terre réfléchit vers l'espace, les GES naturels, dont la vapeur d'eau,
contribuent à assurer une température moyenne du globe d'environ

35 °C plus élevée qu'elle ne le serait en leur absence. L'inquiétude porte sur l'augmentation de la concentration des GES résultant d'activités humaines, dans la mesure où ce phénomène pourrait se traduire par un accroissement de l'effet de serre naturel, autrement dit par un réchauffement de la basse atmosphère et de surface de la Terre. Ces gaz comprennent principalement le CO_2, issu de la combustion d'énergie fossile, mais également le méthane (CH^4), l'oxyde nitreux (N_2O) et les hydroflurocarbones (HFC). Peu après la conférence de Genève, un Programme mondial de recherche sur le climat sera instauré sous les auspices de l'OMM, du PNUE, et du Conseil international des unions scientifiques (CIUS). Il organisera, au cours des années 1980, une série d'ateliers à Villach réunissant des scientifiques internationaux qui s'accorderont, en 1985, sur la probabilité d'une augmentation sans précédent de la température moyenne dès la première moitié du XXIᵉ siècle.

En 1988, l'OMM et le PNUE vont créer le Groupe intergouvernemental sur l'évolution du climat (GIEC) réunissant un réseau de plus de 2 000 scientifiques chargé d'évaluer, au sein de trois groupes de travail, l'information scientifique sur le système climatique, sur les conséquences environnementales, sociales et économiques des changements climatiques, et sur les stratégies à mettre en œuvre pour y faire face. Ces groupes élaborent, tous les 5 à 6 ans, trois types de produits : les rapports d'évaluation, à contenu scientifique et comportant plusieurs centaines de pages qui ne seront lus que par les spécialistes, les résumés à l'attention des décideurs, et un rapport de synthèse, les deux derniers étant rédigés en langue profane pour leur assurer une plus large audience. Le processus de rédaction et de révision de ces différents produits illustre une interaction complexe entre les membres scientifiques et politiques du GIEC. Tout commence par un plan de travail proposé par les auteurs principaux qui sont issus du monde scientifique. Ce plan doit être approuvé par les responsables des groupes de travail, désignés par les plus importants donateurs du GIEC, et accepté par l'assemblée plénière qui en constitue l'organe le plus fortement politisé. L'acceptation implique que le sujet traité « présente une vue compréhensive et objective », tandis que l'approbation donne lieu à des négociations ligne par ligne. Une fois le plan de travail accepté et approuvé, les différents produits seront rédigés, puis révisés. Les rapports d'évaluation doivent être simplement acceptés par les responsables des groupes de travail, les résumés à l'attention des décideurs approuvés par ces mêmes responsables et acceptés par l'assemblée plénière, mais le rapport de synthèse doit être soumis à l'approbation de l'assemblée plénière. Critiquée par certains qui l'accusent de travestir les résultats scientifiques, cette implication politique, différenciée selon les produits, vise en définitive à créer un consensus nécessaire à la poursuite des négociations diplomatiques.

Publié en 1990, le premier rapport du GIEC sera déterminant dans la création du Comité intergouvernemental de négociation chargé d'élaborer une convention-cadre sur les changements climatiques. Quoique énoncés en termes probabilistes, les effets que pourraient produire les gaz à effet de serre paraissaient dramatiques : réchauffement global de la température, ralentissement de la circulation océanique, perturbation du régime des pluies, hausse du niveau des mers par dilatation thermique et fonte des glaciers, disparition de terres côtières, modification des écosystèmes. À l'issue de 15 mois de négociations, la convention sera signée par 154 pays lors du Sommet de la Terre en 1992, et elle est entrée en vigueur en 1994. Elle a pour objectif de *stabiliser* les concentrations de gaz à effet de serre dans l'atmosphère à un niveau tel que les activités humaines ne risquent pas de modifier le système climatique mondial. En ratifiant la convention, les gouvernements des pays industrialisés et en transition conviennent de ramener leurs émissions de gaz à effets de serre « aux niveaux antérieurs » avant la fin de la décennie. Les pays en développement acceptent, pour leur part, d'établir des inventaires de leur niveau d'émission en contrepartie de ressources financières « nouvelles et additionnelles ».

La publication du deuxième rapport du GIEC en 1995, qui tend à démontrer qu'il se produit « une influence discernable des activités humaines sur le climat de la planète », va accélérer la signature du Protocole de Kyoto. Les États-Unis et l'Union européenne s'engagent désormais à *réduire* leurs émissions, respectivement de 7 % et 8 %, alors que les pays en transition peuvent émettre le même volume de GES qu'en 1990. Ce groupe de 39 pays industriels forme « l'Annexe 1 » du protocole dont les engagements différenciés visent à réduire globalement de 5,2 % en 2008-2012 leurs émissions de gaz à effet de serre. Les pays en développement, quant à eux, ne sont soumis à aucun engagement spécifique.

L'acceptation du principe de réduction représente une petite victoire pour les pays européens. Les experts de la Commission européenne estiment en effet qu'une réduction est « techniquement réalisable » et « économiquement possible ». La baisse de la consommation en carburant de voiture nécessiterait de « revitaliser » le secteur des chemins de fer et de développer le transport intermodal de marchandises combinant rail et route – deux objectifs à l'évidence favorables à l'intégration européenne. Dans le secteur industriel, l'amélioration de l'« efficacité énergétique » serait à l'origine d'une obsolescence planifiée des technologies, ce qui pourrait avoir des effets positifs sur l'emploi. Le remplacement, dans les secteurs domestique et tertiaire, de l'équipement ménager – ordinateurs, téléviseurs, ampoules électriques – procéderait de la même logique et relancerait la demande effective de biens ayant une consommation d'énergie inférieure.

Les États-Unis, en revanche, se trouvent confrontés à un grave problème : il ne saurait être question de réaliser rapidement une baisse de la consommation en carburant de voiture. Ils doivent donc limiter leurs objectifs de réduction tout en œuvrant à changer l'orientation même de la régulation des gaz à effet de serre. S'ils cèdent, à Kyoto, sur le principe de la réduction, ils obtiennent en contrepartie que soient adoptés des « mécanismes de flexibilité » offrant la possibilité d'imputer les réductions d'émission réalisées par un pays au décompte de l'objectif d'un autre pays qui connaîtrait des difficultés à le respecter. Trois mécanismes sont prévus.

En premier lieu, les « échanges de droits d'émission » (*emissions trading*), prévus à l'article 17 du protocole de Kyoto, permettront aux États ayant fixé un niveau de réduction, mais aussi à leurs entreprises auxquelles ils auront attribué des quotas d'émission, de vendre, sous forme d'« unités d'allocation initiale », les économies de GES qu'ils auront réalisées par rapport à leur niveau autorisé. *A contrario*, les États ou les entreprises qui n'auront pas pu atteindre leur objectif pourront acheter la différence à ceux qui auront émis moins de GES qu'ils sont autorisés à le faire.

Un deuxième mécanisme de flexibilité, défini par l'article 6 du Protocole, consiste en la « mise en œuvre conjointe » (*joint implementation*) qui autoriserait un pays de l'Annexe 1 à participer au financement d'un programme de réduction des émissions dans un autre pays de l'Annexe 1, et à acquérir, par ce biais, des « unités de réduction d'émission » – la quantité correspondante se trouvant déduite du niveau d'émission autorisé du pays hôte. L'Europe de l'Est est tout particulièrement visé par ce mécanisme qui présente le double intérêt économique et géostratégique d'inciter les entreprises à investir dans des technologies propres ou dépolluantes tout en contribuant à renforcer les liens politiques avec les pays en transition. Pour les industriels occidentaux, les « applications conjointes » constitueraient un échange de technologies contre des permis d'émission dont la valeur pourrait à la longue augmenter, ce qui leur permettrait d'amortir en partie, voire de financer avec profit, la recherche et le développement dans le domaine énergétique.

Un troisième mécanisme, dénommé « pour un développement propre » (*clean development mechanism*), prévu par l'article 12 du protocole, s'apparente à la mise en œuvre conjointe, à ceci près que le pays hôte ne doit pas figurer à l'Annexe 1. En clair, il s'agit d'autoriser des échanges entre pays industrialisés et pays en développement : les premiers obtiendraient des « réductions d'émission certifiées » en contrepartie de transferts de technologies ou de projets accrédités par une Entité opérationnelle désignée. Ce mécanisme présente toutefois le risque d'induire une hausse globale des émissions, dès lors que les pays hôtes ne sont soumis à aucun engagement de réduction. Aussi ces projets doivent-ils être validés par des certificateurs indépendants accrédités, désignés du terme d'« Entités opérationnelles désignées », qui ont pour fonction de valider leur caractère additionnel, c'est-à-dire les réductions d'émission qu'ils devraient permettre de réaliser au regard d'un scénario de référence (*business as usual*), de vérifier que les réductions ont bien eu lieu, et de recommander la délivrance des crédits carbone. Compte tenu de l'importance que présentent sous ce rapport les marchés des pays hors Annexe 1, attendu également les besoins pressants de financement extérieur de ces pays, ce mécanisme va jouer le rôle de lièvre dans la diplomatie des changements climatiques.

Créé en 1991, le Fonds pour l'environnement mondial (FEM) sera appelé à servir de mécanisme de financement provisoire pour les conventions sur les changements climatiques et la diversité biologique. Les ressources du Fonds, dont la Banque mondiale a la responsabilité fiduciaire, servent à couvrir la *différence* entre le coût d'un projet visant des objectifs environnementaux mondiaux et le coût de ce même projet si le pays n'avait pas pris en compte ces objectifs. Autrement dit, les dons et les fonds concessionnels fournis par le FEM portent uniquement sur les *surcoûts* (*incremental costs*) du projet – le reste restant à la charge du pays bénéficiaire qui peut éventuellement solliciter des prêts auprès de l'IDA, de la BIRD ou des banques privées. Vu sous l'angle financier, le FEM constitue un mécanisme permettant de subventionner des technologies propres, ou des services et conseils en matière de conservation de l'environnement. Dans la mesure où ceux-ci proviennent des pays industrialisés, et que les sommes dues pour le projet, déduction faite des surcoûts, devront être acquittées par le pays bénéficiaire lui-même, le vecteur du transfert de ressources ira plutôt du Sud vers le Nord. La Banque mondiale reconnaît volontiers que l'essentiel des coûts occasionnés par ces projets sera assumé par les pays bénéficiaires eux-mêmes.

Toutefois, la réalisation concrète des objectifs du Protocole – la réduction des rejets de gaz à effet de serre – se heurte à de graves difficultés politiques, notamment en raison du refus des États-Unis de le ratifier.

4.3. Les politiques démographiques et migratoires

La population de la terre comprend 6 milliards d'habitants. Elle a plus que doublé depuis 1950. Le taux moyen d'augmentation démographique a été d'environ 2 % de 1950 à 1975 dans les pays en développement. Depuis lors, toujours d'après les analyses des Nations unies, la croissance démographique s'est ralentie. Elle se chiffrerait aujourd'hui à environ 78 millions de personnes par an, impliquant une augmentation annuelle de 1,5 %, qui devrait se maintenir jusqu'en 2025, pour diminuer de moitié vers le milieu du siècle prochain. La population mondiale se concentre pour les quatre cinquièmes dans les pays d'Afrique, d'Asie et d'Amérique latine. Sa croissance s'est accompagnée d'une hausse importante de la population urbaine, le nombre de personnes vivant dans les villes ayant presque triplé depuis 1950. La population urbaine dans les pays en développement devrait représenter plus de 60 % de la population globale en 2025 contre 37 % en 1990. L'ONU estime que le nombre des nouveaux venus sur le marché du travail représente environ 60 millions d'individus chaque année, contre 29 millions au milieu des années 1960. C'est dire le nombre d'emplois qu'il faudrait pouvoir créer chaque année pour répondre aux besoins des jeunes se présentant sur le marché du travail.

La Division de la population, Département des affaires économiques et sociales (ONU), prévoit que la population mondiale passera de plus de 6 milliards en 2005 à un chiffre compris entre 7,3 et 10,7 milliards en 2050, le chiffre de 8,9 milliards étant jugé le plus vraisemblable. La différence de 3,4 milliards entre les prévisions haute et basse, qui correspondent à des hypothèses différentes sur les futurs taux de fécondité, est égale au chiffre de la population mondiale en 1966. Selon la prévision moyenne, l'augmentation annuelle de population baisserait progressivement de 78 millions aujourd'hui à 64 millions durant la période 2020-2025, puis une chute radicale la limiterait à 33 millions durant la période 2045-2050.

Les causes de ce phénomène démographique sont multiples. Le mouvement d'expansion de la population mondiale est initialement lié au déclin de la mortalité infantile, à l'augmentation de l'espérance de vie suscitée par les progrès de l'hygiène et de la santé dans le monde. Sa continuité s'inscrit dans les conditions mêmes du sous-développement, le contrôle des naissances exigeant des populations concernées un certain niveau de vie et d'instruction. C'est un cercle vicieux, car il s'avère difficile de faire reculer la pauvreté avec un taux de fécondité élevé. Les efforts déployés par les institutions des Nations unies pour améliorer la condition de la femme, notamment son niveau d'éducation et sa situation sociale, ont aussi pour objectif le contrôle des naissances.

Les phénomènes migratoires constituent une des conséquences de cette croissance démographique, liée à la pauvreté et au chômage. Le phénomène a toujours existé. Il fut particulièrement important de 1845 à 1924, période au cours de laquelle quelque 50 millions de personnes, Européens pour la plupart, sont venus s'établir sur le continent américain. Les migrations peuvent contribuer à la croissance économique, donc au bien-être social des pays concernés, comme ce fut le cas en Europe jusque vers la fin des années 1970. Depuis lors, le mouvement de migration en direction des pays occidentaux a continué, et cela dans une période où les récessions, l'automatisation de la production, les restructurations industrielles engendraient une masse croissante de personnes sans emploi ou peu rémunérées. Ces travailleurs s'avèrent faciles à exploiter, car souvent mal protégés par la législation économique et sociale. Le développement d'une économie clandestine, parallèle et non structurée favorise également ce phénomène. En fait, les migrations ne concernent pas seulement des personnes non qualifiées, mais des médecins, des infirmiers, des administrateurs, des enseignants dont le départ doit être comptabilisé dans l'exode des cerveaux. Les progrès des moyens de transport et des réseaux de communication, mais aussi la disparité des richesses entre les différentes parties du monde ont grandement contribué à ce nouvel exode. Dans certains pays du Golfe, de même qu'en Australie, aux Bahamas, au Canada, en Suisse, en France, les travailleurs immigrés représentent plus de 10 % de la population totale. Les flux migratoires ne se dirigent pas seulement vers les pays du Nord, ils sont manifestes entre pays d'Amérique latine et d'Afrique.

Le nombre des migrants était estimé à 75 millions en 1965. Trente ans plus tard, en 1995, l'ONU évaluait à quelque 120 millions les personnes vivant en dehors de leur pays d'origine. Les flux migratoires auraient partout augmenté et paraissent désormais irrépressibles, affectant la politique interne des États. Les institutions internationales et les ONG jouent un rôle croissant dans l'analyse et la gestion de la problématique des migrations et des réfugiés, d'autant que ces mouvements sont parfois associés à des violences conflictuelles et à des tragédies humanitaires. Aujourd'hui, comme par le passé, les phénomènes migratoires sont avant tout déterminés par les conflits politiques, par les guerres, par la misère et l'exploitation, par la recherche, parfois illusoire, de conditions matérielles plus favorables. Ils sont également influencés par l'histoire et la politique des pays d'accueil, notamment par les flux qui se sont développés au cours de la colonisation et après les indépendances. Ils sont entretenus par les réseaux de type familiaux ou communautaires. Les catastrophes naturelles, la dégradation de l'environnement, notamment l'érosion ou l'appauvrissement des sols liés au surpâturage, y contribuent également. Ainsi, au cours des dernières décennies, des millions de personnes ont été obligés d'abandonner leur terre devenue inhabitable ou ne produisant plus suffisamment de nourriture.

La croissance des réfugiés – personnes fuyant les persécutions raciales, religieuses, ethniques ou politiques, les affrontements armés – représente un aspect de ces flux migratoires. En Europe, après la guerre, des millions de personnes ont fui la misère, les séquelles du nazisme et l'oppression communiste pour se rendre en Amérique, en Australie, au Canada, au Moyen-Orient ou dans des pays d'Europe occidentale. Plus de 14 millions d'Allemands, expulsés d'Europe orientale à la fin de la Seconde Guerre mondiale, ont immigré en République fédérale. Dans les années 1950, l'Allemagne occidentale accueillit quelque 3,5 millions de réfugiés. Depuis 1947, près de 40 millions de personnes auraient passé la frontière entre l'Inde et le Pakistan.

Par la suite, l'importance des mouvements de réfugiés a diminué, pour augmenter à nouveau au cours des années 1970. Le PNUD, en 1997, évaluait à 46 millions le nombre de personnes déplacées ou contraintes à l'exode, dont 26 millions étaient des individus déplacés dans leur propre pays. Le Haut-Commissariat des Nations unies pour les réfugiés (HCR) s'occupe actuellement de quelque 13 millions de réfugiés et d'un nombre équivalent de personnes déplacées à l'intérieur de leur pays. La guerre civile au Cambodge, en Afghanistan, au Soudan, en Somalie, à Haïti, au Liberia, au Mozambique, en Yougoslavie, au Rwanda et dans les pays qui l'entourent, la répression contre les Kurdes en Irak ont provoqué d'importants déplacements de population. Les réfugiés, souvent associés aux immigrants, sont désormais malvenus dans les pays de l'OCDE, suscitant des réactions xénophobes ou racistes, d'autant que la composition ethnique des populations migrantes tend à changer. Ces flux migratoires favorisent aussi l'émergence de mouvements exploitant ces sentiments, contribuant au glissement vers la droite des pays en question.

Les instruments internationaux ne sont plus adaptés aux nouvelles situations. Ils ne protègent pas les réfugiés dits économiques, ni ceux qui restent à l'intérieur de leurs propres frontières nationales. Il apparaît aussi que des institutions comme le HCR ne parviennent pas à assumer entièrement leur mandat à cet égard. Elles passent d'une situation d'urgence à l'autre. Elles se trouvent souvent confrontées à des opérations de rapatriement, de réinsertion et de réinstallation de grande envergure et coûteuses. Dépassées la plupart du temps par l'ampleur du phénomène et par le refus des pays riches de financer toutes les activités engagées au titre de l'assistance, elles doivent compter sur le soutien d'ONG à leurs opérations d'assistance et de protection. En définitive, l'action de ces organisations n'est guère préventive, dès lors qu'elles n'ont pas les moyens pour intervenir avant que ne se déclenchent les situations créant ces mouvements de réfugiés.

5. Vers de nouvelles institutions internationales ?

On admet volontiers aujourd'hui que le système des Nations unies ou du moins certains de ses organes et institutions spécialisés ont des mandats et des structures inadaptés au monde contemporain. Certes, les organisations intergouvernementales, peut-être encore davantage que les institutions nationales, s'avèrent difficiles à réformer. Il n'est pas rare de constater qu'elles vivent sur d'anciens mandats leur conférant des fonctions qui ont perdu une partie de leur valeur politique et de leur utilité sociale. Les secrétariats sont conservateurs et ont peine à trouver en eux-mêmes le dynamisme et la créativité pour s'adapter en conséquence. Les États sont souvent trop divisés sur la nature des réformes à engager. Ils n'ont jusqu'ici pas réussi à s'entendre pour conférer de nouvelles priorités à l'ONU et au système des Nations unies, pour changer leurs structures et leur mode de fonctionnement. Il est toutefois vraisemblable que les transformations politiques et économiques à l'échelle planétaire créeront les conditions de ces changements institutionnels, ou qu'elles favoriseront l'apparition d'autres mécanismes institutionnels.

Il semble en particulier nécessaire d'engager une réforme de l'architecture financière internationale. On évoque fréquemment l'idée de conférer à un organisme international les moyens de prévenir les crises monétaires et financières de grande ampleur, de réduire, le cas échéant, la contagion des turbulences et d'atténuer leurs conséquences sociales. Le PNUD a également suggéré la mise sur pied d'un fonds d'investissement mondial destiné aux pays pauvres et dont les ressources pourraient être obtenues sur la base de nouvelles formes de taxation internationale, par exemple sur les transactions en devises. Il a proposé aussi que l'OMC reçoive un nouveau mandat pour superviser l'activité des entreprises transnationales qui dominent la production et le commerce mondial et manifestent une tendance à la concentration de type monopolistique. On évoque depuis plusieurs années le projet d'un Conseil de sécurité économique où seraient débattus, au niveau ministériel, les problèmes affectant les relations économiques internationales, les stratégies de développement durable, les politiques visant à coordonner les activités des organisations spécialisées des Nations unies, des institutions de Bretton Woods et de l'OMC. Il pourrait également avoir pour fonction de dénoncer, voire de sanctionner, des entreprises et des gouvernements coupables de violations massives des droits de l'homme et d'atteintes particulièrement flagrantes aux dispositions fondamentales de l'OIT.

Pour l'heure, la réforme des mécanismes de régulation internationale semble encore lointaine. Les organisations internationales assument leur fonction d'une manière qui reflète les rapports de puissance économique et d'hégémonie politique marquant les structures de la société internationale. Il est par ailleurs peu vraisemblable que les États-Unis acceptent d'abandonner leur prépondérance au sein des institutions financières internationales, aussi longtemps qu'ils tireront tant d'avantages de leur prépondérance monétaire et financière et qu'aucune crise systémique majeure n'ébranlera leur hégémonie économique et politique.

— Conclusion —

Au terme de cet itinéraire à travers la politique internationale, ses enjeux et les théories qui tentent d'en rendre compte, un certain nombre d'enseignements peuvent être tirés. On notera d'abord que les phénomènes internationaux, parce qu'ils se situent à un niveau macroscopique, nécessitent, pour être appréhendés, de recourir à des acteurs idéal-typiques. Il n'est guère possible de se représenter une guerre ou une négociation interétatique autrement qu'en se donnant un « stratège » ou un « diplomate » idéal-typique auquel on prêtera un certain nombre de motivations plausibles, conscientes ou inconscientes. De même, pour rendre intelligibles les relations économiques internationales, on doit forcément concevoir des acteurs sociaux anonymes – sociétés transnationales, producteurs, consommateurs, travailleurs – auxquels on attribuera un ensemble de facteurs censés déterminer leur comportement. Quant à l'analyse institutionnaliste des organisations internationales, elle ne peut leur accorder une autonomie relative qu'en les considérant comme des entités porteuses d'une logique propre.

Les paradigmes et cadres conceptuels dont nous avons examiné la carrière ont donc pour caractéristique commune de fournir des modèles simplificateurs au motif de s'approprier des phénomènes internationaux qui, à défaut de cet effort d'abstraction, n'apparaîtraient que sous la forme d'une indéchiffrable cohue bigarrée. Réalisme, marxisme, transnationalisme, fonctionnalisme, institutionnalisme, ainsi que leurs divers avatars renouvelés ou hybrides, s'attachent tous à construire des acteurs – État, classes, forces sociales, flux, réseaux ou régimes – dont aucun ne correspond à une réalité tangible. Ils leur confèrent des logiques qui sont censées se traduire par des comportements produisant les phénomènes qu'ils estiment pertinents d'élucider.

Ce n'est donc pas la moindre des ironies que les paradigmes et cadres conceptuels, quoique tous réducteurs, aient émergé et se soient nourris d'une critique tendant à accabler les autres de l'opprobre du réductionnisme. Ainsi, le réalisme s'est édifié en se démarquant de l'idéalisme et de l'institutionnalisme auxquels il reprochait une conception dépolitisée des faits internationaux. Rejetant la primauté des jugements moraux en politique étrangère, il a pris le parti de rendre compte des relations internationales à partir d'une entité abstraite : l'État, mû par une logique pour l'essentiel sécuritaire. Les théories néomarxistes vont s'employer à démontrer que le réalisme réifie l'État, et que ce sont les classes dominantes, motivées par la recherche du profit, qui constituent les acteurs pertinents pour l'analyse de la politique internationale. Or la catégorie de classe dominante, par le fait de subsumer les détenteurs tout à la fois des moyens de production, du pouvoir étatique et des appareils idéologiques, parvient-elle à éviter d'hypostasier la réalité sociopolitique ? On peut en douter, et à bon droit. Les tenants du transnationalisme partageront l'opinion que les États ne représentent pas des unités cohérentes et qu'il convient de tenir compte également du rôle des acteurs non étatiques, singulièrement économiques, dans la détermination des phénomènes internationaux. Ils privilégieront une approche en termes de réseaux et de flux qui vise à appréhender les rapports et les échanges se nouant entre ces différentes catégories d'acteurs. Leur démarche n'en reste pas moins d'une grande abstraction, fondée sur l'analyse d'entités collectives auxquelles ils attribuent des motivations univoques, de nature essentiellement utilitaire. Le néoréalisme réagira en reprochant aux paradigmes contestataires d'être à leur tour réducteurs au sens durkheimien du terme : le tout formé par l'État n'étant pas réductible à la somme des parties qui le composent, il n'y a pas lieu, dans cette perspective, de rendre compte des facteurs internes. Cette position résolument holiste en vient à radicaliser les options méthodologiques du réalisme, en limitant le champ d'investigation aux seuls rapports entre grandes puissances dont les interactions sont censées structurer l'ordre international. Le fonctionnalisme, l'institutionnalisme, la théorie des régimes et le gramscisme poursuivront l'effort consistant à amender l'approche réaliste en incluant les idées et les institutions comme variables plus ou moins déterminantes de la politique internationale. Celles-ci demeurent cependant difficiles à évaluer, soit parce qu'elles renvoient à des grandeurs macroscopiques, comme dans le cas des institutions internationales, soit parce qu'elles sont très largement inclusives, comme dans le cas des idées qui peuvent comprendre des principes, normes, procédures, mais aussi des croyances et des idéologies. D'autre part, elles soulèvent de nouvelles difficultés méthodologiques, à commencer par celle de savoir dans quelle mesure elles constituent des causes ou des médiations.

Le parti pris de cet ouvrage a consisté à rapporter les paradigmes et cadres conceptuels aux objets qu'ils visent à éclairer. Ainsi, l'analyse réaliste a pour champ d'investigation les rapports interétatiques dont elle trouve la spécificité dans l'absence d'une instance détenant le monopole de la violence physique légitime. Le domaine des relations internationales sur lequel les réalistes tentent de « légiférer », c'est-à-dire de dégager sinon des lois, du moins des régularités, concerne principalement la gestion des conflits potentiels ou réels entre les acteurs collectifs que constituent les États. La doctrine réaliste peut être qualifiée de praxéologique, au sens qu'elle vise à prédire et guider l'action, en l'occurrence des hommes d'État, dans un environnement dont elle s'attache à saisir les conditions et les contraintes tant générales que spécifiques. Qu'on adhère ou non à la principale tâche qu'elle s'est fixée, qui n'est autre que celle formulée par Machiavel – comment les États « se peuvent gouverner et conserver » face à l'opposition potentielle ou réelle émanant d'autres États –, on ne peut cependant nier que la grammaire conceptuelle qu'elle s'emploie à dresser est partagée par les hommes d'État dans bien des circonstances. De ce fait, elle permet d'éclairer leurs décisions, même si celles-ci ne conduisent pas forcément au résultat visé ou s'avèrent moralement répréhensibles.

Le champ des relations économiques internationales est, quant à lui, légiféré par plusieurs paradigmes ou cadres conceptuels. Son domaine s'avère plus complexe, dès lors qu'il nécessite de rendre compte du comportement d'acteurs privés et de leurs interactions avec les États. Le transnationalisme et le néoréalisme appliquent, chacun à sa manière, le modèle microéconomique à l'étude de ces relations, prêtant aux entreprises et aux gouvernements une même volonté de maximisation. L'ordre généré par l'articulation de l'économique et du politique constitue la principale problématique partagée par ces deux cadres conceptuels qui diffèrent toutefois sur le rôle conféré au marché. Celui-ci se trouve doté d'une certaine autonomie par les tenants du transnationalisme, alors que pour les néoréalistes, il est institué et instrumentalisé par les grandes puissances, singulièrement par l'*hégémon*. Les analyses des néomarxistes et de l'économie politique internationale, quant à elles, se soucient bien davantage du désordre et de l'injustice résultant de ces interactions. Elles se distinguent cependant par les fonctions qu'elles attribuent à l'État. Tandis que pour les néomarxistes, l'instance étatique ne constitue qu'une médiation de la forme que prend la lutte des classes – le travail et son exploitation représentant, dans cette perspective, le rapport social fondamental –, l'économie politique internationale lui accorde une grande importance dans la régulation des activités du marché dont elle déplore l'autonomie grandissante.

Enfin, le domaine constitué par les interactions entre les États, les acteurs privés et les organisations internationales fait également l'objet d'un affrontement entre cadres conceptuels rivaux. On y retrouve les mêmes questions qui divisent l'analyse des relations économiques internationales. Questions analytiques d'abord : quel poids conférer à chacun de ces acteurs ? Quelle est leur autonomie relative ? Comment rendre compte de leurs logiques respectives ? Dans quelle mesure s'influencent-ils les uns les autres ? Questions normatives ensuite : convient-il de privilégier l'ordre ou la justice ? Les différentes réponses apportées à ces questions ont conduit à la formation de courants distincts que représentent la théorie de la stabilité hégémonique, le fonctionnalisme et le néofonctionnalisme, l'intergouvernementalisme, le néo-institutionnalisme, le gramscisme. En définitive, le choix doit être effectué par l'internationaliste ou le profane suivant ses propres convictions.

L'acte de réflexion propre à la recherche en sciences sociales implique nécessairement une focalisation qui tend à exclure du champ de visibilité tout un ensemble d'objets pertinents et de problèmes légitimes. Le choix sera en partie dicté par l'objet d'investigation. Si celui-ci concerne, par exemple, l'étude du système d'endettement international, le cadre conceptuel réaliste ne présentera guère d'autre intérêt que d'éclairer les rapports d'hégémonie marquant ce phénomène dont il ne se souciera guère des conséquences sociales ; à l'inverse, il pourrait s'avérer plus utile pour appréhender la dynamique de certains conflits internationaux, par exemple la confrontation Est-Ouest durant la guerre froide. Vient ensuite la problématisation, autrement dit la définition des questions légitimes. Celles-ci seront formulées différemment suivant le cadre conceptuel adopté, et les démonstrations varieront en conséquence. Une analyse d'inspiration gramscienne du système d'endettement international produira des résultats forcément dissemblables d'une étude d'orientation néo-institutionnaliste, ne serait-ce que parce que la notion de justice occupera une place prépondérante dans la première là où le principe d'ordre prédominera dans la seconde. De même, une enquête réaliste sur la confrontation Est-Ouest qui exclurait les facteurs internes ayant influencé la conduite de la politique étrangère américaine pour se focaliser exclusivement sur les enjeux stratégiques divergera d'une investigation qui tiendrait compte, par exemple, du rôle joué par le complexe militaro-industriel dans la poursuite du conflit. À cet égard, le souhait des auteurs de cet ouvrage est d'avoir introduit le lecteur aux apports mais aussi aux limites des paradigmes et cadres conceptuels dans les champs spécifiques où ils ont vocation à légiférer.

— Bibliographie —

ANDERSON Benedict, *L'Imaginaire national : Réflexions sur l'origine et l'essor du nationalisme*, Paris, La Découverte, 1996 [1991].

ARIFFIN Yohan, « O pudenda origo ! Contribution à une généalogie du développement comme discours normatif, économique et politique », in Klaus-Gerd GIESEN (éd.), *L'Éthique de l'espace politique mondial*, Bruxelles, Bruylant, 1997, pp. 133-168.

ARIFFIN Yohan, « On War Causation: Passions, Politics or International Relations ? », *Internationale Zeitschrift für Philosophie*, Heft 1, 2004, pp. 94-118.

ARON Raymond, « Qu'est-ce qu'une théorie des relations internationales ? », *Revue française de science politique*, vol. 17, nº 5, pp. 837-861.

ARON Raymond, *Penser la guerre, Clausewitz*, 2 vol., Paris, Gallimard, 1976.

ARON Raymond, *Paix et guerre entre les nations*, Paris, Calmann-Lévy, 2e éd., 1984.

AUBERTIN Catherine, VIVIEN Franck-Dominique, *Les Enjeux de la biodiversité*, Paris, Economica, 1998.

BADIE Bertrand, SMOUTS Marie-Claude, *Le Retournement du monde : Sociologie de la scène internationale*, Paris, Presses de la Fondation nationale des sciences politiques, 1992.

BAYART Jean-François, *L'Illusion identitaire*, Paris, Fayard, 1996.

BERTRAND Maurice, *L'ONU*, Paris, La Découverte, 2000.

BRAILLARD Philippe, DJALILI Mohammad-Reza, *Les Relations internationales*, Paris, PUF, « Que sais-je ? », 1988.

BULL Hedley, *The Anarchical Society*, Londres, The Macmillan Press, 1977.

CARDOSO Fernando, FALETTO Enzo, *Dépendance et développement en Amérique latine*, Paris, PUF, 1978.

CARR Edward Hallett, *The Twenty Years' Crisis: 1919-1939, An Introduction to the Study of International Relations*, Londres, Macmillan, 1939.

CASTEL DE SAINT-PIERRE Charles-Irénée, *Abrégé du Projet de paix perpétuelle*, Rotterdam, J.-D. Beman, 1729.

CERNY Philip, *The Changing Architecture of World Politics: Structure, Agency, and the Future of the State*, Newbury Park, Sage, 1990.

CHALIAND Gérard, *Anthologie mondiale de la stratégie : des origines au nucléaire*, Paris, R. Laffont, 1990.

CHAVAGNEUX Christian, *Économie politique internationale*, Paris, La Découverte, 2004.

CLAUSEWITZ Carl (von), *De la guerre*, Paris, G. Lebovici, 1989.

COICAUD Jean-Marc, *Légitimité et politique*, Paris, PUF, 1997.

COLARD Daniel, *Les Relations internationales de 1945 à nos jours*, Paris, A. Colin, 8ᵉ éd., 1999.

COX Robert W., JACOBSON H., *The Anatomy of Influence*, New Haven, Yale University Press, 1974.

COX Robert W., *Production, Power and World Order*, New York, Columbia University Press, 1987.

DAVID Ch.-Ph., *Au sein de la Maison-Blanche. La formulation de la politique étrangère des États-Unis*, Sainte-Foy, Presses de l'université de Laval, 2004 (2ᵉ éd.).

DAVID Ch.- Ph., *La Guerre et la Paix. Approches contemporaines de la sécurité et de la stratégie*, Paris, Presses de Sciences Po, 2000.

DEUTSCH Karl, *Political Community at the International Level*, Princeton, Princeton University Press, 1953.

DEVIN Guillaume, *Sociologie des relations internationales*, Paris, La Découverte, 2002.

FAUCHEUX Sylvie, NOËL Jean-François, *Les Menaces globales sur l'environnement*, Paris, La Découverte, 1991.

FOURQUET François, *Richesse et puissance. Une généalogie de la valeur*, Paris, La Découverte, 1989.

FRANK André Gunder, *Le Développement du sous-développement : l'Amérique latine*, trad. C. Passadéos, Paris, F. Maspero, 1970.

GELLNER Ernst, *Nations et nationalisme*, trad. B. Pineau, Paris, Payot, 1989 [1983].

GEERTZ Clifford, « The Integrative Revolution – Primordial Sentiments and Civil Politics in the New States », in *Old Societies and New States*, New York, The Free Press, 1963, pp. 255-310.

GILL Stephen, LAW David, *The Global Political Economy*, New York, Harvester Wheatsheaf, 1988.

GILPIN Robert, *War and Change in World Politics*, New York, Cambridge University Press, 1981.

GILPIN Robert, *The Political Economy of International Relations*, Princeton, Princeton University Press, 1987.

GILPIN Robert, *Global Political Economy. Understanding the International Economic Order*, Princeton, Princeton University Press, 2001.

GRAZ Jean-Christophe, *La Gouvernance de la mondialisation*, Paris, La Découverte, 1994.

GROTIUS Hugo, *Le Droit de la guerre et de la paix*, trad. J. Barbeyrac, Amsterdam, P. de Coup, 1625.

GRUBER Lloyd, *Ruling the World. Power Politics and the Rise of Supranational Institutions*, Princeton, Princeton University Press, 2000.

GURR Ted Robert, *Minorities at Risk. A global Views of Ethnopolitical Conflicts*, Washington, United States, Institute of Peace Press, 1993.

HAAS Ernst B., « The Balance of Power: Prescription, Concept, or Propaganda ? », *World Politics*, vol. 5, n° 4, 1953, pp. 442-477.

HAAS Ernst B., *The Uniting of Europe*, Londres, Stevens & Sons, 1958.

HARDING Garrett, « The Tragedy of the Commons », *Science*, 162, 1968, pp. 1243-1248.

HASENCLAVER Andreas, *et al.* « Interests, Power, Knowledge: The Study of International Regimes, », *Mershon International Studies Review*, vol. 40 n° 2, 1996, pp. 177-221.

HASENCLAVER Andreas, MAYER Peter, RITTBERGER Volker, *Theories of International Regimes,* Cambridge, Cambridge University Press, 2000.

HERMET Guy, *Histoire des nations et du nationalisme en Europe*, Paris, Éd. du Seuil, 1996.

HOBBES Thomas, *Léviathan*, F. Tricaud (éd.), Paris, Sirey, 1971 [1651].

HOBSBAWM Éric, *Nations et nationalismes depuis 1780*, Paris, Gallimard, 1992 [1990].

HOLSTI K. J., *War, the State, and the State of War*, 1996.

JACKSON Robert H., *Quasi-States: Sovereignty, International Relations and the Third World*, Cambridge, Cambridge University Press, 1990.

JAFFRELOT Christophe, « Les modèles explicatifs des nations et du nationalisme, revue critique », in Gil DELANNOI et Pierre-André TAGUIEFF (éd.), *Théories du nationalisme : Nation, nationalité, ethnicité*, Paris, Kimé, 1991, pp. 139-140.

KANT Emmanuel, *Œuvres philosophiques*, F. Alquié (éd.), Paris, Gallimard, 1980-1986, 3 vol.

KAPLAN Morton, *System and Process in International Politics*, New York, J. Wiley, 1957.

KAUFMANN Johan, *Conference Diplomacy*, Dordrecht, M. Nijhoff, 1988.

KÉBABDJIAN, *Les Théories de l'économie politique internationale*, Paris, Éd. du Seuil, 1999.

KEOHANE Robert O., *After Hegemony. Cooperation and Discord in the World Political Economy,* Princeton, Princeton University Press, 1984.

KEOHANE Robert O. (éd.), *Neorealism and its Critics*, New York, Columbia University Press, 1986.

KEOHANE Robert O., *International Institutions and State Power*, Londres, Westview Press, 1989.

KEOHANE Robert O., HOFFMANN Stanley (éd.)., *The New European Community*, Boulder, Westview Press, 1991.

KINDLEBERGER Charles, *The World in Depression, 1929-1939*. Berkeley, University of California Press, 1986 [1973].

KLEIN Jean, *Dictionnaire de stratégie*, Paris, PUF, 2001.

KRASNER Stephen (éd.), *International Regimes*, Ithaca, Cornell University Press, 1983.

LAROCHE Josepha, *Politique internationale*, Paris, LGDJ, 1998.

LENAIN Patrick, *Le FMI*, Paris, La Découverte, 2002 (3e éd.).

L'HERITEAU Marie-France, *Le Fonds monétaire international et les pays du Tiers-Monde*, Paris, PUF, 1986.

LINDBERG Leon, *The Political Dynamics of European Economic Integration*, Stanford, Stanford University Press, 1963.

LIST Friedrich, *Système national d'économie politique*, trad. H. Richelot, Paris, Gallimard, 1998.

LOCKE John, *Traité du gouvernement civil*, trad. D. Maze, Paris, Flammarion, 1999.

LUKES Steven, *Power: A Radical View*, Londres, Macmillan, 1974.

MACHIAVEL, *Œuvres complètes*, E. Barincou (éd.), Paris, Gallimard, 1952.

MITRANY David, *A Working Peace System*, Londres, Royal Institute of International Affairs, 1943.

MORAVCSIK Andrew, *The Choice for Europe: Social Purpose and State Power from Messina to Maastricht*, Londres, UCL Press, 1999.

MOREAU DEFARGES Philippe, *Les Institutions européennes*, Paris, A. Colin, 6e éd., 2002.

MORGENTHAU Hans J., *Politics among Nations: The Struggle for Power and Peace*, New York, A.A. Knopf, 1948.

ONUF Nicholas G., *World of Our Making*, Columbia, University of South Carolina Press, 1989.

POIRIER Lucien, *Des stratégies nucléaires*, Bruxelles, Éd. Complexe, 1988.

QUERMONNE Jean-Louis, *Le Système de l'Union européenne*, Paris, Montchrestien, 1998.

RAFFINOT Marc, *La Dette des tiers-mondes*, Paris, La Découverte, 1993.

RAINELLI Michel, *L'Organisation mondiale du commerce*, Paris, La Découverte, 2002.

ROCHE Jean-Jacques, *Relations internationales*, Paris, LGDJ, 1999.

ROCHE Jean-Jacques, *Théories des relations internationales*, Paris, Montchrestien, 5e éd., 2004.

ROGER Antoine, *Les Grandes Théories du nationalisme*, Paris, A. Colin, 2001.

ROSENAU James, CZEMPIEL, Ernst-Otto, (éd.), *Governance without Governement*, Cambridge, Cambridge University Press, 1992.

ROSENAU James, *Turbulence in World Politics: A Theory of Change and Continuity*, New York, Harvester Wheatsheaf, 1990.

ROSIER Bernard, *Les Théories des crises économiques*, Paris, La Découverte, 1993.

ROUSSEAU Jean-Jacques, *Œuvres complètes*, vol. III, Paris, Gallimard, 1964.

RUSSETT Bruce, *Grasping the Democratic Peace*, Princeton, Princeton University Press, 1993.

SENARCLENS Pierre (de), *La Crise des Nations unies*, Paris, PUF, 1988.

SENARCLENS Pierre (de), *De Yalta au rideau de fer*, Paris, Presses de Sciences Po, 1993.

SENARCLENS Pierre (de), *L'Humanitaire en catastrophe*, Paris, Presses de Science Po, 1999.

SENARCLENS Pierre (de), *La Mondialisation. Théories, enjeux et débats*, Paris, A. Colin, 4ᵉ éd., 2005.

SCHNAPPER Dominique, *La Communauté des citoyens. Sur l'idée moderne de nation*, Paris, Gallimard, 1994.

SIEYÈS E., *Qu'est-ce que le tiers état ?*, Paris, PUF, 1982.

SINGER David, *Nations at War*, Cambridge, Cambridge University Press, 1998.

SMITH Adam, *La Richesse des nations*, trad. G. Garnier, Paris, Flammarion, 1991, 2 vol.

SMITH Anthony, *State and Nation in the Third World*, Sussex, Wheatsheaf Books, 1983.

SMITH Anthony, *National Identity*, Londres, Penguin Books, 1991.

SPYKMAN Nicholas, *America's Strategy in World Politics: The United States and the Balance of Power*, New York, Harcourt, Brace and Company, 1942.

STRANGE Susan, *States and Markets*, Londres, Pinter, 1988.

STRANGE Susan, *The Retreat of the State. The Diffusion of Power in the World Economy*, Cambridge, Cambridge University Press, 1996.

STRANGE Susan, *Mad Money*, Manchester, Manchester University Press, 1998.

SUR Serge, *Les Relations internationales*, 3ᵉ éd., Montchrestien, 2003.

TERRAY Emmanuel, *Clausewitz*, Paris, Fayard, 1999.

TRANHOLM-MIKKELSEN Jeppe, « Neo-functionalism: Obstinate or Obsolete? A Reappraisal in the Light of the New Dynamism of the EC », *Millenium: Journal of International Studies*, Vol 20, No 1, pp. 1-21.

WALLERSTEIN Immanuel, *Le Système monde du XVIᵉ siècle à nos jours*, Paris, Flammarion, 1980-1985, 2 vol.

WALTZ Kenneth, *Theory of International Politics*, New York, McGraw-Hill, 1979.

WALTZ Kenneth « The spread of nuclear weapons: More may be a good thing », *Adelphi Paper* 171, 1981.

— Index thématique —

E

échange inégal, 118-119
école de la dépendance, 121
économie politique, 94-95, 98
économie politique internationale, 91, 93, 105, 111, 129-130, 251-252
émotions, 32, 143, 146-147, 153
entreprises transnationales, 6-7, 53, 103-104, 107, 109, 114, 122, 126, 181-182, 187-188, 193, 234, 246
environnement, 4-5, 49, 77, 81, 85, 104, 111, 114, 125, 128, 160, 186, 199, 225-227, 234, 236, 242, 244, 251
équilibre des puissances, 15, 18, 43-45, 52
éthique, 8, 96
ethnicité, 31

F

FAO, 154, 190, 198
FEM, 242
FMI, 104, 124, 138, 154, 176, 178-179, 183, 189-190, 194, 198, 211-212, 215-222
fonctionnalisme, 165, 168, 170-171, 249-250, 252
fondamentalismes religieux, 47

G

GATT, 120, 176, 189-190, 223
gaz à effet de serre, 235, 238, 240-242
génocide, 197, 201

géopolitique, 18, 20, 23, 79, 92, 156
GIEC, 239-240
gouvernance, 165, 182, 184-187, 215
gramscisme, 165, 180, 250, 252

H

HCR, 245
hégémonie, 7, 23, 34, 44-45, 50, 62, 108, 110, 112, 118, 123, 125, 165, 180-184, 247, 252

I

IDA, 213, 242
idéalisme, 17, 250
idéologie, 27-32, 36, 68, 87, 147, 151-152, 202
idéologies, 30, 36, 79, 143, 151-153, 251
impérialisme, 7, 23, 26, 31, 36, 101-102, 121, 123, 181, 192
ingérence, 140, 194, 200-201
interdépendance, 53, 83, 91-92, 105, 109, 121, 128, 130, 155, 165, 186-187
intérêt national, 35-36, 60, 109
intergouvernementalisme, 165, 174, 252

J

justice internationale, 5

L

légitimité, 23, 26-27, 51, 53, 139, 143-149, 151, 165, 168, 172, 177, 191-192, 196

libéralisme, 92-93, 96-97, 99, 110, 130, 181, 203, 208

M

marché, 40, 47-49, 52, 62, 90-91, 98, 103, 107, 113, 118-119, 122, 126-127, 129, 135, 146, 150, 158, 161, 167, 170, 179, 183, 188, 199, 203-205, 208, 211-213, 215, 218, 221, 234, 236, 238, 243, 251-252
marxisme, 92-93, 116, 124, 249
mécanismes de flexibilité, 241
mercantilisme, 92-94, 97, 108
modèles de développement, 193, 201
mondialisation, 1, 36, 105, 111, 125-129, 182
Montréal, 237

N

nation et nationalisme, 27
nationalisme économique, 92-93, 98-100, 105, 108, 119, 123, 202-203, 205-207, 214
Nations unies, 5, 23-24, 26, 33-34, 40, 85, 119-120, 123, 136, 140, 145, 147-148, 150-159, 161-162, 169, 189, 191-198, 200-205, 207-208, 210, 225, 243, 245-247
néofonctionnalisme, 168, 171, 252
néo-institutionnalisme, 165, 175, 252
néoréalisme, 48, 91, 130, 165, 175, 250-251

— Index des auteurs —

11006012 – (II) – (1,5) – OSB100° – C2000 – BTT – Dépôt légal : juin 2007
Imprimé en France par EMD S.A.S. – 53110 Lassay-les-Châteaux – N° d'imprimeur : 17436